本书由复旦大学马克思主义研究院资助出版

马克思主义
学科群文库

张润坤

著

卡尔·波兰尼的

市场社会批判

理论研究

上海人民出版社

序

在 20 世纪林林总总的社会批判思想中，卡尔·波兰尼之市场社会批判理论，诚可谓独树一帜。其独特性尤表现在其对市场经济与社会秩序关系之深刻反思。波兰尼致力以历史叙述阐明资本主义"市场社会"之制度化过程，揭示市场扩展与社会反制之间之张力，阐发经济须嵌入社会关系之旨，并对"现代自由"作出再定义，深批自由市场所允诺之"虚假自由"，主张真自由必与社会保护及正义并行不悖。

由是观之，波兰尼可谓洞悉"市场社会"之本质及其背后潜藏之矛盾深机。《大转型》中所倡"市场社会之脱嵌""虚构商品"及"双向运动"等概念，不啻为理解资本主义社会及其嬗变提供了别具只眼之视角。其思想主线，乃关乎"自由与社会"之核心命题：在市场逻辑横行之世，何以重新定义自由？何以调和社会整体利益与个体自由？波兰尼之深切关怀，不囿于一时一地，而直面现代性之困厄，为克服全球资本主义危机指点迷津，堪称高瞻远瞩。

基此背景，张润坤完成《卡尔·波兰尼的市场社会批判理论研究》一书。此著不仅细致梳理波兰尼思想，且深刻剖析市场社会之内在矛盾，探索其超越路径，间中颇多发人深省之见解。目睹其学术根底日益扎实、理论造诣愈加深厚，且关切天下之心跃然纸上，吾作为作者当年导师，欣慰之情岂能不油然而生?!

是书所论，围绕波兰尼思想"自由与社会"之核心展开，探讨市场社会脱嵌机制、虚构商品之由来，及双向运动中社会自我保护之逻辑。波兰尼视市场社会之最大悖论在于其追求个体自由之际，使社会关系陷于危机，终于反噬个体自由之实现。此悖论，乃自由主义所倡"自我调节市场"与社会自我保护间之紧张互动所致。

是书间作者之学术自觉与理论创造可圈可点。其一，作者紧扣"自由与社会"主线，系统梳理波兰尼思想，深入剖析市场社会之形成、嬗变及其矛盾，强调通过社会自我保护机制调和个体与社会。其二，作者比较波兰尼与马克思批判资本主义之会通与差异，认为二者均揭示商品化逻辑对社会关系之侵蚀，然而波兰尼着重市场扩张与社会保护之张力，马克思则聚焦阶级斗争与生产关系之变革。是书以此系统性思想对话深化对波兰尼思想之理解，甚有价值。其三，尤为可贵者，作者不囿于理论之析解，而将波兰尼思想与当代社会危机对接，剖析新自由主义全球化、技术变革与金融资本扩张背景下市场逻辑之演变。其于劳动力商品化、环境危机及社会不平等诸问题之辨析，反映其对现实之关切，尤显深邃。

综观此著，作者研究"波兰尼问题"之旨，乃在把握现代社会市场经济发展之核心矛盾，探求市场扩展与社会保护、商品化与人类尊严、自由市场与社会自由之间之张力，并设想超越市场社会之可能路径。相信此书问世，必将激起学界更为深入之探讨。当然，置身新自由主义、数字技术、生成式 AI 及生态危机等挑战日甚之世，"波兰尼问题"之再解读，无疑需据新历史语境作进一步理论阐扬。

犹记新冠疫情初起，张润坤有意以波兰尼理论为博士学位论文主题，吾曾不无疑虑，唯恐该论题未能展现其学术潜能。迨其完成论文，吾心随之释然。由此著观之，青年学子于波兰尼问题域内外所作之深入探寻，实乃对现代自由真谛之执着求索。故是书既为作者学术之起点，亦是其思想生涯之开端。前贤云学术乃天下之公器，思想之道何其修远兮。相信作者秉此理念，定能克时艰而致远业，卓然成家。

王金林

2024 年 12 月 18 日于复旦光华楼

目　录

引　言

在波兰尼一生的著述中，他批判的主要对象是 19 世纪的资本主义市场社会，其所把握到的两大核心原则是"自由"与"社会"——这同样也是为卢梭、黑格尔与马克思等人所把握的核心原则。

波兰尼的思想与视角的特殊性在于，他站在 20 世纪回望 19 世纪资本主义文明的瓦解。这诚然是由于他肩负着 20 世纪的现实与理论的重担，使得他在分享并继承马克思的资本主义批判的基础上，试图去解析马克思没有看到的新的内容。所谓新的内容可被简单地概括为 20 世纪资本主义的转型与危机，以及 20 世纪初新古典自由主义的复兴。

在波兰尼看来，对 19 世纪市场社会的现实机制、内在原则性矛盾与最终崩溃的批判，对 19 世纪文明的瓦解的反思，是求解他所身处于其中的 20 世纪"大转型"之何以可能、何以进行的前提。通过研究波兰尼的市场社会批判理论，我们试图说明波兰尼在汲取了马克思的资本主义批判思想的基础之上，在与自由主义的思想交锋中，在新的时代条件下所提供的理论贡献，并探讨波兰尼的理论贡献对于我们进行新自由主义批判所能提供的帮助。

第一节　波兰尼思想研究的意义

一、哈姆雷特之问：20 世纪现实与理论的重担

在第一次世界大战的战场上，卡尔·波兰尼洞悉了哈姆雷特的秘密。"他并不希望死亡，他只是讨厌活着。"[①]

经由父亲的鬼魂的叙述，哈姆雷特得知了生活的根本错误，但他并没有做好充足的准备来面对错误的生活，以至于在犹豫当中推卸着对生活的责任。在波兰尼的眼中，哈姆雷特从未真心求死，他只是没有做好挑战生活的准备，而这才是哈姆雷特的"生存还是毁灭"之间的原因。诚然，一千人眼中便有一千个哈姆雷特，而若我们回想起波兰尼阅读《哈姆雷特》的背景，也便明了他作此理解的原因了。波兰尼在《大转型：我们时代的政治与经济起源》（以下简称《大转型》）的开篇处即写道："19 世纪的文明已经瓦解。"[②] 紧接着他解释道，所谓 19 世纪的文明，是以自我调节的市场为基础的，包含了金本位制度、势力均衡体系和自由主义国家等制度的文明，而文明的危机则意味着囊括了资本主义的政治与经济领域的世界性的危机。在波兰尼看来，文明的危机在第一次世界大战中显现出来，而第二次世界大战则彻底粉碎了 19 世纪的自由主义文明。[③] 同时，波兰尼在

[①]　Karl Polanyi, *Economy and Society: Selected Writings*, UK: Polity Press, 2018, p.304.

[②]　［英］卡尔·波兰尼：《大转型：我们时代的政治与经济起源》，冯钢、刘阳译，浙江人民出版社 2007 年版，第 3 页。

[③]　在波兰尼看来，一战之后和平稳定的障碍和大战爆发的原因是相同的，一战之后人们只是尝试通过创建国际联盟、恢复金本位制等回到 19 世纪的自由主义和平秩序，但回到过去的努力的失败导致了 20 世纪 30 年代真正的危机的发生，一战的战前与战后并没有发生根本性的变化，而 30 年代随着国际经济体系崩溃的威胁，危机的程度与广度蔓延到了整个资本主义文明。（详见［英］卡尔·波兰尼：《大转型：我们时代的政治与经济起源》，冯钢、刘阳译，浙江人民出版社 2007 年版，第 17—26 页。）

世界大战的战场上对《哈姆雷特》的阅读让他意识到，危机不仅仅是客观的制度性危机，同时还是与之相伴随的关于人们意识和实践的危机——人们把生活正在朝着错误的方向展开这个问题推卸掉了，正如不断问"生存还是毁灭"的哈姆雷特，他既没有准备好"生存"，即夺取王位进入既定的体系，也没有向往"毁灭"，即无视宫廷危机与鬼魂的命令而放任罪恶甚至被杀死，更没有准备好彻底地批判和挑战既定的生活。因此波兰尼写道："《哈姆雷特》是关于人的境况的……我们并没有决心生活在生活邀请我们进入的所有的基本方面。我们在推迟幸福，因为我们犹豫是否要承担起生活。这就是使哈姆雷特的拖延如此具有象征意义的原因。"① 而这种邀请着人们进入其中的生活，正是行将崩溃的资本主义文明；这些被邀请着的"哈姆雷特们"，正是站在 20 世纪初资本主义文明的危机处的人们。

20 世纪的重担所包含的不仅仅是危机，更是危机的紧迫性。正如纵使哈姆雷特在不断地思考"生存还是毁灭"，但这种思考和犹豫的状态并不能够持久。无论是普通人还是思想家，无论人们对于"生存"还是"毁灭"的态度究竟是怎样的，无论是成了资本主义体系内的行规定者还是被规定者，无论人们是否经历痛苦的反思与实践，人们都被迫在可预见的不远的将来走向一条道路：要么同遭受了战争、大萧条与危机的满目疮痍的资本主义的文明一起走向毁灭，要么艰难地打破矛盾并重建新的理想社会与新的文明。一千人眼中有一千个哈姆雷特，波兰尼通过他眼中的哈姆雷特强调了资本主义文明危机中紧迫性与犹豫的并存，这来自处于历史变迁当中的资本主义文明对生活于其中的人们的拷问：诸位是否准备好了承担起生活的责任？

波兰尼直接的理论对手，20 世纪初的新古典自由主义者们提供了一种思路。在 20 世纪 20 年代的经济核算辩论中，米塞斯（Luding von Mises）强调要求重建自我调节的市场，哈耶克（Friedrich August von Hayek）在约

---

① Karl Polanyi, *Economy and Society: Selected Writings*, UK: Polity Press, 2018, p.313.

翰·穆勒（John Mill）的基础上重新将自由定义在市场机制的法则之中。而如此这般的回答对于波兰尼来说只是一种"没有做好准备"的回答，若如米塞斯和哈耶克所言，自由仅仅意味着只对个人的良心负责，那么由此重构的市场社会无非意味着社会整体的不负责、不自由；这并非对资本主义文明危机的有效回应，而只是重建资产阶级伦理观与社会制度的努力，换句话说，只是在新的时代条件下的"回到过去"的努力，他们看似提供了回答，却实际上将生活所赋予的问题"推卸掉了"。

面对新古典自由主义的方案，波兰尼的做法是回到对 19 世纪自由主义文明的研究，在说明自由主义道路的问题的同时说明自身的方案，即社会主义的理想，这便是摆在波兰尼面前的两大主要理论任务，也是波兰尼在阅读《哈姆雷特》之后所意识到的他身上所必须承担的责任。于是从中也诞生出波兰尼思想研究的两大理论意义：第一，在 20 世纪的理论争辩与资本主义的文明危机的现实背景下，考察并反思波兰尼对 19 世纪的市场社会、对自由主义的资本主义文明的深刻批判及其洞见，以及波兰尼的洞见与马克思的资本主义批判、与 20 世纪的马克思主义者的资本主义批判的关联。第二，以 20 世纪的社会转型问题为视角，在关于社会制度与社会转型的争辩当中，借由波兰尼对社会理想的阐释，再度言说社会主义理想。

二、回到马克思：思想资源的再度发掘

返回 19 世纪的波兰尼与马克思面对着同样的研究对象，用波兰尼的话说是 19 世纪的市场社会，而用马克思的话说则是资本主义社会。波兰尼强调市场社会中的社会关系以商品形式和市场机制为中介，形成了脱嵌市场主导的社会关系以及社会之中的对抗性矛盾；而马克思对资本主义生产方式与社会关系的批判刚好为波兰尼提供了必要的思想基础。

尽管马克思并没有亲眼见证 20 世纪世界范围内的资本主义文明危机，但马克思的思想从不缺乏批判性和深刻性，在这个意义上马克思为波兰尼

对 20 世纪的重担的回应提供了基础，而从未"推迟幸福"。马克思的朋辈们同样不乏批判精神，他们的口号是：我们准备好了。青年黑格尔派从未惧怕展开批判，施特劳斯要求对神话进行历史真实性的批判，鲍威尔根据自我意识的立场强调基督教作为人的自我意识的异化是对人的本质的否定。但正如诺曼·莱文（Norman Levine）对鲍威尔的评论所说的："对于鲍威尔来说，个体性的自由是首要的，当自我意识批判任何理论立场的时候，这种自由就会被践行出来，这种观点是基于这样一种假设：批判将使个体从错误的哲学原则中解放出来，因而这种批判将扩大个体自由的领域。"① 纵然鲍威尔清算了蕴含在黑格尔那里的神秘的形而上学，在理论上提供了对黑格尔哲学的反思，但仅凭自我意识的立场去阐述一种个体性的自由并不能够把握住其所处的资本主义形成阶段的真正的现实难题。费尔巴哈强调感性实在性的唯物主义对黑格尔的思辨哲学进行了更进一步的批判，但费尔巴哈在理解历史的时候没有坚持感性，也便无法理解一种关于实践的唯物主义的辩证法了。"哲学家们只是用不同的方式解释世界，问题在于改变世界。"② 当马克思写下这一句话的时候，马克思强调了一种真正能够把握历史运动、通过实践来参与和创造历史的新哲学。当马克思的朋辈们试图说明"我们准备好了面对生活"的时候，他们固然试图通过批判来言说生活并取得了理论上的成就，但由于旧哲学本就不是关于对资本主义的社会现实的批判的哲学，不是言说实践与历史运动的哲学，因而旧哲学的思想家们无非是以另一种方式"推迟幸福"。对于马克思与波兰尼来说，解释世界的工作固然重要，但更重要的问题在于现实性、实践性的难题。在对实践问题加以解决之前，一切争论都只是对幸福的推迟（即便这种推迟未必是不重要的）；但如果不能明白资本主义社会现实所提出的

---

① ［美］诺曼·莱文：《马克思与黑格尔的对话》，周阳、常佩瑶、吴剑锋等译，中国人民大学出版社 2015 年版，第 287 页。

② 《马克思恩格斯文集》第 1 卷，人民出版社 2009 年版，第 502 页。

生活的难题是关于实践和历史运动的难题，就不可能在能够对话的理论水平上与马克思沟通。

马克思和波兰尼所共同面对着的是 19 世纪资本主义社会所蕴含着的"错误的生活"，以及人们对生活中的错误的错误把握，这是相隔一个世纪的他们的相遇点——究竟如何对资本主义社会进行反思与批判，究竟如何才能在现实和思想的双重维度中为生活找到出路。但之所以为波兰尼所把握的哈姆雷特式的视角是重要的，是因为面对着成熟的资本主义以及 20 世纪初的战争与危机，为马克思所遗留下来的问题到波兰尼这里变成了"箭在弦上不得不发"的紧迫状况：马克思深刻地揭示出了资本主义社会内部的根本性的矛盾，指出了资本主义自我瓦解、自我否定的历史趋势，这构成了波兰尼所汲取的思想资源，是波兰尼处理商品化问题、政治经济学批判问题与复杂社会问题的重要基础；但当成熟资本主义的社会现实将危机彻底展现在眼前的时候，波兰尼必须尽快在马克思所提供的基础之上回答，究竟要如何才能够彻底地在理论上理解、在实践上解决资本主义的危机，并走向新的社会形式。

三、20 世纪的新对话：开启新自由主义批判

波兰尼所扮演的是一位马克思的对话者的角色。在时间长河中相隔百年的马克思与波兰尼共同展开了一个巨大的理论史视域，马克思是最初的提问者，他提出了对资本主义本身的发展做进一步批判之问，而波兰尼则是焦虑的回答者。同样，波兰尼的朋辈，诸如卢卡奇、柯尔施、葛兰西、列宁等也扮演了如此这般的回答者、对话者的角色。

与波兰尼在面对马克思时所扮演的角色相同的是，处在今天的我们在面对波兰尼时同样扮演了焦虑的回答者和对话者的角色。弗雷德·布洛克（Fred Block）在《大转型》的导言中概括道："《大转型》提供了迄今为止对市场自由主义——即相信不管是民族国家社会还是全球经济都可以而且应该通过自发调节的市场来组织——最强有力的批判。自从 1980 年代、

特别是 1990 年代初冷战结束以来，这种市场自由主义——在撒切尔主义、里根主义、新自由主义和'华盛顿共识'的标签下——已经开始支配全球政治。"① 尽管波兰尼未曾见过、设想过 20 世纪末期新自由主义的再度崛起，但是波兰尼在理论上对自由主义的资本主义市场社会进行的分析和批判，密切地关联着 20 世纪末以来的资本主义转型。也正因此，我们作为研究者，与哈贝马斯（Jürgen Habermas）、阿克塞尔·霍耐特（Axel Honneth）、南希·弗雷泽（Nacy Fraser）等一道，皆是 21 世纪的波兰尼的受启发者与对话者。

　　本书试图根据马克思与波兰尼所树立的历史与理论的坐标，研究波兰尼依其独特的时代和视角所开展的资本主义批判。本书并非意在建立一种波兰尼式的马克思思想解读。在我们考察的过程中，将主要展开波兰尼与马克思的对话，同时也会展开波兰尼与同时代的思想家的对话、当下时代波兰尼思想的受启发者与研究者的对话，以此来说明波兰尼所处的理论位置，波兰尼所作出的独特的理论贡献，以及波兰尼思想的当代性与生命力。

第二节　波兰尼的问题领域与关键概念

波兰尼以这样的句子结束了他最著名的作品《大转型》：

　　对社会现实毫无怨言的接受给予了人们不屈不挠的勇气和力量来消除所有能被消除的不公正和不自由。只要他是真诚地试图为所有人创造更多的自由，他就无需惧怕权力或计划会转而与他作对，并毁坏他以它们为工具正在建立的自由。这正是在一个复杂社会里的自由的

① ［英］卡尔·波兰尼：《大转型：我们时代的政治与经济起源》，冯钢、刘阳译，浙江人民出版社 2007 年版，第 10—11 页。

涵义，它给了我们所有我们需要的确定性。[①]

这一短小的段落并不能够完全概括波兰尼全部的思想脉络，但仍旧能够让我们窥见波兰尼所欲讨论的主要论题。首先，为何人们在社会中可以是自由的？在这个论题下波兰尼意欲讨论人的自由何以成为在社会之中的自由。其次，为何如此这般的自由不若自由主义者所言惧怕权力与强制？在这个论题下波兰尼意欲批判市场社会内部结构的矛盾与问题，并批判自由主义政治经济学对个体自由与社会权力的误解。再次，为何复杂社会可以重新讲述自由？在这个论题下波兰尼意欲讨论为何现代社会既具有原则性上的复杂性，同时又能够包容和扬弃为资本主义所发展出来的新的内容。这些论题共同支撑起了波兰尼对资本主义市场社会的批判，并且无一不与马克思所明确关注的问题关系密切。

一、自由与社会：波兰尼的思想主线

在波兰尼对资本主义市场社会批判思想当中，为波兰尼所关注的总论题是自由与社会问题，而这同样也是马克思所关注的两大核心原则，马克思与波兰尼所共同展开的问题域也是围绕着这两大原则所展开的。

诚然，关于自由与社会的讨论并非马克思与波兰尼的专属论题。当黑格尔在《法哲学原理》中明确指出现代社会以自由为原则时，他所处理的恰恰是自由与社会的问题。黑格尔对现代社会中的自由与社会的阐释，亦是对近代政治哲学的回应，若我们把目光集中在近代契约论传统中，会发现后者的主线问题即是个体何以从自然状态进入社会状态，同时又能够在这样的状态转变中讲述自由。马克思在《论犹太人问题》当中论证了现代社会中公民与市民的区分，他引用卢梭对政治人这一抽象概念的论述来说

---

① ［英］卡尔·波兰尼：《大转型：我们时代的政治与经济起源》，冯钢、刘阳译，浙江人民出版社 2007 年版，第 220 页。

明政治解放无非只实现了抽象的公民形象以及利己的市民社会成员个体形象的区分，但真正的自由和解放意味着人的世界和人的关系回归于人自身，并且认识到人自身固有的力量是社会力量、并把这种力量组织起来因而不再把社会力量以政治力量的形式同自身分离开来①。

在经历了马克思对资本主义的批判的环节之后，波兰尼重新考察卢梭所带来的启发。从卢梭对人何以自由地服从公意的讨论中波兰尼看到了个体自由与社会权力的和谐关系，而如果对于波兰尼来说卢梭的论点仍旧有生命力，那么这便意味着去除资本主义社会中以资本和商品化为支撑的人对人的统治关系，使人能够作为社会成员而存在，回归到人之为人的固有的力量中来，在此基础之上才能讨论新的社会条件下由社会主义现实机制所支撑的新的社会自由。

在此我们暂无法展开马克思与波兰尼围绕"人的自由何以是社会之中的自由"这一问题与近代政治哲学和德国古典哲学之间的全部对话，但我们已然可以清晰地辨明就自由与社会这两大核心原则而言，自近代政治哲学以来的讨论已被容纳在了马克思与波兰尼的考察视野与对话当中，成为其所确立的广阔论题域的重要组成部分了。

二、市场社会：波兰尼的主要批判对象

波兰尼的市场社会批判直接说明了现代社会中的"脱嵌"问题。何谓"脱嵌"？在波兰尼的语境中，脱嵌指的是社会由经济领域所主导、经济由市场机制所主导的社会机制；与前资本主义社会不同，"在我们的时代之前，市场只不过是经济生活中的附属品。一般而言，经济体系是被吸收在社会体系之中的，并且无论经济活动中主导性的行为原则是什么，我们发现市场模式都能与这种原则相容"②。通过"脱嵌"概念，波兰尼描述了为

---

① 《马克思恩格斯全集》第 3 卷，人民出版社 2002 年版，第 189 页。

② ［英］卡尔·波兰尼：《大转型：我们时代的政治与经济起源》，冯钢、刘阳译，浙江人民出版社 2007 年版，第 59 页。

自由主义的政治经济学所欢迎的"小政府"模式，而这正是马克思所说的国家与社会的分离，国家之堕落为外部国家的状况。青年马克思在法哲学批判的框架中讨论了市民社会对现代国家的吞噬，并经由政治经济学批判走向了《资本论》中对资本主义生产方式与社会关系的彻底剖析。在马克思这里，劳动非但没有成就人，反而成就了资本的积累以及拜物教的统治，波兰尼同样看到，劳动者在市场社会中被理解为、塑造为虚构商品，由人所构成的社会本身被理解成了资本凭借市场所操纵的质料。

而在脱嵌的市场社会中，尽管如马克思认为的，现代资本主义的社会关系不能用"简单明了"来形容，但波兰尼仍旧试图继续探问：究竟如何理解这种不简单明了的特性？波兰尼强调了对市场机制的遮蔽性的批判，并且将这一问题界定为"全局观问题"（Übersichtsproblem）。在以自我调节的市场为主导的社会关系中，人们只能凭借市场信息来获得关于社会的知识，然而这并不能够让人们站在社会整体的高度上来把握和理解社会，甚至作出负责任的决定。波兰尼似乎提供了一种道德批判，但这种批判的锋芒直接指向了对资本主义的社会关系与生产方式的批判。波兰尼强调，在缺乏全局观的条件下，资本主义市场社会中不可能诞生出社会整体高度上的自由，也不可能是自由的社会。

波兰尼充分阅读和吸收了马克思关于资本主义社会批判的作品，并在其所处的独特的20世纪初的时代视角下进行了新的讨论，在经历了资本主义走向垄断、帝国主义战争以及法西斯主义的兴起之后，波兰尼试图从脱嵌社会内部的政治与经济的关系当中找到使得自由主义的资本主义逐步堕落、走向自我毁灭的根源与趋势。脱嵌社会是一个包含着"双向运动"的社会，双向运动指的是"市场的不断扩张以及它所遭遇的反向运动（即把市场的扩张控制在某种确定方向上）"[①]，其双方是自由主义的市场化运

---

① ［英］卡尔·波兰尼：《大转型：我们时代的政治与经济起源》，冯钢、刘阳译，浙江人民出版社2007年版，第112页。

动以及社会的自我保护。"双向运动"看似描绘着一种阶级斗争，但更重要的是，对市场社会内部的双向运动的批判是波兰尼解析文明危机的概念钥匙。

三、社会转型：现代复杂社会的理想形态

紧接着，摆在马克思与波兰尼面前的共同的问题来到了：如何言说社会理想，如何讨论社会转型？马克思充分承认黑格尔所指明的现代社会以自由为原则，而波兰尼同意马克思对自由的基本理解，并强调自由与社会两大原则标示出现代社会的复杂性，这正是波兰尼的"复杂社会"概念所包含的原则。

正如马克思进行法哲学批判时所采用的方法，马克思完全同意黑格尔所揭示出的现代社会的原则，但马克思彻底否定了黑格尔意义上的现代伦理生活中的社会机制，并将后者重新揭示为资本主义的社会机制，进而在资本主义批判的基础上重新讨论现代社会何以自由。当波兰尼在讨论复杂社会时，并不只执着于对自由与社会两大原则的理论性阐发，同时还强调如果要在 20 世纪再度讨论复杂社会的两大原则，就必须考虑到新的社会现实。资本主义已经从自由竞争走向了垄断，并且 20 世纪初重建自我调节的市场机制的努力已经被大萧条和战争证明了是失败的，因而纵使我们仍旧必须要谈马克思意义上的社会转型，也必须在充分考察资本主义的转型的基础之上来讨论社会主义对资本主义的"扬弃"。

于是在这个意义上，对波兰尼复杂社会的考察就必须有所参照。批判理论为我们提供了绝佳的参照系，哈贝马斯关于系统与生活世界的讨论帮助我们理解了复杂社会内部系统的机制；霍耐特对重建市场与道德的关联的研究衔接着波兰尼从亚当·斯密（Adam Smith）那里获得的灵感。若从更加激进的眼光来看，为马克思与波兰尼所共同关注的社会大转型，即资本主义向社会主义的转型，亦可凭借今日的激进思想展开讨论。南希·弗雷泽根据波兰尼的"双向运动"试图炮制"三重运动"的概念，这是一种

整合力量的理论论证，同时也是对于作为"反向运动"的社会保护力量究竟来自何方的当代新探索，而在马克思的语境中这是一种在革命力量当中对"普遍性"加以论证的做法。

如果说在关于近代政治哲学、德国古典哲学、资本主义批判等论题上波兰尼与马克思展开了直接的对话，那么在马克思从未亲眼看到的问题上，尤其是 20 世纪资本主义的危机、战争与转型的问题上，波兰尼与马克思的对话便是间接的对话，是凭借对于 20 世纪的思想家对他们共同论题的讨论的研究来间接展开的。波兰尼诚然是马克思思想的研究者、继承者、提问者，同时也是马克思主义整条思想谱系的重要的对话者。

第三节　思想线索与研究进展

我们已经简要提及了波兰尼与马克思本人的思想以及马克思主义思想谱系的关联。接下来我们必须进一步说明的问题是：如果说波兰尼与马克思主义具有明确的思想亲缘性，那么在双方的关联之中，波兰尼的思想形象是怎样的？

波兰尼的思想形象是由两个关键点来决定的。其一是波兰尼所提供的理论贡献，即他相较于其他马克思主义者的独到之处，而其独到之处不仅根源于他的经济学、社会学和哲学背景，同时还源于他论题与概念的独特性，和由此带来的跨学科的深刻启发性；其二是波兰尼所处的时代背景，用迈克尔·布洛维（Michael Burawoy）的话来说 [1]，波兰尼居于后马克思主义的历史时期，他的思想影响力横跨了马克思之后的马克思主义的三波

---

[1]　参见 Michelle Williams, Vishwas Satgar, *Marxisms in the 21st Century: Crisis, Critique and Struggle*, Johannesburg: Wits University Press, 2013, pp.34—52。布洛维的论文收录在本书中，在这篇论文中，布洛维细致地区分了自资本主义诞生以来的三波市场化浪潮，以及在这一段时间之内涌现的三波马克思主义的思想浪潮。

浪潮，因而波兰尼既要与马克思本人展开理论对话，也要和马克思之后的马克思主义者展开对话。这些对话与交锋为我们提供了极其丰富的思想火花，也为我们的研究提供了有力的理论支撑。

我们将这些"对话与交锋"分为四个部分来加以探讨。

第一个部分最为基础，将说明国内外学者对波兰尼本人关键论题与关键概念的理解与阐释。第二个部分关注波兰尼与马克思的思想关联，将呈现学界分析双方思想关联的诸多角度，以及已然达到的重要思想成果。第三个部分关注波兰尼在完成其最具盛名的作品《大转型》之后的思想命运，并且特别关注哈贝马斯与霍耐特对波兰尼思想的研究与发挥。第四个部分则讨论所谓的"转型"问题，即学界在社会转型的视域下对波兰尼思想的研究。值得预先说明的是，以加雷斯·戴尔（Gareth Dale）、米夏埃尔·布里（Michael Brie）、拉迪卡·德赛（Radhika Desai）等为代表的部分学者关于波兰尼的研究详尽地讨论了诸多论题与领域，因此对这些作者的著述的综述将散见于不同的部分当中。

一、波兰尼的关键论题研究

就综合性的波兰尼思想研究著作而言，加雷斯·戴尔的《卡尔·波兰尼：市场的限度》①与《卡尔·波兰尼传》②提供了关于波兰尼思想的全景式介绍，内在地讲述了波兰尼思想的内容与发展脉络。安东尼·M.奥勒姆（Anthony M. Orum）与约翰·G.戴尔（John G. Dale）的《政治社会学》③在第五章当中对波兰尼的思想作了精炼简要的介绍。国内学者对波兰尼思想的关注始于 20 世纪末 21 世纪初，王绍光的《大转型：1980 年代以来中

---

① ［英］加雷斯·戴尔：《卡尔·波兰尼：市场的限度》，焦兵译，中国社会科学出版社 2016 年版。

② ［英］加雷斯·戴尔：《卡尔·波兰尼传》，张慧玉、杨梅、印家甜译，中信出版社 2017 年版。

③ ［美］安东尼·M.奥勒姆、约翰·G.戴尔：《政治社会学》，王军译，中国人民大学出版社 2018 年版。

国的双向运动》①《波兰尼〈大转型〉与中国的大转型》②，林义的《波兰尼的制度经济学思想及其启示》③，包刚升的《反思波兰尼〈大转型〉的九个命题》④均包含了对波兰尼思想的概要性、综合性的介绍。

对波兰尼独创性的关键概念的国内外研究往往同时包含了哲学、经济学与社会学的多重视角。而对波兰尼思想的哲学性内容的研究往往必须首先在经济学和社会学的意义上理解他所描绘的历史与现实状况，并在此基础之上凭借波兰尼与马克思、马克思主义经典作家的对话，来挖掘隐藏着的丰富的哲学思考。汪晖在《是经济史，还是政治经济学？》一文中认为，波兰尼本人采取了回到实际的经济过程或经济的经验形式中进行考察的方法，而这使得他避免了形式性的经济学的学科范式或意识形态所带来的方法上的困扰，而这一方法与马克思在《经济学手稿（1857—1858年）》和《资本论》中所阐述的研究方法十分接近⑤。

作为典型范例，波兰尼的"嵌入"概念往往首先从经济学与社会学的途径进入研究者的视野中。在波兰尼这里，19世纪前，人类经济一直都是嵌入社会之中的，用通俗的话讲，此种状态意味着人们在行动时并不以经济问题作为头等大事放到首要位置加以考量，例如古代社会中的贸易不以最大化经济获利作为首要目的；与之相反，19世纪的自由主义市场社会则是一种经济脱嵌于社会并支配社会的状态。波兰尼的"嵌入"概念就其通俗性而言，较为容易被经济学和社会学加以吸收，也方便被用作发散性的阐释。约翰·鲁吉（John Ruggie）在社会学的意义上借之说明战后

---

① 王绍光：《大转型：1980年代以来中国的双向运动》，《中国社会科学》2008年第1期。

② 王绍光：《波兰尼〈大转型〉与中国的大转型》，生活·读书·新知三联书店2012年版。

③ 林义：《波兰尼的制度经济学思想及其启示》，《财经科学》2001年第3期。

④ 包刚升：《反思波兰尼〈大转型〉的九个命题》，《浙江社会科学》2014年第6期。

⑤ 许宝强、渠敬东选编：《反市场的资本主义》，中央编译出版社2000年版，第1—49页。

经济与社会的关系变动 ①；马克·格拉诺维特（Mark Granovetter）借此讨论权力何以对市场加以限定 ②；彼得·埃文斯（Peter Evans）试图探讨在嵌入或脱嵌条件下国家与产业转型的关系 ③。然而米凯莱·坎贾尼（Michele Cangiani）强调，即便经济学与社会学对"嵌入"问题的研究是必要的，但是一些社会学研究强调经济与其他领域之间不可被忽略的联系，因而频繁且泛化地引用波兰尼的"嵌入"概念，这使得"嵌入"概念逐步丧失了其对"大转型"的根本特征的把握 ④。弗雷德·布洛克在为《大转型》撰写的最新版"导言"中称"嵌入"概念是解释波兰尼思想的逻辑起点 ⑤。因而我们必须避免对"嵌入"的泛化理解，而应当进入波兰尼在撰写《大转型》时的思想地图中进行具体的把握，这将是本文的后续工作。而在进行这项工作之前，我们有必要注意到，坎贾尼还提醒读者注意，特定语境下经济学与社会学所使用的"嵌入"（或与之相对的"脱嵌"）概念与青年马克思所说的"市民社会与国家的分离""市民社会对国家的吞噬"有所区别，应当仔细甄别。坎贾尼认为在波兰尼的意义上"脱嵌"的市场经济并不否认自身永远不可能达到完美的自我调节，因而这里便出现了自由主义意识形态与经济现实的巨大张力，如此也便能够解释为何波兰尼使用了"乌托邦"来界定完全自我调节的市场经济。

除了对"嵌入"概念的经济学与社会学理解以外，从经济学研究

---

① John Ruggie, International Regimes, Transactions, and Change: Embedded Liberalism in the Postwar Economic Order, *International Organization*, 1982, 36(2), pp.379—415.

② Mark Granovetter, Economic Action and Social Structure: The Problem of Embeddedness, *American Journal of Sociology*, 1985, 91(3), pp.481—510.

③ Peter Evans, *Embedded Autonomy: States and Industrial Transformation*, New Jersey: Princeton University Press, 1995.

④ Michele Cangiani, Karl Polanyi's Institutional Theory: Market Society and Its "Disembedded" Economy, *Journal of Economic Issues*, 2011, 45(1): pp.177—198.

⑤ ［英］卡尔·波兰尼：《大转型：我们时代的政治与经济起源》，冯钢、刘阳译，浙江人民出版社 2007 年版，第 10—27 页。

进入波兰尼的另一大进路是考察波兰尼对 20 世纪初社会主义经济核算辩论（socialist calculation debate）的参与。克劳斯·托马斯贝格尔（Claus Thomasberger）提示我们，根据这场论争，除了要考察现代社会的复杂性是否必然要求市场经济的调节这一主要论题之外，还要注意到波兰尼的"全局观（overview）"问题①。波兰尼所讨论的全局观之被市场遮蔽的社会形式，与马克思对拜物教的批判有着强烈的理论关联；而全局观的解放又与波兰尼的社会主义构想内在相关，就此而言，克劳斯·托马斯贝格尔与米夏埃尔·布里②认为波兰尼借助了马克斯·韦伯（Max Weber）的责任伦理，构想了社会主义理想中的自由、责任与"全局观"的解放与守护。

"双向运动"是波兰尼在《大转型》中最重要的概念之一。首先，我们需要注意，对"双向运动"一词的使用并非波兰尼的专利。斯宾塞（Herbert Spencer）、萨姆纳（William Sumner）、米塞斯和李普曼（Walter Lippmann）等自由主义作家也使用了这一概念，但与波兰尼的思路完全相反，他们试图借此指控反向运动对自我调节的市场的破坏。波兰尼意在讨论资本主义社会内部的对抗性以及自我否定的特征，在这个意义上波兰尼对"双向运动"的讨论具备马克思主义的问题意识和思想特征。其次，波兰尼的"双向运动"在概念使用方面具有相应的界限。迈克尔·布洛维用"反向运动"来指称德国 20 世纪上半叶的法西斯主义运动，但这一用法遭到了米夏埃尔·布里的反对③，后者指出，波兰尼明确认定双向运动只适用于说明自由主义的市场社会内部的对抗性运动。诚然，这并不是一个概念界定方面的训诂学，而是提示我们注意当研究自由主义的资本主义堕落

---

① Michael Brie, Claus Thomasberger, *Karl Polanyi's Vision of a Socialist Transformation*, Montreal: Black Rose Books, 2018, pp.52—66.

② ［德］托马斯贝格尔、布里：《卡尔·波兰尼对于复杂社会里的自由的探索》，《当代国外马克思主义评论》2019 年第 2 期。

③ ［德］托马斯贝格尔、布里：《卡尔·波兰尼对于复杂社会里的自由的探索》，《当代国外马克思主义评论》2019 年第 2 期。

为法西斯主义时，反而可以采取阶级分析的方法，"双向运动"并不具备冲破旧社会形式的历史性动力，在关于社会"大转型"的问题上，马克思的思想总是保持着力量。再次，学者们对"双向运动"的重视也表现为对概念的发挥性使用。安东尼奥·奈格里（Antonio Negri）在《超越马克思的马克思》当中同样使用了"双向运动"一词，他写道："资本主义的再生产服从于一种双向运动（double movement），一方面是通过增殖来再生产，另一方面是工人阶级对自身的再生产。"[①] 尽管奈格里只是在资本主义的对抗性（antagonism）的语境下作此讨论，但这提供了一种与波兰尼不矛盾的、对"双向运动"激进化处理的思路，值得从波兰尼的视角加以考察和借鉴。与激进化思路不同，王绍光试图通过"双向运动"来讨论实证性的社会转型研究，以此来说明市场经济条件下国家对社会内部诸多环节的调控，这同样是一种有意义的理论发挥。包刚升、孟捷、王绍光同时注意到对"双向运动"的理解不仅要注意到市场化与社会的自我保护之间的关系，而且要注意到双向运动总是落实在政治的领域中的。[②] 孟捷进一步提供了对"双向运动"的改造与发挥[③]，用来说明市场与社会的良性互动，他强调国家权力能够自上而下地提供对劳动市场的保护，这反而能够带来市场经济的健康发展。

当波兰尼使用"复杂社会"概念时，既是在强调现代社会的复杂性，又强调了现代社会内部自由与社会的双重原则的复杂关系。在关于现代社

---

① Antonio Negri, *Marx beyond Marx: Lessons on the Grundrisse*, New York: Autonomedia Press, 1991, p.178.

② 包刚升：《反思波兰尼〈大转型〉的九个命题》，《浙江社会科学》2014 年第 6 期。孟捷、李怡乐：《改革以来劳动力商品化和雇佣关系的发展——波兰尼和马克思的视角》，《开放时代》2013 年第 5 期。王绍光：《大转型：1980 年代以来中国的双向运动》，《中国社会科学》2008 年第 1 期。

③ 孟捷：《中国特色社会主义政治经济学的国家理论：源流、对象和体系》，《清华大学学报》（哲学社会科学版）2020 年第 3 期。

会复杂性的讨论中，哈贝马斯对尼古拉斯·卢曼（Niklas Luhmann）的复杂社会理论的探讨与批评提供了对比阅读的参照①。加雷斯·戴尔的《卡尔·波兰尼：市场的限度》第一章"经济学与社会主义伦理"讲述了波兰尼思考现代社会复杂性问题以及自由问题的现实背景与理论线索。米夏埃尔·布里在两篇论文中②以《大转型》的最后一章"复杂社会中的自由"为主要依托，强调了波兰尼的一大问题意识在于在具有复杂性的现代社会中，仍然要讲述社会内部的自由，反对自由主义所理解的不负责任的、缺乏全局观的自由。

波兰尼对"虚构商品"的讨论极易引发读者联想到马克思对资本主义社会中商品化问题的分析。莫伊舍·普殊同（Moishe Postone）认为当波兰尼强调劳动力、土地和货币是"虚构商品"时，仿佛暗含着一种假定，即，"作为商品的劳动产品的存在，多少是一种社会'自然'现象"③，因此波兰尼与马克思对商品的理解是不同的。普殊同认为在马克思看来商品范畴意味着特定历史条件下的社会关系，并且马克思特别关注特定历史条件下的社会劳动形式，而波兰尼并没有很好地理解这一点，以至于切分开了"虚构商品"与"一般商品"。普殊同的此番理解固然强调了为马克思所揭示的商品范畴的社会历史性及其与劳动的关联；但他却没有意识到，当波兰尼在考察"虚构商品"时，并不是在说明一般的劳动产品作为商品是"自然"的，而是强调资本主义市场社会不仅将一般的劳动产品理解为商品，同时还将劳动力本身理解为商品，因此资本主义市场社会的诞生意

---

① ［德］尤尔根·哈贝马斯：《合法化危机》，刘北成、曹卫东译，上海人民出版社2009年版。

② ［德］托马斯贝格尔、布里：《卡尔·波兰尼对于复杂社会里的自由的探索》，《当代国外马克思主义评论》2019年第2期。Radhika Desai, Kari Polanyi Levitt, eds. *Karl Polanyi and Twenty-first-century Capitalism*, Manchester: Manchester University Press, 2020, pp.189—208.

③ ［加］莫伊舍·普殊同：《时间、劳动与社会统治：马克思的批判理论再阐释》，康凌译，北京大学出版社2019年版，第175页。

味着商品性的社会关系的普遍实现，在这个意义上，波兰尼与马克思对商品的理解并没有矛盾。波兰尼通过对"虚构商品"的讨论来讲述资本主义社会的诞生问题，埃伦·M.伍德（Ellen Meiksins Wood）强调，在思索从前资本主义社会到资本主义社会的转型问题时还强调要理清技术变革所起到的作用，正像波兰尼在《大转型》中指出的，精制机器与自由劳动力市场（其中包含三大虚构商品中最后出现的劳动力）在特定时代的相遇是解析资本主义市场社会来龙去脉的关键。伍德在《资本主义的起源：一个更长远的视角》中肯定了波兰尼关于工业革命促进资本主义市场社会形成的说法，但她同时批评波兰尼没有看到社会关系的转型先于技术转型（工业革命）。① 伍德的问题意识在于避免通过技术决定论的眼光来讨论资本主义市场社会的诞生，但波兰尼在《大转型》中所讨论的技术转型与社会关系转型的时间顺序与逻辑关系是否真的如伍德所言，仍旧需要仔细讨论。伍德的批评提示我们注意技术与社会变革的关联，同时也提示我们注意发掘波兰尼在讨论斯品汉姆兰法令的废除与市场社会的诞生时，其所讨论的核心论题是什么，为什么劳动者的赤贫化是市场社会的诞生的关键要素。

二、波兰尼与马克思的对话研究

罗伯特·库特纳（Robert Kuttner）认为波兰尼将"两次世界大战之间的灾难、大萧条、法西斯主义以及二战视作极端自由放任主义的逻辑顶点"②。这的确在现象上指出了波兰尼在马克思的资本主义批判的基础之上试图讲述的新内容，也直截了当地为读者展示了波兰尼与马克思所面对着的经验材料的区别。但显然在马克思与波兰尼之间值得研究的问题不止于此，米夏埃尔·布里在库特纳的观点的基础上指出，应当进一

---

① ［加］埃伦·米克辛斯·伍德：《资本主义的起源：一个更长远的视角》，夏璐译，中国人民大学出版社 2015 年版，第 19—23 页。

② Robert Kuttner, Karl Polanyi Explains It All, *The American Prospect*, 2014(3), p.70.

步看到波兰尼试图应对的现代性的根本挑战，这个根本的挑战可被总结为："处于社会事实之中，我们何以能够是自由的？"① 而这正是马克思与波兰尼试图共同面对的根本性难题。由此可见，对波兰尼与马克思的对话的考察，应当经由三个步骤才能够完成：第一步最为容易，即应当注意到他们所面对的时代条件与经验事实的区别；第二步则要看到波兰尼与马克思进行资本主义批判时所秉持的基本原则都是社会的原则与自由的原则，他们提出的共同问题是自近代政治哲学以来一直被反复提问的问题：在现代社会中，社会自由何以可能？值得注意的是波兰尼与马克思的根本问题的相通性。第三步要回到社会现实当中，从相通的根本问题出发，考察波兰尼与马克思依据不同的条件提供出怎样的差异性的思考。

格列高利·鲍姆（Gregory Baum）称波兰尼不是一位"哲学家"②，这是因为波兰尼从不局限于思辨性的概念考察，而是试图发掘概念与生活本身的真实关联。这诚然与马克思对"哲学"的理解或多或少有异曲同工之妙。马克思在《论犹太人问题》上篇的结尾处对卢梭的引用说明了人的形象的分裂以及政治解放的不彻底性，马克思欢迎的是人的解放。波兰尼完全同意这一点，但他并没有急于进一步谈对资本主义生产方式和社会结构的彻底扬弃，而是潜心来到了关于哲学的层面上。波兰尼认为现代资本主义社会中呈现出了"公民的无力（powerlessness）"的现象，通过对卢梭所表述的市民与公民的区分的思考，波兰尼发现问题的关键在于需要在原则高度上重新把握作为现代社会核心概念的自由③：解决"公民的无力"的方法不只在于废除资本关系和克服异化状态，并且在于借此来为实现负

---

① ［德］托马斯贝格尔、布里：《卡尔·波兰尼对于复杂社会里的自由的探索》,《当代国外马克思主义评论》2019 年第 2 期。

② Gregory Baum, *Karl Polanyi on Ethics and Economics*, Montreal: McGill Queens UP, 1996, p.36.

③ Radhika Desai, Kari Polanyi Levitt, eds. *Karl Polanyi and Twenty-first-century Capitalism*, Manchester: Manchester University Press, 2020, p.203.

责任的自由创造社会条件。

马克思与波兰尼致力于考察资本主义社会内部的对抗性，我们可根据经济生产领域与社会斗争领域来加以讨论。汪晖注意到了波兰尼对经济的理解，他指出，马克思对蒲鲁东的批判（"经济范畴只是这些现实关系的抽象，它们仅仅在这些关系存在的时候才是真实的"[①]）与波兰尼对经济的实质含义与形式含义的区分十分相近。[②] 在马克思与波兰尼关于经济生产问题的讨论中，还有一桩公案是：波兰尼是否因较少地谈论剥削而忽视了马克思对资本主义生产方式的透彻批判？加雷斯·戴尔注意到了在波兰尼这里"剥削"概念的缺失。[③] 布洛维认为，在波兰尼看来 19 世纪的诸多运动（包括"大宪章"运动、要求限制工作日的运动等）不是为了反对剥削，而是为了保护劳动者不被商品化，是"社会对市场的反击"。[④] 本雅明·塞尔温（Benjamin Selwyn）与禅洲宫村（Satoshi Miyamura）同意布洛维的观点[⑤]，并且进一步指出对商品化问题的过分关注和对劳动力遭受剥削状况的忽略使得波兰尼难以言说无产阶级的革命。这是一种关于马克思与波兰尼的"断裂论"式的解读法，若佐之以波兰尼在《论自由》（On Freedom）当中对异化问题的深入讨论，则由此解读出来的波兰尼的形象便是一种人道主义的理论家，而不若马克思能够从资本主义生产方式的内在矛盾中发现其无法自我维系的趋势。我们并不赞成将波兰尼对商品化与市场化的关注与马克思的政治经济学批判割裂开来的阅读法，并将在后续

---

① 《马克思恩格斯选集》第 4 卷，人民出版社 2012 年版，第 413 页。

② 汪晖：《是经济史，还是政治经济学？》，载许宝强、渠敬东选编：《反市场的资本主义》，中央编译出版社 2000 年版，第 1—49 页。

③ ［英］加雷斯·戴尔：《卡尔·波兰尼：市场的限度》，焦兵译，中国社会科学出版社 2016 年版。

④ 布洛维的论文 Marxism after Polanyi 载 Michelle Williams, Vishwas Satgar, *Marxisms in the 21st Century: Crisis, Critique and Struggle*, Johannesburg: Wits University Press, 2013, pp.34—52。

⑤ Benjamin Selwyn, Satoshi Miyamura, Class Struggle or Embedded Markets? Marx, Polanyi and the Meanings and Possibilities of Social Transformation, *New Political Economy*, 2014, 19(5), pp.639—661.

章节的论述中加以详细说明。

　　波兰尼与马克思之间理论的亲缘性在此难以展开详述，也不再赘述；而波兰尼在马克思的基础上进一步吸取了诸多新的理论资源。布里认为波兰尼通过对自由主义对责任伦理的摒弃构成了他对自由主义的独特批评。①布里指出，波兰尼借助于以赛亚·伯林（Isaiah Berlin）对消极自由和积极自由的区分，以及马克斯·韦伯在《以政治为业》中所谈的"责任伦理"，从道德性的角度批判了自由主义所理解的自由。当然，正如拉迪卡·德赛所强调的，波兰尼所提供的道德批判并不限于将目光局限在道德问题上，更深层次来讲，我们仍旧可以从历史性的、唯物主义的角度来理解波兰尼的批判。②在这个意义上，尽管波兰尼进一步在伯林和韦伯的基础上试图挖掘自由与责任的关联，以此来说明为卢梭和马克思所共同关注的人的社会性力量以及人的彻底解放何以可能，但仍需注意波兰尼从未将对自由与社会的批判仅限于道德批判的领域之内，换句话说，他是站在马克思的肩膀之上所进行的批判。德赛指出，在波兰尼的社会主义理想中，社会主义的社会自由不是消极自由，而是积极的、承担责任的自由，"每个人都可以而且必须对她或他的自由行动对他人生活的影响负责。这不是一个舒适的被动福利的社会主义，而是对社会和个人的改造的挑战"③。这显然与马克思对社会主义社会中每位个体的积极行动的理解全然不矛盾。根据加雷斯·戴尔的观点④，若借用滕尼斯（Ferdinand Tönnies）在《共同

---

　　①　［德］托马斯贝格尔、布里：《卡尔·波兰尼对于复杂社会里的自由的探索》，《当代国外马克思主义评论》2019 年第 2 期。

　　②　Radhika Desai, Kari Polanyi Levitt, eds. *Karl Polanyi and Twenty-first-century Capitalism*, Manchester: Manchester University Press, 2020, pp.1—18.

　　③　Radhika Desai, Kari Polanyi Levitt, eds. *Karl Polanyi and Twenty-first-century Capitalism*, Manchester: Manchester University Press, 2020, p.17.

　　④　［英］加雷斯·戴尔：《卡尔·波兰尼：市场的限度》，焦兵译，中国社会科学出版社 2016 年版。李·康登（Lee Congdon）也阐释了类似的观点，参见 Lee Congdon, Karl Polanyi in Hungary, 1900—19, *Journal of Contemporary History*, 1976(11), pp.167—183。

体与社会》中所使用的术语，波兰尼所关注的是将社会（Gesellschaft）改造成共同体（Gemeinschaft），因而在构建伦理共同体的事业上，波兰尼与马克思是同路人。

在社会斗争的问题上，诸多学者提示我们仔细辨别波兰尼的"双向运动"与马克思所揭示的资本主义社会内部的对抗性矛盾的关系。汪晖认为波兰尼在《大转型》中所描述的"双向运动"对19世纪的稳定状态的破坏正是马克思所谓"资本主义生产的自然规律，引起社会的对抗"的过程。[①] 还有学者小心地提示我们仔细辨别马克思的"阶级斗争"与波兰尼的"双向运动"。布里认为，双向运动存在着通向历史辩证法的可能性，在这个意义上与阶级斗争可能是相似的。[②] 但我们必须注意到波兰尼使用"双向运动"这一概念时所描绘出的矛盾性：尽管构成双向运动之一侧的"反向运动"的主要目的是保护社会和自然免遭市场体系带来的破坏性后果，但反向运动并非完全是进步性的，汉纳斯·拉切尔（Hannes Lacher）提醒我们注意波兰尼同样明确意识到了"保护主义加剧了市场体系的危机并且促进了它的灾难性的解体"[③]，换句话说，"反向运动"不具备阻止19世纪欧洲文明的毁灭的力量，将"反向运动"与具有开出历史下一个环节的力量的阶级斗争等量齐观，既是对马克思也是对波兰尼的误解。桑德拉·哈尔珀琳（Sandra Halperin）的《现代欧洲的战争与社会变迁：大转型再探》提供了丰富的历史学研究资料，并且站在阶级性的立场上对波兰尼的思想加以评析，她直接地指出波兰尼对阶级与阶级斗争的关注度是不够的，正如波兰尼在讨论"反向运动"中的社会保护问题时，没有意识到不同阶级获取保护的能力是不同的，"各个阶级被赋予不同的权力资源，

[①] 许宝强、渠敬东选编：《反市场的资本主义》，中央编译出版社2000年版，第26页。

[②] Michael Brie, Claus Thomasberger, *Karl Polanyi's Vision of a Socialist Transformation*, Montreal: Black Rose Books, 2018, pp.241—263.

[③] Hannes Lacher, The Politics of the Market: Re-reading Karl Polanyi, *Global Society*, 1999, 13(3), p.314.

这影响到社会制度发展、运作和转型的方式"①，因此由于行动者的阶级差异，便很难界定何谓"作为整体的社会"②。此中争论，我们将在后文中加以详细讨论。

三、作为"思想资源"的波兰尼与他的对话者

当波兰尼已然在其主要作品中基本确立了其思想形象，为学界提供了诸多概念与思路，他的思想也便作为"思想资源"而成为学界阅读、领会、对话和发挥的对象。

在《合法化危机》中，哈贝马斯讨论了"复杂社会"的概念③。诚然，哈贝马斯此番讨论并非针对波兰尼的"复杂社会"，而是卢曼的"复杂社会"。卢曼从现实机制的角度说明了现代社会系统的复杂性，而这恰好是波兰尼在《论自由》中所谈到的对象化（Objectification）的复杂性。哈贝马斯同意卢曼对系统的复杂性的判断，但他认为卢曼错误地坚持了系统的自主性，而没有考察如何通过生活世界来对系统加以限定，这对我们理解波兰尼的"复杂社会"颇具启发。在阿克塞尔·霍耐特看来，波兰尼与哈贝马斯分享了通过生活世界来限定系统的思路，他指出，"波兰尼从我们社会不断出现的'反向运动'中发展了他著名的命题：只要在社会生活世界内部凝固了这么一种劳动、金钱或土地无限制商业化的印象，那么就会导致灾难性的结果，就会有政治力量经常出来说话，要求对这些市场采取一定的限制措施"④。

---

① ［英］桑德拉·哈尔珀琳：《现代欧洲的战争与社会变迁：大转型再探》，唐皇凤、武小凯译，江苏人民出版社 2009 年版，第 16 页。

② ［英］桑德拉·哈尔珀琳：《现代欧洲的战争与社会变迁：大转型再探》，唐皇凤、武小凯译，江苏人民出版社 2009 年版，第 46 页。

③ ［德］尤尔根·哈贝马斯：《合法化危机》，刘北成、曹卫东译，上海人民出版社 2009 年版。

④ ［德］阿克塞尔·霍耐特：《自由的权利》，王旭译，社会科学文献出版社 2013 年版，第 297—298 页。

在《后民族结构》中，哈贝马斯提示我们注意全球化或资本主义世界体系视角下的"双向运动"。哈贝马斯写道："如果那种'双向运动'——19世纪对世界贸易放弃调节和20世纪世界贸易重新进行调节——可以作为一种样板的话，那么，我们所面对的就将是一次新的'大转型'。"① 哈贝马斯所讨论的双向运动超出了民族国家的界限，这种谈法极具启发性。但是需要注意的是，哈贝马斯对波兰尼的阅读是服务于他本人的问题意识的，这在一定程度上曲解了波兰尼所讲的"大转型"的激进性。哈贝马斯写道："《大转型》一书的最后一章题为'复杂社会里的自由'，在这一章，波兰尼描绘了制度化资本主义的未来，这在很大程度上预示了战后经济秩序的发展过程。"② 在哈贝马斯这里，波兰尼关于社会主义转型的讨论并没有得到应有的关注，我们将在第五章具体讨论哈贝马斯对波兰尼的理解。汪行福在点评《大转型》最后一章"复杂社会中的自由"时指出："为恢复被市场破坏的人类家园，波兰尼1944年设想的是类似于西方战后福利国家的体制。"③ 此语准确而严肃地注意到了波兰尼的社会转型思想与西方战后资本主义转型的相似性与差异，对这两者我们不能直接地一概而谈。

霍耐特对波兰尼的讨论是从对"亚当·斯密问题"④的关注开始的。经由在《承认：一部欧洲观念史》和《自由的权利》中对斯密问题的讨论，霍耐特试图说明斯密问题意味着要在社会领域内和社会制度层面上构建一种规范性标准，并以此来对市场领域加以约束，如此便可将市场理解

---

① ［德］尤尔根·哈贝马斯：《后民族结构》，曹卫东译，上海人民出版社2018年版，第102页。值得说明的是，哈贝马斯这里所讨论的双向运动与大转型，是在借用波兰尼的概念。

② ［德］尤尔根·哈贝马斯：《后民族结构》，曹卫东译，上海人民出版社2018年版，第102页。

③ 汪行福：《复杂现代性与社会包容》，《教学与研究》2014年第8期。

④ "亚当·斯密问题"（Das Adam Smith Problem）一般指的是内在于斯密的两部著作中的原则性冲突，即《国富论》与《道德情操论》这两部著作中"经济人"和"道德人"概念是否兼容的问题，首见于19世纪下半叶德国学者的争论当中。

为社会自由的领域。霍耐特认为波兰尼同样也是斯密问题的回答者，这是因为在霍耐特的解释中，波兰尼既保留了自由个体在市场内部的活动，又试图形成社会整体对市场的限定，从而将经济活动通过民主机制引导到社会整体的利益上来。[①] 霍耐特对波兰尼的解读的合理性在于他正确地看到了波兰尼对斯密的同情性理解（即便波兰尼对斯密的同情性理解从属于他对市场社会的批判），但与哈贝马斯相同，霍耐特对波兰尼的理解同样是一种"六经注我"式的理解方法。哈贝马斯与霍耐特并非波兰尼的专门的研究者，而是将自身所关注的问题与波兰尼的视域加以整合，在对话的基础上共同处理现代世界中的难题。

四、社会转型视域下的热点问题研究

伴随着自 20 世纪末开始的我国学者对市场经济的深入讨论与研究，波兰尼的思想被引入中国学界并逐步得到关注和研究。朱国宏 1998 年编著的《社会学视野里的经济现象》[②] 与 1999 年编著的《经济社会学》[③] 中，包含了对波兰尼主要著作的片段式介绍。2001 年，许宝强、渠敬东选编的《反市场的资本主义》一书编译了波兰尼的部分作品。在自 20 世纪末以来的不断升温的关于波兰尼思想与市场经济的讨论中，王绍光在《大转型：1980 年代以来中国的双向运动》[④] 一文中强调，我们应当看到在这样一个"自下而上"的过程当中将市场重新嵌入社会伦理关系的尝试，这一尝试是当下的紧迫任务。但随之而来的问题是：如果破除了或削弱了市场对土地、劳动力、货币（即波兰尼意义上的三种"虚构商品"）的掌控，那么新的社会形式如何获取发展的动力，一个重新嵌入社会的经济如何能够运

---

① ［德］阿克塞尔·霍耐特：《自由的权利》，王旭译，社会科学文献出版社 2013 年版，第 298—299 页。

② 朱国宏：《社会学视野里的经济现象》，四川人民出版社 1998 年版。

③ 朱国宏：《经济社会学》，复旦大学出版社 1999 年版。

④ 王绍光：《大转型：1980 年代以来中国的双向运动》，《中国社会科学》2008 年第 1 期。

行呢？加雷斯·戴尔在《市场的限度》中沿着波兰尼在《论自由》中的思路给予了进一步的说明，概括而言，"对于马克思和波兰尼来说，取代资本主义的替代方案应该是一种民主体制，包括经济领域的民主"①。我们将在正文第四章当中对此进行更加细致的讨论。

汪晖认为波兰尼缺乏对阶级斗争的乐观信念②，因而这似乎构成了与波兰尼所追求的"大转型"的矛盾。与之相对的是对波兰尼思想的激进化理解方式。波兰尼对资本主义条件下的民主政治之无法限定自由市场的批判，以及当代思想家对波兰尼思想的激进化处理，直接宣告着波兰尼的思想力量以及时代相关性。这里根本就没有所谓的历史的终结，相反，对新自由主义的批判需要重启历史和反抗运动。迈克尔·哈特（Michael Hardt）和安东尼奥·奈格里认为波兰尼在讨论资本主义劳动组织时缺乏关于工人的流动性的视角，"流动性和大规模的工人游牧总是表达着一种拒绝和对解放的寻求：对可怕的剥削状况的抵抗和对自由和新的生活条件的寻求"③。尽管这是一份批评，但反过来看，在全球化的视野下，对工人主体性和流动性的考察将是对波兰尼极为有益的补充。

南希·弗雷泽认为④新自由主义条件下的反抗运动呈现出碎片化的特征，无法团结在连贯的反新自由主义的运动中，但既然商品化和市场化仍旧是资本主义危机的动力，因而有必要界定一种"三重运动"，其三方分别是市场化的支持者、社会保护的拥护者和追求解放者。布洛维帮助解释了弗雷泽何以锚定这第三重运动，在布洛维看来，新自由主义所开辟的市

---

① ［英］加雷斯·戴尔：《卡尔·波兰尼：市场的限度》，焦兵译，中国社会科学出版社2016年版，第262页。戴尔在本书第六章当中对此问题进行了极其细致的讨论，在这里我们不作过多的展开。

② 许宝强、渠敬东选编：《反市场的资本主义》，中央编译出版社2000年版，第26页。

③ Michael Hardt, Antonio Negri, *Empire*, Cambridge: Harvard University Press, 2000, p.212.

④ 弗雷泽的论文 A Triple Movement? Parsing the Politics of Crisis after Polanyi 载 Marian Burchardt, Gal Kirn, *Beyond Neoliberalism*, Switzerland: Palgrave Macmillan, 2017, pp.29—42。

场化和商品化浪潮的特殊之处在于，"资本主义的扩张引起了环境的退化，走向了生态灾难。无论我们指的是气候变化还是有毒废物的倾倒，水、空气和土地的私有化，还是人体器官的交易，自然的商品化都是资本主义即将到来的危机的核心所在"①。通过区分三重运动，弗雷泽要在原本波兰尼意义上的"双向运动"的框架内争取保护运动与解放运动的结合，共同参与到反对新自由主义的斗争中。我们或可将之理解为一种对"双向运动"的激进化处理。

布里一针见血地指出弗雷泽的尝试仅仅局限在"双向运动"框架内，而波兰尼思想的核心旨趣是揭示资本主义的根本问题，如果只关注到"双向运动"，那么无疑只是在市场社会的框架内局限地思考问题、忽略了波兰尼思想中真正激进的内容，甚至有把波兰尼削减成适用于在新自由主义条件下谈论妥协性质的社会改革的思想资源的嫌疑。因而布里认为"第三重运动与反向运动的结合"看似是"有用的"，但并不能够带来根本性的出路。②加雷斯·戴尔认为，反向运动的概念"只是一种启发法……如果你愿意的话，可以把这一概念视为一种'坏的抽象'"③。诚然戴尔相对贬低了双向运动的意义，但他正确地看到了对"双向运动"的理论发挥可能导致的危险结果。

布洛维对新自由主义现实状况的观察向我们提示了一个值得注意的问题：他指出我们今天面对了新的波兰尼从未设想过的虚构商品，即"知识"。"我们生活在一个作为生产要素的知识越来越重要的世界里，其生产

---

① Michelle Williams, Vishwas Satgar, *Marxisms in the 21st Century: Crisis, Critique and Struggle*, Johannesburg: Wits University Press, 2013, p.39.

② Michael Brie, *Karl Polanyi in Dialogue: A Socialist Thinker for Our Times*, Montreal: Black Rose Books, 2017, pp.7—64.

③ ［英］加雷斯·戴尔：《卡尔·波兰尼：市场的限度》，焦兵译，中国社会科学出版社2016年版，第274页。

和传播也越来越商品化。"①

乔万尼·阿里吉（Giovanni Arrighi）在《亚当·斯密在北京：21世纪的谱系》中四处谈到了波兰尼，最具启发性的一点是，在资本主义的地理学的考察中，阿里吉认为波兰尼在《大转型》中隐含了关于资本主义的空间问题及过度积累问题的讨论。他写道："他（指波兰尼——作者注）对'居住改善'的反对意见的强调，传达了同样的观点，即资本向地形的无情转移的趋势与扎根于这种地形的社会抵制这种无情转移的趋势之间，存在根本对立。"②

第四节　篇章结构安排

本书围绕着"自由与社会"这两大原则考察卡尔·波兰尼对市场社会的批判，主要试图讨论三个层次的内容。第一，波兰尼的市场社会批判的基本内容是什么，在哲学史、思想史中处在怎样的位置上；第二，波兰尼的市场社会批判与马克思的资本主义批判的关联是怎样的，在马克思主义思想谱系中占据怎样的地位；第三，波兰尼提供了怎样的新内容，对我们理解当代世界有怎样的新的贡献，以及波兰尼市场社会批判思想的局限性、开放性是怎样的。我们将通过五章的内容对这些核心问题加以回答。

我们未必需要一个非常确定的概念来作为"开端"或"发起点"来进入波兰尼，这是因为波兰尼这里并没有一条单向度的、线性的概念线索，也没有大费周章地为读者提供非常晦涩复杂的思想内容。但我们仍旧要寻找一个入口，来让我们直接地辨识出波兰尼在哲学史上处在怎样的位置之

---

① Michelle Williams, Vishwas Satgar, *Marxisms in the 21st Century: Crisis, Critique and Struggle*, Johannesburg: Wits University Press, 2013, p.50.

② ［意］乔万尼·阿里吉：《亚当·斯密在北京：21世纪的谱系》，路爱国、黄平、许安结译，社会科学文献出版社2009年版，第222页。

上，让我们清楚地看到波兰尼与马克思分享了怎样的哲学性的核心论题。在第一章当中，我们首先关注到马克思与波兰尼"对人的考察"，并将之作为这个"入口"。在波兰尼这里，资本主义的市场社会的形成的最终步骤是劳动力从人堕落为了"虚构商品"，这密切关联着马克思对拜物教条件下作为劳动力的人的商品化的讨论，而对人的形象的讨论能够追溯到近代政治哲学直到黑格尔对人的理解。在本章中，我们不仅试图进入波兰尼的思想，并且试图把波兰尼接续在哲学史的讨论中，锚定作为哲学思考者而非仅仅是经济学家、社会学家的波兰尼形象。这一章将首先讨论自以霍布斯、洛克和卢梭为代表的近代政治哲学以来直到黑格尔所讨论的人何以为人的问题，讨论了人作为人、市民、公民的形象何以丰富起来，不同的形象何以活跃于不同的社会领域当中的问题。对此，马克思通过对法哲学的批判和对资本主义社会的批判，论述了人的丰富形象如何分裂和堕落直至成为拜物教条件下被资本统治的对象，劳动何以成为商品。波兰尼在此基础之上借助于滕尼斯而提供的"虚构商品"概念，看似在内容上"复述"了马克思的观点，在方法上（经济道德主义批判、历史唯物主义批判、对人与社会的双重考察等方法）也是对马克思的延续，但波兰尼仍旧提供了新的思想：在虚构商品的基础上，波兰尼讨论了脱嵌、双向运动、经济人批判等新的内容。我们将在后续章节的讨论中具体地解析波兰尼的新概念和新思想。

在第二章当中，我们关注到波兰尼通过对约瑟夫·汤森（Joseph Townsend）的政治经济学的揭示和批判，补充了马克思政治经济学批判的思想脉络，同时我们借此也回答了一个问题：作为经济学史家的波兰尼何以同时又是一位哲学思想家。本章从对斯密意义上的"经济人"概念的考察出发，进展到马克思和波兰尼对资本主义政治经济学的批判。波兰尼对亚当·斯密意义上的"经济人"概念进行了同情性的理解，他强调斯密那里原本保留的"个体自由"和"社会整体的利益"这两端在李嘉图、马尔萨斯等后续的政治经济学发展中没有被同时守住，后者只保留了抽象的个体自由，而放弃了社会的原则。这之所以可能，是因为在 18 世纪末 19 世纪初的英国，在关于济贫法的讨论中发生了深层原则的变迁，作为参与其中的思想代表，汤森将自然法则引入了对社会共同体的考察中，由此奠定了自由主义的思想基石。波兰尼特别重视汤森这一思想环节，通过对该环节的考察，强调了三点内容：第一，以自然法则为基础的市场社会的诞生让赤贫者在社会之中处在了一个类似于自然状态的领域里；第二，19 世纪的自由主义所理解的个体自由仍旧无法脱离自然法则的根基；第三，自由主义所理解的社会内部在政治和经济领域的复杂关系当中出现了无法被其自身解决的矛盾和张力，波兰尼称之为双向运动，而双向运动的矛盾和张力中内在包含的是个体自由原则与社会原则之间的重大冲突。

如果说波兰尼对资本主义市场社会的批判有一个能够包纳其所有概念和思路的宏观问题和理论指向，那么这便是"复杂社会"的问题，也正因此《大转型》的最后一章以"复杂社会里的自由"为题。我们值得使用两章的内容来对复杂社会进行讨论：第三章从批判性的视角来谈资本主义版本的复杂社会问题，第四章讨论的是波兰尼的社会主义版本的复杂社会理想。波兰尼的"复杂社会"既意味着现代社会的复杂性，也意味着现代复杂社会内部自由与社会的双重原则的复杂关系。从原则上讲，波兰尼在复杂社会问题中讨论的仍旧是卢梭那里个体与社会的问题、黑格尔那里特殊与普遍的问题、马克思那里自由与社会的问题；但波兰尼在谈复杂社会的时候，其之所以不同于卢梭和黑格尔，是因为他站在了资本主义已然充分发展了的条件下，之所以不同于马克思，是因为他在继承了马克思的资本主义社会批判的基础上特别关注到了这两大原则的冲突在 20 世纪初资本主义的成熟形态当中可能导致一条文明堕落的道路。因此，虽然复杂社会的两大核心原则并不是新的原则，但波兰尼讨论复杂社会问题时其问题意识却是紧随时代脉络的。我们可以透过"双向运动"来研究资本主义版本的复杂社会，从批判性的角度来看，"双向运动"反而可能会导致对市场社会的维护，甚至是从市场社会走向法西斯主义，对此，我们将用"形式的普遍性"和"反动的普遍性"来分别对之加以概括和讨论。紧接着，通过波兰尼对自由主义乌托邦的批判，我们试图说明只有把握住复杂社会的双重原则，并且是通过历史唯物主义的方法加以把握，才能够摆脱由乌托邦性质的思想所带来的对社会现实的错误理解。我们通过对自由主义、法西斯主义以及波兰尼笔下的复杂社会的现实与原则的考察，论证了波兰尼在根本上采取的就是马克思主义的历史唯物主义的方法，是在资本主义的成熟时期讨论社会变革时对历史唯物主义方法的坚持和把握。

第四章要讨论的是波兰尼对社会主义版本的复杂社会的正面界定，将从波兰尼对自由与社会这两大概念的重新理解入手。在对社会的理解中，波兰尼强调了对对象化、物化、异化的扬弃，这与早年马克思以及卢卡奇的观点非常接近；但同时，波兰尼又在将民主置于社会之中这一问题上与哈贝马斯意义上生活世界对系统的重新规定分享了同一个问题意识。在对自由的理解中，波兰尼强调了社会自由的概念，说明了社会自由的三大要求，以及全局观何以构建的问题。在对社会主义具体机制的理解中，波兰尼讲述了社会主义条件下的民主机制以及经过了改造的社会经济机制。在具体的机制当中，复杂社会的两大原则始终是得到贯彻了的，并且这两大原则之间是有紧密的关联的。在本章的结尾处，我们想要补充讨论：是否在波兰尼这里隐含了一种辩证法？本书的观点是，即便波兰尼本人从未正面阐释辩证法，但他既采取了辩证法的方法，又提供了关注普遍性与特殊性、实体性与主体性、主体与客体的辩证法的论述。

第五章为全书之总结，主要分为三个部分的内容。第一部分是对波兰尼的理论贡献的总结，分列为三点，主要包括波兰尼对市场的深入考察、对政治经济学批判的完整化以及对现代复杂社会的讨论。第二部分是对波兰尼思想局限性的反思，通过讨论双向运动的局限性，借助于哈贝马斯和弗雷泽对"双向运动"的讨论与发挥，我们试图澄清"双向运动"在波兰尼这里的激进性与界限；通过讨论"大转型"的行动主体，我们试图说明波兰尼的激进性仍然需要凭借马克思关于"阶级"和"阶级斗争"的理论来加以说明。第三部分讨论了马克思与波兰尼在当下为何仍然具有理论上的旺盛的活力，他们共同面临了怎样的现实难题与理论难题，我们通过对现代社会的技术、权力与资本的简单讨论来加以考察，这里要紧的不是给出非常确切的答案，而是试图说明，马克思与波兰尼是我们的同时代人，纵然马克思和波兰尼与我们当下的时代有所间隔，但当下所呈现出的现实问题并没有脱离他们所共同把握着的总的问题域。我们需要重返他们的理论洞见，以现实所提出来的新的内容来激发他们所留给我们的鲜活的思想，如此才能与他们一同迸发出思想的新的活力。

在结语中，我们肯定了波兰尼对时代之问的回答，并总结了"波兰尼问题"，即波兰尼在阐述市场社会的内在机制、内在矛盾以及其走向自我否定的道路的基础上，进一步追问复杂社会的社会主义理想如何才能实现。我们认为今天对波兰尼的研究和对波兰尼问题的思考，应当从属于新自由主义批判的更大的问题域，考察在新自由主义批判的理论争鸣当中，波兰尼在今天能够为我们提供怎样的洞见与启发。

第一章 市场社会中人的商品化

　　波兰尼在 20 世纪开启的对市场社会的批判所要回应的宏观性的现实问题是，为何欧洲延续了近百年的相对和平与繁荣（1815—1914），突然终结于战争与经济崩溃？对问题的回答应当深入考察 19 世纪文明。《大转型》开篇的第一句话则开宗明义地写道："19 世纪的文明已经瓦解。"[①] 在波兰尼看来，19 世纪文明是资本主义市场社会的文明，同时也是工业文明。与 18 世纪的商业社会相比，其独特之处在于 18 世纪的工业生产（即便已经运用了机器）不过是商业的副产品，而"复杂精制的并因而是专门化的机器和工厂的发明"[②] 彻底改变了商业或商人与生产之间的关系，或者说这使得商人成了工业资本家。工业生产变得复杂，"工业生产不再是商人通过买卖形式组织起来的商业活动的附属品；现在它包含了长期投资以及相应的风险，除非生产的连续性得到合理的保证，否则，这样一种风险是难以承受的"[③]。而这所要求的就是使得工业生产的要素，即劳动力、土地和货币，必须处在待售状态，换句话说，"劳动力、土地和货币必须

---

　　① ［英］卡尔·波兰尼：《大转型：我们时代的政治与经济起源》，冯钢、刘阳译，浙江人民出版社 2007 年版，第 3 页。

　　② ［英］卡尔·波兰尼：《大转型：我们时代的政治与经济起源》，冯钢、刘阳译，浙江人民出版社 2007 年版，第 65 页。

　　③ ［英］卡尔·波兰尼：《大转型：我们时代的政治与经济起源》，冯钢、刘阳译，浙江人民出版社 2007 年版，第 65 页。

被转变为商品，以便保证生产的持续"①。

这里的关键问题在于：劳动力、土地和货币之"被转变为商品"意味着什么？商品就其最一般的定义来说意味着"为了在市场上销售而被制造出来的产品"，但显然劳动力、土地和货币并不符合这个对商品的一般定义，换句话说，它们是被强行拉入市场的，因而在波兰尼看来它们只是一种虚构的商品。在这三者之中，劳动力市场的形成是市场社会形成的最后一个步骤，同时也是必要的步骤。诚然我们并非要在劳动力、土地和货币这三大要素中过分抬高劳动力的重要性，这里的关键问题是：波兰尼发现只有对劳动力进行了商品化的操作之后，才有资本主义的市场社会。要紧的是，波兰尼并没有仅仅在政治经济学批判的意义上关注到资本主义生产体系内部的客观的机制性冲突②，而是试图同时揭示对劳动力进行商品化的操作落实在人身上具体意味着怎样的矛盾和冲突。

在市场社会中，"人以劳动力的形式，自然以土地的形式，可用于出售……这种商品化虚构（commodity fiction）却无视了这样一个事实，即把土地和人口的命运交由市场安排就等于消灭了它们"③。严谨地讲，人的商品化并不意味着人本身被作为商品而售卖，而是指，由于人能够作为劳动力而参与商品市场，并且在市场社会中劳动者只能作为劳动力而参与市场，于是作为劳动力的人也就因劳动力的商品化而被理解为商品了。在波

---

① ［英］卡尔·波兰尼：《大转型：我们时代的政治与经济起源》，冯钢、刘阳译，浙江人民出版社 2007 年版，第 65 页。

② 这条道路通向卢森堡关于资本积累之不可自我维系的批判，以及列宁的帝国主义批判，这同样是一条重要的批判思路。波兰尼在这条道路上的贡献在于，他试图论证资本主义市场社会内部自我调节的市场本身存在着无法自我解决的矛盾和冲突，并通过经济学史的研究来论证市场机制在前现代社会中并不是主导性的经济组织形式，以此来论证扬弃资本主义市场机制的可能性。对这一种批判思路的关注并非本章重点。

③ ［英］卡尔·波兰尼：《大转型：我们时代的政治与经济起源》，冯钢、刘阳译，浙江人民出版社 2007 年版，第 113 页。

兰尼这里，人是一条根本性的线索，是批判资本主义市场社会的逻辑起点。劳动力不仅是人本身的另外一种说法，而且劳动力的组织亦是人类社会组织的一种形式。将劳动力作为虚构商品普遍地投入市场之中，用马克思的话来说是一种"异化"，不仅是人本身的异化，同时也是生产的异化与人的社会关系的异化；用波兰尼的话来说则是，"在它（斯品汉姆兰法案，即英国 1795—1834 年的济贫法的典型代表——作者注）被取消时，劳动大众已不具人形，而更像梦魇中的鬼魂。但如果说工人从身体上被非人化了，那么所有者阶级则从道德上被降格了"①。因而当波兰尼在借助于马克思的思想来考察和批判资本主义市场社会的时候，特别关注到在马克思这里自由与人性（humanness）的统一 ②——这里的人性并非一般人道主义意义上的人性，而是强调在人身上不可被资本主义市场社会所完全吞噬的内容，以及这些内容与市场化和商品化的规定之间的冲突。

我们对波兰尼的市场社会批判的考察，也便跟随波兰尼以及波兰尼笔下的马克思，从人开始。波兰尼告诉我们，自近代政治哲学直到黑格尔以来所阐释的人的丰富形象将被劳动力的商品化所彻底否定——这是马克思已经揭示了的；而波兰尼进一步告诉我们，在马克思所没有看到的 20 世纪初的资本主义社会形态当中，如此这般的商品化劳动力的极致状态使得人本身、人的自由、人的社会同时被否定——这是波兰尼对 20 世纪的时代问题的回应，其中包含了对以米塞斯、哈耶克为代表的新古典自由主义的直接批判，同时也是波兰尼试图提交给位于 21 世纪的我们的新的洞见。

---

① ［英］卡尔·波兰尼：《大转型：我们时代的政治与经济起源》，冯钢、刘阳译，浙江人民出版社 2007 年版，第 88 页。值得注意的是，写作《大转型》时的波兰尼已经不再使用"异化""对象化"等具有形而上学色彩的词汇，但他仍旧格外关注内在于人本身之中的矛盾与冲突，并用他自己的概念将问题阐释了出来，详见本文第一章第三节。

② Karl Polanyi, *Economy and Society: Selected Writings*, UK: Polity Press, 2018, p.19.

第一节 人之为人：前市场社会中人的形象

在波兰尼看来，人之堕落为商品在最基本的意义上意味着在市场社会中人之作为劳动力的属性主导了人本身的自我理解和社会属性。可以说这里发生了一种人的分裂，一方面人作为劳动力参与到市场和生产之中，另一方面人有着作为人的具体的诉求，并从属于社会文化环境。这两个方面往往构成了斗争的对立两极，同时也是表现在人身上的微观的"双向运动"——一方面是市场的不断扩张，另一方面是对市场扩张的反对和限制。对如此这般的微缩于人身上的"双向运动"的批判由马克思提供了最关键的思想资源。在马克思这里，工人既是资本主义生产所需要的劳动力的提供者，同时又能够跃升为革命的无产阶级，马克思对无产阶级概念及其实践的说明直接冲击了黑格尔对现代社会中的人的理解。

一、黑格尔论现代人的形象

在考察波兰尼对人之堕落为商品的问题的批判之前，我们应考察马克思对人的理解，而在这之前，我们又要以黑格尔为支撑来考察黑格尔意义上有着丰富维度的"人"是如何堕落为马克思意义上资本主义世界中的个体的。对近代政治哲学直至黑格尔的人的形象的考察也有助于我们从哲学性的角度理解波兰尼所作的关于人的经济学史的考察。[①] 在波兰尼的经济学史考察中，他试图探问在并非由市场所主导的前资本主义社会形态中，

---

① 详见［英］卡尔·波兰尼：《大转型：我们时代的政治与经济起源》，冯钢、刘阳译，浙江人民出版社 2007 年版，第 3—5 章；Karl Polanyi, Conrad Arensberg, Harry Pearson, *Trade and Market in the Early Empires: Economies in History and Theory*, Illinois: The Free Press, 1957. Karl Polanyi, *Dahomey and the Slave Trade: An Analysis of an Archaic Economy*, Seattle: University of Washington Press, 1966.

在劳动者被打上商品标签之前，在人被理解为"经济人"之前（无论是亚当·斯密意义上的"经济人"，还是任何其他政治经济学家意义上的"经济人"），人的形象是怎样的，人的活动领域是怎样的，市场在人的活动领域中的位置是怎样的。需要注意的是，波兰尼的此番经济学史考察并不是一种回到古代的浪漫主义思想进路，但只有经由对前资本主义时期的市场、经济与社会的考察，才能够让我们理解现代的商品化的人的形象何以被塑造、何以被理解，何以有现代意义上的市场社会。

黑格尔在《法哲学原理》中讨论市民社会时写道：

> 抽象法中的对象是个人，道德立场上的对象是主体，家庭中的对象是家庭成员，市民社会中的对象一般是市民（作为 bourgeois 有产者），而这里，从需要的立场来看的对象是观念的具体物，我们称之为人（Mensch）。①

而在讨论国家时，人又获得了公民（国家的成员）的身份：

> 国家作为实体意志的现实，是它在被提升到它的普遍性中的、作为自在自为有理性东西的特殊自我意识所具有的现实。这个实体性的统一是绝对的、不动的目的自身，在这个目的自身中，自由达到它的最高权利，正如这个最终目的对单个人具有最高权利一样，单个人的最高义务就是成为国家的成员。②

---

① ［德］黑格尔：《法哲学原理》，邓安庆译，人民出版社 2016 年版，第 337 页。详见第 190 节，这里的"市民"在德文版中为 Bürger，在英文版中为 citizen，黑格尔特别强调其是作为有产者 bourgeois 的 citizen；这里的"人"在德文版中为 Mensch，在英文版中为 human being。

② ［德］黑格尔：《法哲学原理》，邓安庆译，人民出版社 2016 年版，第 382—383 页。

黑格尔根据"抽象法、道德和伦理生活"的三大环节对人的形象进行了区别，而在伦理生活的环节中又根据"家庭、市民社会和国家"三大领域对人所扮演的角色进行了区分。若以黑格尔作为参照，则可以区分出两条线索：一条是"向前看"的线索，即自启蒙以来，经历了近代政治哲学直至以黑格尔为代表的德国古典哲学的线索，在这条线索中，伴随着市民社会领域的出现，人的形象得到了丰富和发展；另一条线索是"向后看"的线索，即自黑格尔以来，在马克思的批判中人的丰富形象逐步缩减，伴随着马克思对资本主义社会内部政治和经济领域的重新解读，人的形象在阶级社会的框架中重新被理解。

二、近代政治哲学中人的形象

我们首先讨论第一条线索，即人的形象逐渐丰满的线索。

近代契约论强调"自然状态"与"社会状态"的区分，并在这种区分当中提供了关于自由与权利的不同的人的形象。当然，无论是霍布斯、卢梭还是洛克，当他们谈论自然状态的时候，其所关注的重点反而是在自然状态的反面，即社会或共同体的层面。换句话说，即便他们需要借助于自然状态来研究人类社会，但他们终究研究的是社会状态中的人和人的社会。

在霍布斯这里，进入了社会状态中的人是"臣民"，而如此这般的臣民具有两重形象。第一重是作为共同体的成员的形象，这时人是作为参与订立社会契约的公民而存在；第二重是作为有实际的具体的需要的人，在自然状态下，"自然赋予了每个人在所有东西和事务上的权利"[①]，而进入了社会状态的时候，这种自由地追求自己的具体需要的人是被社会契约所规定的，这种自由是在锁链之中的自由[②]，如霍布斯所言："臣民的自由只

---

① ［英］霍布斯：《论公民》，应星、冯克利译，贵州人民出版社 2002 年版，第 8 页。

② ［英］霍布斯：《利维坦》，黎思复、黎廷弼译，商务印书馆 1985 年版，第 164 页。

有在主权者未对其行为加以规定的事物中才存在，如买卖或其他契约行为的自由，选择自己的住所、饮食、生业，以及按自己认为适宜的方式教育子女的自由等等都是。"① 霍布斯对自然状态的构想仅仅是一种"设想"而已，他并没有天真地预设自然状态的实际存在以及社会契约的实际签订，但重要的是，他注意到了在自然状态中人对自然物的诉求以及人追求特殊性利益时的平等关系，以及这种诉求和关系在社会状态中需要重新得到阐明。诚然，在霍布斯的论述中并没有出现黑格尔意义上的"市民"和"市民社会"，但在臣民的身份下已然出现了具有特殊性诉求的人② 以及作为共同体成员的人的实际区分。

当洛克面对具有特殊性诉求的人以及作为共同体成员的人的区别时，重新衡量了人的这两种角色以及人与共同体的关系。洛克对人与共同体的关系的界定与霍布斯根本不同，洛克强调，"政治权力就是为了规定和保护财产而制定法律的权利，判处死刑和一切较轻处分的权利，以及使用共同体的力量来执行这些法律和保卫国家不受外来侵害的权利；而这一切都只是为了公众福利"③。洛克并不否认人们会为了安全与和平而进入社会状态，但他更进一步地强调"人们参加社会的重大目的是和平地和安全地享受他们的各种财产"④，并且由政府所保障的人们的财产权是经由人施加于自然物上的劳动而获得的。洛克特别突出了经由劳动而达成的财产享有者的人的形象，诚然如此这般的人的形象的确也受到政治共同体的法律的规定，但这里重要的不再是如霍布斯一般讨论自由的锁链，而是积极地论证劳动成为人的财产权的根据，并且这种根据是得到共同体在政治上的承认

---

① ［英］霍布斯：《利维坦》，黎思复、黎廷弼译，商务印书馆 1985 年版，第 165 页。
② 波兰尼说在霍布斯这里"人'看起来像'野兽"（注意，"像野兽"并非"是野兽"），这也是在讲人之为人的重要维度是人具有具体需要。（详见［英］卡尔·波兰尼：《大转型：我们时代的政治与经济起源》，冯钢、刘阳译，浙江人民出版社 2007 年版，第 99 页。）
③ ［英］洛克：《政府论》下篇，叶启芳、瞿菊农译，商务印书馆 1964 年版，第 2 页。
④ ［英］洛克：《政府论》下篇，叶启芳、瞿菊农译，商务印书馆 1964 年版，第 83 页。

的。洛克同样尚未展开关于市民社会的详尽讨论，但在洛克这里已经明确论述了劳动和财产权对人的市民形象的塑造和规定。在关于"人凭借什么来生活在共同体中并确认自己是共同体的成员"这一问题的讨论中，洛克显然引入了为霍布斯所没有把握到的新的要素。

同样，卢梭也并没有提供黑格尔意义上的"市民"形象。但是，卢梭在考察社会状态下人的形象时强调了人的双重面孔。首先，作为公民的人是共同体的成员，但卢梭的公民形象与霍布斯"臣民"意义上的公民形象有着关键的差别。卢梭写道："我们每个人都以其自身及其全部的力量共同置于公意的最高指导之下，并且我们在共同体中接纳每一个成员作为全体之不可分割的一部分。"[①] 卢梭这里的公民既能够以服从主权者的臣民的形象出现，同时又能够作为订立契约之后的主权者；而对于如此这般的公民，卢梭要求其能够达到共同体的普遍性的高度参与社会生活。其次，卢梭看到社会状态下的人所保有的个人意志以及"堕落"的可能性，他试图说明人何以能够根据个人本身的利益来行动却同时不仅仅认为公共利益只具有工具性的作用[②]，个人利益、个人意志与共同体的利益的弥合当然能在好的共同体与有教养的公民这里发生；但卢梭仍旧指出，处在社会状态之中的人也仍旧会被需要、贪心、压迫、欲望和骄傲所支配[③]，而这所可能导致的是政治的败坏，他们并不必然能够达到公民在共同体的立场上所能达到的"公意"。"公意只着眼于公共的利益，而众意则着眼于私人的利益，众意只是个别意志的总和。"[④] 因而在卢梭对人的理解中，我们可以发现在社会状态中理想政治的实现之艰难，但另一方面我们可以发现，黑格

---

① ［法］卢梭：《社会契约论》，何兆武译，商务印书馆 1963 年版，第 20 页。

② 参考［美］弗雷德里克·诺伊豪瑟：《黑格尔社会理论的基础：积极自由》，张寅译，北京师范大学出版社 2020 年版，第 226 页。

③ 参考［法］卢梭：《论人与人之间不平等的起因和基础》，李平沤译，商务印书馆 2007年版，第 46 页。此段内容参考于卢梭对格劳秀斯、普芬道夫、洛克和霍布斯的评论。

④ ［法］卢梭：《社会契约论》，何兆武译，商务印书馆 1963 年版，第 35 页。

尔通过重解现代伦理生活为卢梭所提出的困境作出了精妙的回答。在黑格尔看来，被卢梭认为"败坏"了的市民完全可以在市民社会之中追逐特殊性的利益，而市民社会又不仅仅是一个释放特殊性的领域，它同时在机制上为人通向更高层次的普遍性的伦理生活提供必要的支撑，个人作为"市民社会之子"，市民社会可对之进行教育，"除家庭以外，同业公会是构成国家第二个、奠基于市民社会中的伦理根源。第一个根源在家庭的实体统一性中，主观特殊性和客观普遍性这两个环节；但第二个根源，把最初在市民社会中分裂为在自身中反思的需要和满足的特殊性，以及抽象法的普遍性这两个环节，以内在的方式统一起来了，结果，在这个统一中，特殊的福利作为权利出现并获得了实现"①。尽管在黑格尔看来，并非每一位活跃于市民社会中的个体都要在思想上达到对国家所包含的普遍性的理解和体认，黑格尔认为现代国家之中公民参加国家普遍事务的机会是有限的，但市民社会中的伦理机制依然能够为个人提供在满足个体需要的同时参与和体会普遍活动的条件。

因而倘若我们参照霍布斯、洛克和卢梭对人的形象以及对人与共同体关系的论述，返回到黑格尔对生活于现代伦理生活中的人的理解，会发现黑格尔的理想画面似乎克服或扬弃了之前提到的所有问题。现代人是具有具体的自然需要的活生生的人（human），他作为市民（Bürger, bourgeois）生活在市民社会领域中，而他同时作为公民（citizen）又是共同体的成员，他能够在市民社会中经由劳动来获得对需求的满足并供养他背后的家庭，能够得到对私有财产的保护并根据亚当·斯密意义上的政治经济学的逻辑安排生产和劳动，又能够在各个领域所提供的教养的过程中达到对共同体的普遍性的理解。在黑格尔这里，"丰富的""多层次的"人的形象构成了具有"整体性"的人的形象，而如此这般的人是嵌在现代伦理生活的完整图景当中的，用黑格尔的词汇来说，人的形象与共同体的形象共同呈现出

---

① ［德］黑格尔：《法哲学原理》，邓安庆译，人民出版社 2016 年版，第 380 页。

一幅"有机"的现代生活画面。

第二节　人之为商品：马克思论资产阶级社会中的劳动者

黑格尔提供了对市民社会以及市民社会和国家的关系的论述，这似乎解决了人的复杂形象何以在共同体的复杂领域中得到安置、人的复杂形象何以统一为整体的问题。自现代启蒙以来逐步清晰的人之作为具体的具有自然性质的人、作为市民的人、作为公民的人的形象，似乎在黑格尔的现代伦理生活体系当中都能够各得其所。但问题在于，如此这般的人所生活于其中的伦理生活能否自我维系？紧接着的问题便是，被伦理生活的各个领域所承托着的复杂的人的形象是否能够继续保持其丰富性和整体性？

面对着这一问题，马克思展开了对现代伦理生活以及生活于其中的人的形象的重新考察，这分为两个步骤，第一步是马克思经由对黑格尔法哲学的批判，发现了其伦理生活场景的不可能性，发现了生活于其中的人的形象需要重新改写；第二步是马克思经由对资产阶级社会中的生产方式和政治经济学的批判，强调在现实的资产阶级社会中，在由阶级性的权力关系所中介的社会中，作为劳动力的人堕落为了商品。黑格尔关于人和共同体的理想图景彻底让位于现实的资产阶级社会的图景。与前文所述的从近代政治哲学到黑格尔的线索完全相反；从黑格尔到马克思的线索，是人的丰满形象逐渐被拆解的线索。

一、法哲学批判中的人的形象

我们先来谈马克思所完成的第一步。首先，在现代世界的领域划分问题上，马克思同意经历了政治革命的、脱胎于封建制度的现代世界有着黑格尔意义上的家庭、市民社会和国家的三大领域，但马克思进一步强调这三大领域之间的关系是无法以黑格尔法哲学所构想的方式自我维系的，其结果反而是市民社会对国家的吞噬。在《论犹太人问题》中，马克思强调，即便是在完成了政治解放的国家当中，国家非但没有成为市民社会的目的，反而是现代国家倒过头来保障了市民社会中的私有财产关系，原本超越于市民社会之上的现代国家将跌落为法哲学中内在于市民社会之中的作为市民社会的环节的外部国家。

其次，正是在如此这般的条件下，马克思初步重审了现代人的形象。在初步的考察中，"人（human）—市民（bourgeois）—公民（citizen）"的模型被彻底摧毁，取而代之的是现代人只有"市民—公民"这两种生命状态，政治解放所强调的所谓的人的权利实际上只是市民社会中活跃着的市民的权利。而既然已经不存在黑格尔意义上的现代国家，那么所谓公民的形象也只是抽象的、从属性的形象，正如马克思所言：

> 人，正像他是市民社会的成员一样，被认为是本来意义上的人，与 citoyen［公民］不同的 homme［人］，因为他是具有感性的、单个的、直接存在的人，而政治人只是抽象的、人为的人，寓意的人，法人。现实的人只有以利己的个体形式出现才可予以承认，真正的人只有以抽象的 citoyen［公民］形式出现才可予以承认。①

政治解放让人一方面成为市民社会中的独立的成员，另一方面让人成为公民。但作为市民社会成员所享有的权利无非是让利己的人同其他人和共同体分离开来的权利，是自私自利的个体追求自身特殊性的权利；公民所结合而成的看似具有普遍性的共同体反而同公民形象一般都是抽象的，如此这般的抽象的共同体又是以如此这般的市民社会中的利己个体的抽象权利为追求的。

再次，马克思通过"阶级"和"劳动"两个概念更加深入地重解了他

---

① 《马克思恩格斯全集》第 3 卷，人民出版社 2002 年版，第 188 页。

在青年时期界定的"市民—公民"形象。我们先来谈"阶级"。卢梭和黑格尔都试图用共同体和共同体内部的机制来造就共同体内部的平等关系，他们的确看到了来自自然和社会这两个向度的不平等的可能性，但他们都没有意识到或看到在现实的资产阶级社会中真正落实下来的不是平等、个体自由和良序社会，而是在经历了政治解放之后重新落实的新的人对人的阶级统治关系。阶级统治关系直接地体现在经济领域当中，并且不直接地表现在政治领域当中，换句话说，资产阶级诚然也借助于国家、法律、意识形态等复杂机制来维护自身在政治上的权利，但对资产阶级来说更加重要的是凭借各种方式在现代国家之中维护其在经济生产领域内部的统治关系和资本主义生产方式的运行与扩张。在资产阶级社会中，从表面上看，活跃着的是自由且平等的各阶级成员，但实际上统治关系的基础被隐蔽在了工厂围墙内部，马克思对此的批判进展到了对政治经济学和劳动的考察上。

马克思对劳动的考察以黑格尔的劳动概念为关键凭借。在黑格尔这里，马克思得到了积极和消极两个版本的劳动概念，我们关注的是马克思对黑格尔劳动概念的独特解读中所包含的关键内容。

就积极的方面来讲，马克思写道："黑格尔的《现象学》及其最后成果——辩证法，作为推动原则和创造原则的否定性——的伟大之处首先在于，黑格尔把人的自我产生看作一个过程，把对象化看作非对象化，看作外化和这种外化的扬弃；可见，他抓住了劳动的本质，把对象性的人、现实的因而是真正的人理解为他自己的劳动的结果。"[1] 在马克思看来，黑格尔提供了人凭借劳动成就自身的基本思想，劳动是对物的陶冶，在劳动过程中奴隶得以提升到自我意识的高度，这是马克思从黑格尔那里得到的关于劳动的积极的方面。

就消极的方面来讲，马克思写道："黑格尔站在现代国民经济学家的

---

① 《马克思恩格斯全集》第3卷，人民出版社2002年版，第319—320页。

立场上。他把劳动看作人的本质，看作人的自我确证的本质；他只看到劳动的积极的方面，没有看到它的消极的方面。劳动是人在外化范围之内的或者作为外化的人的自为的生成。"① 这里需要我们倍加小心地进行解读：黑格尔当真不知道异化劳动的问题吗？黑格尔在《法哲学原理》中写道，伴随着市民社会的发展，"特殊劳动的细分与限制，从而束缚于这种劳动的阶级的依附性和贫困化也愈益增长。与此相联系的是：这一阶级就失去了对更广泛的自由，特别是市民社会在精神上的益处的感受力和享受了"②。尽管黑格尔并没有明确地使用"异化劳动"的概念，但黑格尔却似乎发现了劳动的否定性特征，这表现为市民社会所无法避免的贫困化的增长和贱民的诞生。黑格尔甚至认为，直接的救济无法彻底解决贫困问题，而使穷人重新进入劳动体系却可能导致因劳动的增加所带来的产量过剩。如此看来，难道马克思误解了黑格尔吗？若要回答这个问题，应当继续阅读《法哲学原理》：黑格尔试图通过市民社会的向外扩张（殖民和商业）来"为辛勤劳动创造新的需要和新的园地"③，并通过警察和同业公会的机制对市民社会加以守护。在黑格尔这里，市民社会和国家的体系中包含着使得劳动者的劳动和社会地位得到保障的伦理机制，黑格尔只是在劳动过程的依附性、劳动产品的生产过剩的意义上说明了使贫困者参与劳动无法根治必然产生于市民社会内部的贫困问题，但黑格尔对劳动本身的理解仍旧是积极的，在这个意义上讲，黑格尔在《法哲学原理》中对劳动的理解仍旧更加接近于《精神现象学》中的范式④，但对"劳动产生私有财产""异化劳动及其背后的社会与经济机制"等相应的问题顾虑不足。因

---

① 《马克思恩格斯全集》第 3 卷，人民出版社 2002 年版，第 320 页。

② ［德］黑格尔：《法哲学原理》，邓安庆译，人民出版社 2016 年版，第 374 页。

③ ［德］黑格尔：《法哲学原理》，邓安庆译，人民出版社 2016 年版，第 377 页。

④ 概略而言，黑格尔在《精神现象学》中认为，劳动陶冶了事物，也可经由主奴辩证法而实现自我意识的独立与自由。见［德］黑格尔：《精神现象学》上卷，贺麟、王玖兴译，商务印书馆 1962 年版，第 147—149 页。

而当马克思试图说明产生异化劳动的社会机制时，黑格尔反而是在说明使得社会成员凭借自由劳动而各安其所的伦理机制。也就是说，倘若马克思认为黑格尔没有充分地看到劳动的消极的方面，这实际上意味着倘若没有黑格尔意义上的复杂的社会机制对劳动和生产的保障，那么在资本主义生产方式中劳动的异化在所难免。如此看来，马克思通过对法哲学的批判而彻底打破了黑格尔意义上的现代伦理生活所守护着的劳动场景；在取消了黑格尔意义上的伦理机制的现代资产阶级社会中，异化劳动对人的否定性并不能够得到彻底的解决或扬弃，反而是遭到了确认和放大。

在马克思已经完成了的对黑格尔法哲学所提供的现代社会机制的彻底的批判的基础上，接下来批判的关键便是对如下两个问题的考察：第一，在怎样的机制中劳动反过头来变成了对劳动者自身的否定；第二，在这样的机制中劳动的异化使得劳动者被异化为了怎样的形象。

二、政治经济学批判中的人与社会

通过对政治经济学的批判，马克思进一步将其所面对的社会机制界定为资产阶级社会 ①。而马克思对资产阶级社会机制的界定和批判分为三个小问题，借助于对资产阶级社会的考察，马克思得以呈现在资产阶级社会中行动的人的形象。

第一，就资产阶级社会的历史由来来讲，伴随着以政治经济学为基本理论原则的资本主义生产方式的产生和确立，以及资产阶级上升为社会的统治阶级，资产阶级社会得以成立。从中也诞生了资产阶级社会与生俱来的矛盾特质，即一方面资产阶级的政治革命宣告了人与人之间自由与平等

---

① "资产阶级社会"与"市民社会"在德语中是同一个词，均为 bügerliche Gesellschaft，但马克思在这里所表达的含义显然与黑格尔意义上的市民社会有了重大差别；部分学者在表述时可能会将"资本主义社会"与"资产阶级社会"混用，虽然这两个概念有着明显的差别，但这种混用无非也是意在表示马克思对社会的理解和批判已经开辟出了自己的框架。

的关系，但另一方面资本主义生产方式却依据私有制的原则并在资产阶级民族国家的保护下重新确立起了人对人的经济统治关系，这构建了资本主义与民主之间的根本矛盾。这也是自马克思以来一直得到讨论和批判、被波兰尼作为市场社会内部的"双向运动"中的核心问题的关键矛盾。

第二，就资产阶级社会的实际运作来讲，资产阶级社会的革命性推进了以不断的合理化为特征的资本主义生产方式在世界范围内的确立和发展，伴随着生产力的不断进展，社会生产领域的一切都在私有制关系下被商品化了，而在其中也包含了在阶级社会中劳动者自身的商品化。恩格斯在《国民经济学批判大纲》中写道："私有制如何最终使人变成了商品，使人的生产和消灭也仅仅依存于需求。"[1] 马克思在《1844年经济学哲学手稿》中直接指出，在资本家与工人的相互对立中，工人本身就是商品。[2] 作为劳动者的人，无法与自身的劳动力相分离的人，因劳动力的商品化而进入了商品关系；人本身不是商品，但作为劳动力的、出卖劳动力的工人反倒成了商品。在《共产党宣言》中，马克思与恩格斯写道："它把人的尊严变成了交换价值，用一种没有良心的贸易自由代替了无数特许的和自力挣得的自由……资产阶级抹去了一切向来受人尊崇和令人敬畏的职业的神圣光环。它把医生、律师、教士和学者变成了它出钱招雇的雇佣劳动者。"[3] 劳动者在资本主义生产方式中被彻底投入市场，并因而在劳动的过程中只能与对象发生抽象的关系，他们丧失了对象，只能进行商品性的雇佣劳动，无论他们在何种程度上强调自己作为人的本质、强调自己的道德性，但在最为根本的意义上他们在市场中是作为商品出现的。在《资本论》的商品拜物教批判中马克思写道："商品形式在人们面前把人们本身劳动的社会性质反映成劳动产品本身的物的性质，反映成这些物的天然的

---

① 《马克思恩格斯全集》第3卷，人民出版社2002年版，第468页。

② 《马克思恩格斯全集》第3卷，人民出版社2002年版，第288页。

③ 《共产党宣言》，人民出版社2014年版，第30页。

社会属性，从而把生产者同总劳动的社会关系反映成存在于生产者之外的物与物之间的社会关系。"①劳动者在以生产商品为目的的资本主义生产方式中仅仅作为劳动力的出卖者而参与社会生产，因而劳动者的劳动及其社会关系、与劳动无法割裂开来的劳动者自身，都彻底带上了商品的形式。

第三，资产阶级社会的革命性背后蕴含着内在的危机和矛盾。"资产阶级的生产关系和交换关系，资产阶级的所有制关系，这个曾经仿佛用法术创造了如此庞大的生产资料和交换手段的现代资产阶级社会，现在像一个魔法师一样不能再支配自己用法术呼唤出来的魔鬼了。"②尽管马克思在《〈政治经济学批判〉序言》中意识到资产阶级社会仍旧能够在一定时间之内延续对生产力的发展，但资产阶级社会并不能够彻底解决生产力与生产关系的根本性矛盾。"社会的物质生产力发展到一定阶段，便同它们一直在其中运动的现存生产关系或财产关系（这只是生产关系的法律用语）发生矛盾。于是这些关系便由生产力的发展形式变成生产力的桎梏。那时社会革命的时代就到来了。随着经济基础的变革，全部庞大的上层建筑也或慢或快地发生变革。……资产阶级的生产关系是社会生产过程的最后一个对抗形式，这里所说的对抗，不是指个人的对抗，而是指从个人的社会生活条件中生长出来的对抗；但是，在资产阶级社会的胎胞里发展的生产力，同时又创造着解决这种对抗的物质条件。因此，人类社会的史前时期就以这种社会形态而告终。"③马克思将希望寄托在无产者身上，而一旦无产者能够成为具有阶级意识高度的、具有行动能力的革命的无产阶级，则在无产阶级的革命中便有可能终结资产阶级的社会。

无产阶级身上呈现出双重属性。一方面，在资本主义条件下，无产阶级的生存处境彻底改写了"市民—公民"的形象，他们首要地被当作劳动

---

① 《资本论》第 1 卷，人民出版社 2018 年版，第 89 页。

② 《共产党宣言》，人民出版社 2014 年版，第 33 页。

③ 《马克思恩格斯文集》第 2 卷，人民出版社 2009 年版，第 591—592 页。

力商品，同时他们也不再是卢梭和黑格尔意义上的国家中的公民，其所身处于其中的现实的国家是以资产阶级为统治阶级的、用以保障私有财产的权利和自由市场、自由竞争的国家，在这个意义上"工人没有祖国"①。另一方面，无产阶级却可能重新达到卢梭与黑格尔意义上的公民身份所蕴含着的共同体的普遍性的高度，这可以说是他们身上的"尚未枯萎的灵魂"，他们可能从"分散在全国各地并为竞争所分裂"②的状态逐步攀升为联合的具有行动能力的革命者，而作为革命者，他们是作为有自我意识的、有对社会的理解的主体存在的，换句话说，当他们已然成为如此这般的无产阶级，他们也便从市场中的被动的"商品"恢复为作为社会中的积极的行动者的"人"而存在——需要注意的是，在马克思的语境中，作为人而存在意味着在取消资产阶级国家、重建共同体的条件下，对社会和政治进行变革，并因而作为活跃于自由的新的共同体中的自由的人而存在。这意味着扬弃原本资产阶级社会机制下的"市民—公民"身份的分裂和矛盾，重新向整全的人的形象复归。对于这个问题，波兰尼以"双向运动的终结"和"社会主义民主向经济领域的扩展"的方式具体地从人所身处于其中的社会机制的角度进行了讨论，相应的具体内容容后再表。③

三、小结与启示

从马克思对资产阶级社会中的人与社会的考察中，我们可以得到三点结论。

第一，就人的形象而言，为黑格尔所勾勒的整全的人的形象在资产阶级社会中再度成为分裂的。这种分裂性体现在资产阶级社会内部的人对人的统治关系中，同时也体现为无产阶级劳动者的商品化，作

---

① 《共产党宣言》，人民出版社 2014 年版，第 47 页。

② 《共产党宣言》，人民出版社 2014 年版，第 36 页。

③ 详见本书第四章。

为人（human）的人的形象堕落为了作为由市民转变而来的资产阶级（bourgeoisie）的形象，而公民（citizen）的形象则是次要的、抽象的、从属性的。

第二，就考察方法而言，对人的形象的考察从来都伴随着对人所活跃于其中的社会的考察，而无论是马克思对市民社会、资产阶级社会的批判，或是马克思对社会主义或共产主义的讨论，都伴随着人与社会的形象的双重变迁。

第三，就原则性而言，对人与社会的形象的讨论，贯穿着近代以来政治哲学和社会哲学的两大关键主题，即自由的原则与社会的原则在怎样的条件下能够结合起来？霍布斯的利维坦显然并没有为个体自由提供足够的重视。卢梭充分意识到了在社会状态下会诞生一种新的社会自由，并且要求对社会状态下的自由加以维系，但他对自由和社会的考察并没有能够容纳正在兴起的市民社会领域，也没有对经济领域内的自由、社会整体与经济领域的关系进行充分的论述。黑格尔再次特别强调了现代世界以自由为原则，并且要求构建以"具体的普遍性"[①]为原则的，既能保障个体的特殊性原则的释放，又能带来社会整体的普遍性的有机的伦理共同体，但他的社会构想在逐渐兴起的资本主义生产方式的冲击下显得过于理想化了；

————————

[①]　黑格尔在《逻辑学》中认为"具体的普遍性"指的是能够包容特殊的普遍性，而在《法哲学原理》中黑格尔称："国家是具体自由的现实；但具体的自由在于，个人的单一性及其特殊利益不但获得完整的发展，它们的权利获得自为地承认（如在家庭和市民社会的系统中那样），这时他们一方面通过自己本身过渡到对普遍东西的关切，一方面以对普遍东西的认识和意志，尽管是承认它为它们固有的实体性精神，并为了这个普遍东西（作为他们的最终目的）而活动，以至于，普遍的东西既不能没有特殊的关切、知识和意志而发生效力并臻于完成，个体也不能单纯为了特殊的关切、知识和意志而作为私人来生活，而不同时立志于普遍东西和为了普遍东西并意识到这个目的来发生效力。"参见［德］黑格尔：《逻辑学》下卷，杨一之译，商务印书馆1976年版，第267—272页；［德］黑格尔：《法哲学原理》，邓安庆译，人民出版社2016年版，第389—390页。相应内容将在本书第三章再作详细讨论。

在马克思这里，他看到了资本主义的市场化、商品化对个体自由的冲击，以及在这样的冲击下全新的社会机制的形成，他同时也强调资本主义条件下的自由与社会原则及其相应的现实机制都必须经受理论和实践的批判。

马克思对人的形象的考察，对人所身处于其中的社会的考察，以及贯穿这番考察的对自由与社会这两大原则的反思，被波兰尼接纳下来。这成了波兰尼解析19世纪"瓦解了"的文明的理论基础，也是波兰尼面对和批判20世纪新古典自由主义所再度界定的自由原则的思想基石。波兰尼在进一步批判劳动力的商品化的基础上，讲述了资本主义社会的灾难性终结，以及在资本主义社会终结的废墟之上所可能诞生出的希望。

第三节　人之为虚构商品：波兰尼论市场社会的起点

波兰尼所提供的"虚构商品"（fictitious commodities）[1]这一概念在最基本的意义上只是强调了劳动力、土地和货币本不是为销售而生产的产品，它们即便可能在资本主义社会中会进入市场中被售卖，但它们本质上不是商品，因而其商品形象是"虚构的"。在这个意义上波兰尼表达了与马克思几乎相同的观点，加雷斯·戴尔精炼地将波兰尼的观点概括为"反对人类生活受客观市场力量的摆布"[2]。但如果仅仅停留于此种简单的对比阅读，那便错过了波兰尼提出并使用"虚构商品"这一概念时所真正想要表达的精妙的批判。在本节我们要处理两大问题：第一，对"虚构商品"

---

① 在常见的翻译中，fictitious commodities 有"虚构商品"和"虚拟商品"两种译法，但"虚拟商品"容易使人联想到信息技术时代不具有实物商品的物质特征的数字商品（例如电子游戏中的商品、电子书、数字藏品等），因此，为避免歧义，本书统一采取"虚构商品"的译法。

② ［英］加雷斯·戴尔：《卡尔·波兰尼：市场的限度》，焦兵译，中国社会科学出版社2016年版，第93页。

的考察应当采取怎样的方法论？第二，波兰尼如何从对"虚构商品"的批判进一步展开了对资本主义市场社会的批判，由此波兰尼讨论了其所处时代所提示出来的怎样的新的内容？

一、虚构商品批判的方法论

虽然波兰尼并没有明确提及自己的学术方法论，但其对"虚构商品"的考察与批判方法能够被我们明确地识别和总结出来。其方法有三，我们可以首先从拉迪卡·德赛这段看似同样并不专门讨论波兰尼学术方法的引文中看到这三条方法。

> 无处不在的新古典主义市场驱动思维甚至将那些同情波兰尼关于土地、劳动和货币是虚构商品的观点的人限制在某种道德立场上，即认为它们不应该是虚构商品。虽然这样的道德立场并没有错，但那些没有冒险超越它的人将没有能力理解，波兰尼关于虚构商品的论点是历史性的。波兰尼借鉴了古典政治经济学、马克思和后来的马克思追随者，如费迪南德·滕尼斯，来论证这些工业要素不是商品。它们不是生产出来的，不是为销售而生产的，正因为如此，与其他商品不同，一些奇特的因素（vagaries）会影响它们的供应和价格，但不会影响真正的商品。真正的商品的供应可以随着价格和需求的上升和下降而增加或减少。而虚构商品的供应在短期内不能如此。这就是为什么它们的价格会出现剧烈波动，而这种波动往往对整个社会造成破坏。将土地、劳动力和货币作为商品对待，不可避免地导致了社会保护的运动。①

---

① Radhika Desai, Kari Polanyi Levitt, eds. *Karl Polanyi and Twenty-first-century Capitalism*, Manchester: Manchester University Press, 2020, pp.9—10.

对"虚构商品"进行道德批判是第一条批判方法。但这里的道德批判并非一种"道德主义",并非简单地试图说明将劳动力、土地和货币进行商品化的操作是不道德的（或是怎样不道德的），而是要揭示必然地需要着虚构商品的经济和社会结构所宣称和许诺的道德性只是一种停留于资产阶级意识形态层面上的伪善。正如恩格斯在《国民经济学批判大纲》中对以亚当·斯密为代表的新经济学的批判，"新的经济学，即以亚当·斯密的《国富论》为基础的自由贸易体系，也同样是伪善、前后不一贯和不道德的。这种伪善、前后不一贯和不道德目前在一切领域中与自由的人性处于对立的地位"①。在恩格斯看来，斯密认为在现代生活中人们可以凭借自由的贸易和商品交换成就自身的特殊利益，同时这也会带来人与人之间的共同的善（common good），在这个意义上斯密认为其政治经济学既是合乎理性的又是具有道德性的；但是，在私有制的条件下，当劳动、土地和货币都被当作商品投入市场中，其所带来的只能是在竞争条件下人与人之间弱肉强食的关系和极致的分离与对立，是私有财产的积累、贫富差距的加剧、经济危机的爆发和过剩人口的不断形成。在这个意义上，真正具有深刻性的道德批判揭示了政治经济学自诩的道德性的谎言，以及如此这般的非道德性背后的现实机制。在波兰尼这里，他所面对的哈耶克、米塞斯等经济学家已经不再像斯密那般强调共同成就个体自由与社会整体的共同的善，20世纪的新古典主义经济学已经基本抛弃了社会的维度，但即便是个体自由意义上的道德②，也

---

① 《马克思恩格斯全集》第3卷，人民出版社2002年版，第444页。

② 包括个体责任与良心，这是哈耶克在《通往奴役之路》和《自由宪章》这两部最重要的新自由主义著作中所特别关注的道德问题，同时也是米塞斯在《社会主义：经济与社会学的分析》一书中强调的问题。参见［英］弗里德里希·奥古斯特·冯·哈耶克：《通往奴役之路》，王明毅、冯兴元、马雪芹等译，中国社会科学出版社1997年版。［英］弗里德里希·奥古斯特·冯·哈耶克：《自由宪章》，杨玉生、冯兴元、陈茅等译，中国社会科学出版社1999年版。［奥］路德维希·冯·米瑟斯：《社会主义：经济与社会学的分析》，王建民、冯克利、崔树义译，中国社会科学出版社2008年版。为行文方便，本书统一使用"米塞斯"作为 Ludwig von Mises 的中文译名。

在资本主义市场社会的机制之下，难以被守护住①。对虚构商品进行深刻版本的道德批判带领我们进入下一条批判方法。

对"虚构商品"进行历史唯物主义的批判是第二条批判方法。对劳动力、土地和货币何以成为资本主义生产体系中的商品的历史唯物主义考察，已经由马克思做了充分的工作。而波兰尼则是在《大转型》中继续沿用了这一方法，并对斯品汉姆兰法令的诞生和废除进行了经济史意义上的研究，特别说明了斯品汉姆兰法令的废除何以使得英国的劳动力彻底丧失了任何意义上的社会保护，成为最赤裸裸的在市场上进行流通的商品。值得一提的是，黑格尔在《法哲学原理》当中同样讨论了备受波兰尼关注的斯品汉姆兰法令②，但黑格尔并未关注其在 1834 年的废除，而是关注了其实施。黑格尔认为，以斯品汉姆兰法令为代表的英国济贫方式只为穷人提供了"偶然"的资助，而并没有提供来自现代伦理生活的支撑，既无法维持穷人参与社会所需的自尊的主观倾向，也无法凭借警察和同业公会等社会机制支撑起穷人客观的生活。尽管黑格尔所提出的解决方案不会得到波兰尼的同意，但波兰尼极其重视黑格尔所观察到的现象。斯品汉姆兰法令陷入了进退两难的境地：无论是否建立劳动力市场，都会带来社会灾难，只不过其表现方式是不同的。经由对斯品汉姆兰法令的历史性考察，波兰尼试图寻找使得劳动力堕落为"虚构商品"的问题的根源，用马克思的话说在于资本主义生产方式的历史性兴起与正在瓦解的前资本主义社会组织形式发生了激烈的冲突，而用波兰尼的话说在于工业革命的开展、生产力的发展与精制机器的出现以及市场经济的逐步推进提出了社会制度变革的要求。尽管波兰尼并未就历史唯物主义展开专门的讨论，但在后续章

---

① 波兰尼对此进行了精彩的批判，详见本书第四章第三节。

② 详见［德］黑格尔：《法哲学原理》，邓安庆译，人民出版社 2016 年版，第 374—375 页。关于黑格尔对英国济贫法的评论的考证，可参考《法哲学原理》英文版笺注，详见 G.W.F. Hegel, *Elements of the philosophy of right*, Cambridge: Cambridge University Press, 1991, pp.453—454。

节中我们将具体呈现波兰尼对历史唯物主义方法的尊重和使用。

对"虚构商品"进行批判的第三条方法，是在进行历史唯物主义批判的基础上，对人与社会进行双重考察。正如马克思在《关于费尔巴哈的提纲》中将人理解为"一切社会关系的总和"①，并在《德意志意识形态》中强调人们不仅生产出物质生活资料，还生产出人与人之间的生产关系和其他一切社会关系；对于波兰尼来说，对劳动力、土地和货币这三种虚构商品的考察贯穿着"人与人的社会"的线索——当然，这条线索不论是从近代政治哲学、德国古典哲学抑或是马克思那里，都是清晰可辨的，当我们谈人的时候，一定是在同时谈论人的社会和处在社会中的人。波兰尼对劳动力的考察意味着对劳动者及其背后的社会结构、社会制度的同时考察，这一点已然较为明确。土地是人栖居于其上的自然，但同时又是承载着人类社会的自然，土地承托着人的劳动、人的社会关系（包括所有制关系、生产关系等）。在这个意义上，从人类社会的视角来看，土地当然地具有社会性。反过来讲，土地的商品化和市场化也意味着社会结构的变动，用马克思的话说则是"工人自由得一无所有"②，他们既没有生产资料，也没有土地，"没有任何实现自己的劳动力所必需的东西"③。而用波兰尼的话说则是，"土地的商品化"是"封建制度的消亡"的另一种说法，土地商品化的过程同时促进了产业的变迁，但也带来了更加复杂的农民阶级和工业阶级的冲突，以及工业生产内部错综复杂的复杂斗争。④ 这意味着土地

---

① 《马克思恩格斯文集》第 1 卷，人民出版社 2009 年版，第 501 页。

② 《资本论》第 1 卷，人民出版社 2018 年版，第 197 页。

③ 《资本论》第 1 卷，人民出版社 2018 年版，第 197 页。

④ 具体的解析容后再表，值得一提的是，波兰尼关注到了第一次世界大战之后在市场化条件下的土地所有权，根据对此问题的研究，波兰尼勾勒了一幅与马克思在《路易·波拿巴的雾月十八日》当中类似的画面：伴随着社会主义运动的兴起，在面对着市场经济陷入瘫痪的恐惧中，农民阶级被视为维持"秩序"的力量，而一旦资产阶级国家的权力得到了巩固，法西斯主义便有可能从中诞生出来。详见［英］加雷斯·戴尔：《卡尔·波兰尼：市场的限度》，焦兵译，中国社会科学出版社 2016 年版，第 78 页；以及本书第三章第三节。

不仅仅是自然给予人的馈赠，同时也是人与人类社会的基本要素。而货币，在波兰尼看来无非是经由银行或者国家金融机制形成的购买力的象征，它也并不天然地是"为出售而生产的"商品，即便货币在商品交换的过程中无处不在。货币的商品化意味着，在市场经济中由市场自发地调节货币的流通，而不再受到除市场之外的任何因素的影响。但是，这显然是一种幻想，若如此，资本主义的企业与劳动者反而会在巨大的市场波动当中走向毁灭①，甚至在国际金本位制度解体的情况下，国际经济体系会遭受到更大的危机。通过对货币的考察，波兰尼真正想要问的问题是：究竟是要使得货币在自由主义体系中获得抽象的自由，还是人与人的社会在新的社会机制中把握住货币与经济并获得新的自由？在波兰尼这里，在对虚构商品的讨论中，对作为虚构商品的人（或劳动者）的考察，对包含着作为虚构商品的人的社会整体的考察，以及对如此这般的人何以在如此这般的社会中进行活动的考察，是至关重要的思想线索。

二、从虚构商品出发的市场社会批判

波兰尼根据人与社会的两大线索进行的对"虚构商品"的考察，提供了关于资本主义市场社会与以往社会状况之差异的论述。"在我们的时代之前，市场只不过是经济生活中的附属品。一般而言，经济体系是被吸收在社会体系之中的，并且无论经济活动中主导性的行为原则是什么，我们

---

①　对自由主义经济学的经典错误理解之一是将它与"自由放任"画等号，而后者的关键原则在于信奉使市场作为唯一的调节手段的教条，并且相信经济过程的自我愈合能力。但波兰尼明确指出，自由主义的资本主义依赖市场背后的政治权力，举例而言，"经常发生的情况是，一些国家发现自己无法偿还债务，或者它们的通货发生贬值，而影响了它们的偿还能力；有时候这些国家决定通过政治手段重获平衡，由此就干涉了外国投资者的财产权利"。（详见［英］卡尔·波兰尼：《大转型：我们时代的政治与经济起源》，冯钢、刘阳译，浙江人民出版社 2007 年版，第 176 页。）

发现市场模式都能与这种原则相容。"①而在市场社会中的市场经济是"一种仅仅只受市场控制、调节和指导的经济体制，物品生产和分配的秩序都被委托给了这个自发调节的机制"②。波兰尼用"脱嵌"来说明如此这般的现代市场社会的状况，在"脱嵌"的社会机制中，社会由经济领域所主导，经济由市场机制所主导，而在市场中，人或为商品化的劳动力，或为商品化劳动力的购买者。

因而，"脱嵌"可以分为两个层面。在社会机制层面，脱嵌意味着市场从社会领域中脱嵌；而在人本身的层面，脱嵌意味着人的商品属性从人的其他属性中脱嵌，并且正因如此人被彻底打散为个体，人的社会性被彻底改写为由商品经济所中介的资本主义性质的生产关系。但需要注意的是，脱嵌从来不意味着"割裂"，也就是说，市场从未彻底地自绝于社会，"商品化的劳动力"也从未是人的唯一属性。也就是说，"脱嵌"意味着在社会与人这里发生了两重内在矛盾，在社会领域中是市场与社会本身的内在矛盾，而在人这里是作为人的人与作为市场参与者的人的内在矛盾（特别是作为人的人与作为商品化劳动力的人的内在矛盾），而这两重矛盾所带来的是资本主义市场社会内部的"双向运动"。

"双向运动"在最基本的意义上指的是"市场的不断扩张以及它所遭遇的反向运动（即把市场的扩张控制在某种确定方向上）"③。概括来讲，双向运动的双方是"自由主义的市场化运动"，以及"社会的自我保护"。但剥开来看，"双向运动"内部包含着的恰恰是我们所揭示出来的从社会与人这两大视角看到的内在矛盾。因此，波兰尼对双向运动的研究一方面

---

① ［英］卡尔·波兰尼：《大转型：我们时代的政治与经济起源》，冯钢、刘阳译，浙江人民出版社 2007 年版，第 59 页。

② ［英］卡尔·波兰尼：《大转型：我们时代的政治与经济起源》，冯钢、刘阳译，浙江人民出版社 2007 年版，第 59 页。

③ ［英］卡尔·波兰尼：《大转型：我们时代的政治与经济起源》，冯钢、刘阳译，浙江人民出版社 2007 年版，第 112 页。

指向对双向运动内部的阶级对抗的讨论，另一方面指向关于市场对社会的威胁的讨论，波兰尼把握到了来自人与社会的内在张力。即便劳动力在市场社会条件下由商品化的属性所主导，但劳动力本身终究不只是劳动力商品，资产阶级社会成员抽象的政治权利也并非全无作用，因而在市场和生产领域之外，劳动者可以依托于民主机制和阶级斗争来伸张自己的诉求。在波兰尼看来，社会领域内的斗争不必简单地概括为无产阶级与资产阶级这两大阶级之间的阶级斗争[1]，对被市场化浪潮所破坏的社会生活的斗争是复杂的，也是发生在各阶级身上的。

到这里，似乎波兰尼用"脱嵌"和"双向运动"这两个概念重复了马克思早已讲述清楚的资产阶级社会结构以及蕴含在其中的社会内部的阶级斗争——但是，波兰尼所提供的概念并没有这么简单。对"双向运动"的进一步解析能够让我们看到，贯穿了经济与政治的广阔领域的复杂的阶级斗争，同时也是市场社会中资本主义与民主的矛盾，将在危机的条件下为资本主义的终结敞开大门的——此时的危机不仅仅是经济意义上的，而且是政治甚至人类文明意义上的。马克思意义上的无产阶级彻底推翻资本主义的革命并非资本主义走向终结的唯一途径，这只是一条光明的途径；在讲述社会主义的前景之前，波兰尼所要向读者讲述的却是一条黑暗的途径，即资本主义市场社会的双向运动为法西斯主义敞开大门的堕落之路。

在波兰尼这里，"双向运动"概念提供了一种复杂版本的理解社会的结构。"使事情（指社会的自我保护运动，即反向运动——作者注）发生的是作为一个整体的社会的利益，尽管维护这种利益的责任更倾向于落到人口中的这个部分而不是那个部分身上。看起来合理的做法是，不是将我

---

[1]　值得说明的是，尽管马克思和恩格斯在《共产党宣言》中明确指出了社会日益分裂为两大阶级的趋势，但这一趋势并不意味着要对资产阶级社会中的阶级分析进行抽象化处理。不论是马克思、恩格斯还是波兰尼，都没有简单地只关注资产阶级与无产阶级的阶级斗争，相反，他们都充分承认资产阶级社会中阶级划分与阶级斗争的复杂性。参见《共产党宣言》，人民出版社 2014 年版，第 28 页。

们所描述的保护运动归因于阶级利益，而是归因于被市场所威胁的社会实质。"① 对双向运动的谈论不可避免地要讲述阶级问题，但波兰尼认为仅仅凭借阶级和阶级斗争没有办法透彻地说明自由主义的市场社会中的结构和运动。在"双向运动"中，除了借助于人和社会这两条线索来理解内部复杂的阶级斗争以及资本主义与民主的矛盾，还要借助于"危机"来理解"双向运动"的走向。波兰尼指出，自由主义的市场化运动并非如其信奉者所说是自然的，而是极端人为性的，不论是根据马克思还是波兰尼所讲述的资本主义的历史起源，这一点都不难理解；但与之相对的是，在波兰尼看来，虽然自由主义的市场化运动是人为的，但社会的保护运动，即反向运动，反而是自发的。自由主义对调节和控制的真实的依赖一方面意味着根本不可能存在一个自发运行的市场，另一方面当保护主义发挥作用、市场的自发运行受损时，由自由主义的国家机构所带来的政治干预则顺理成章，而这种政治手段和政治权力同样也将出现在国际范围内，尽管这与一般的自由主义教条大相径庭，也与20世纪初新古典自由主义经济学家所讲述的完全相反。波兰尼认为，如此这般的现实状况导致了两种可能性：一种是帝国主义的战争，另一种则是在危机的情势下，法西斯主义获得了登台的可能性。但归根结底可以看到，在双向运动中由市场化释放出的压力游荡在社会领域中，从相对乐观的观点上看，这种压力或许能够带来"共产主义的幽灵"；但同样，在经济自由主义试图保存资本主义的条件下，压力在政治和经济领域的爆发将导致灾难性的后果。

由此可见，波兰尼的"双向运动"将马克思的《路易·波拿巴的雾月十八日》和《资本论》同时作了理论上的推进。在现代复杂社会中，既有形形色色的阶级斗争以及在阶级斗争的复杂图景中资产阶级对民主的利用与抛弃，也有资本主义生产方式和市场化原则的推进所带来的危机，当这

---

① ［英］卡尔·波兰尼：《大转型：我们时代的政治与经济起源》，冯钢、刘阳译，浙江人民出版社2007年版，第138页。

些要素在"双向运动"的框架下同时得到审视，资本主义的堕落道路和小波拿巴式的人物的登场也便成为可能了。尤其是，波兰尼特别提醒读者，处在"反向运动"一侧试图对社会加以保护的力量未必是进步的，反而可能是守旧的，甚至是反动的。但在考察"资本主义何以有可能堕落为法西斯主义"这个宏大问题①之前，仍然有必要依循本章所特别强调的波兰尼所采用的人与社会这两条线索，考察波兰尼何以根据自由与社会这两大原则进行资本主义市场社会的批判，揭示资本主义的内在矛盾与危机。我们即将把目光投向活跃在资本主义市场社会中的"自由"的"经济人"，以及他们所身处于其中的社会，我们将考察的关键聚焦在波兰尼对政治经济学的批判，这便是下一章节所要展开的具体内容。

---

① 详见本书第三章第三节。

第二章　论社会中的自然法则与内在矛盾

　　波兰尼在《大转型》中花费了大量笔墨着重讨论英国在斯品汉姆兰法令时期的具体历史，以及斯品汉姆兰法令的问题，之所以如此，是缘于波兰尼在《大转型》开篇处即点明的问题意识，即破解19世纪文明毁灭的死局——自由主义的资本主义无法带来其"许诺"的幸福，而社会保护同样激发了文明的灾难。对这个死局的破解，应当从自由主义文明的诞生之初考察原因。在前一章节中，我们特别考察了在这段历史历程中人的形象以及人所身处于其中的社会的形象的变迁；在本节中，我们将在如下两个方面继续关注斯品汉姆兰法令及其所展现的问题。

　　第一，就我们已经讨论过的内容来讲，斯品汉姆兰法令的取消使英国的劳动者彻底脱离了社会对其的保护，而这也是英国的市场社会最终形成和起步的标志。即便劳动者们受制于贫困与饥饿，但他们却与社会上任何一个阶级在"经济人"身份的意义上保持了一致。在一般的理解中，"经济人"被想象为受到自我利益的驱使、追求效用的最大化、严格按照理性来进行算计并以之为根据采取行动的主体，并且"经济人"一词也被认为与亚当·斯密的观点密切相关。但波兰尼在此特别强调，资本主义市场社会中的"经济人"以及与之相关的对"经济人"的一般理解，实际上与亚当·斯密在《国富论》中的观点有着重要的差异。理解这一差异是理解资本主义市场社会的必要前提，而只有在理解了约瑟夫·汤森凭借自然法则对政治经济学进行的重新阐释之后，才能够理解与亚当·斯密版本不同的

"经济人"形象——这带来了本章的第一大主题,即跟随波兰尼,对作为位于亚当·斯密之后的、有待发掘解读的环节的汤森政治经济学加以批判。

第二,波兰尼认为汤森政治经济学的特点在于其将自然请进了社会,在完成了对其的揭示以后,就能够从马尔萨斯、李嘉图等的经济学思想中发现关于自然法则的思想痕迹,而马尔萨斯、李嘉图等的经济学又提供了后斯品汉姆兰时期的资本主义市场社会的核心原则。由此可见,对作为"自然法则"的自然的理解成了理顺资本主义市场社会诞生和发展背后的经济学思想的关键钥匙。波兰尼引导我们思考:当现代政治已然不再依托于自然法来考察政治与社会,那么自然又以怎样的方式被汤森从后门请进了现代政治哲学与社会哲学——这带来了本章的第二大主题,即根据波兰尼的政治经济学批判所得出的结论,展开对以相关原则为基础所构建的社会及其内在矛盾的考察与批判。

第一节 波兰尼对汤森自然法则的批判

一、波兰尼对斯密"经济人"的回顾

我们通常把"经济人"概念的起源追溯到斯密的《国富论》,但这仅仅是一个"追溯"——"经济人"概念的流变使得我们不能简单地指认现今对经济人的一般理解等同于斯密在《国富论》中的观点。正如波兰尼写道:"像亚当·斯密这样伟大的思想家都认为社会中的劳动分工依赖于市场的存在,或者用他自己的话说,依赖于人类的'互通有无,物物交换,互相交易的秉性(propensity to barter, truck and exchange on thing for another)'。从这句话里后来产生出'经济人'的概念。"[1] 这里的问题在

---

[1] [英]卡尔·波兰尼:《大转型:我们时代的政治与经济起源》,冯钢、刘阳译,浙江人民出版社 2007 年版,第 37 页。

于，"后来产生出"的"经济人"概念显然不是自其诞生之日起便没有任何变化的概念，并且亚当·斯密这里的经济人概念也并不像人们一般的想象中的那样单薄，仿佛经济人只被经济利己主义的简单思维所支配着。

如果我们回到亚当·斯密问题意识就会发现，斯密试图在《国富论》和《道德情操论》中回答一个政治哲学的问题，即，人的自利心如何与道德和社会所要求的利他心相协调？斯密试图通过讨论现代社会中的市场机制来表明，在"看不见的手"的协调下，个人一方面可以自由地追逐利益，另一方面与此同时他人和社会的需求也能够得到满足。且不论斯密的构想是否真的如他所想的那般美好（对斯密的批评早已为我们耳熟能详），但在斯密这里，如果仅仅把"经济人"视作简单的利己主义者，那便是彻底忽略了斯密这里至关重要的另一大原则，即社会的原则。波兰尼认为，在斯密这里，作为共同体的社会的利益并不比个体自身的利益显得低微。"财富对他（斯密）来说仅仅是公共生活的一个方面，相对于公共生活的目的而言财富只是从属性的：它是国家在历史的生存斗争中的附属品，并且不能与国家相分离。"① 用波兰尼的话说，斯密充满了乐观主义的精神，他相信在市场机制的作用下，追逐个人利益的主体的行动能够成就社会整体的道德与利益。正如斯密本人所说，其所追求的不仅仅是个体财富的增加，而且是社会财富的增长与进步，使一般的富"普及于社会一切不同的阶级"②。斯密的这一观点在黑格尔的《法哲学原理》中得到了更加哲学化的表述，即在市民社会机制中一方面有着特殊性原则的释放，另一方面特殊性必须根据普遍性的要求来规定自身，在这个意义上特殊性又是普遍性的环节。斯密意义上的个体性原则与社会的原则可以被换算成黑格尔意义上的特殊性与普遍性，黑格尔称政治经济学是现代世界的科学，这固然

---

① ［英］卡尔·波兰尼：《大转型：我们时代的政治与经济起源》，冯钢、刘阳译，浙江人民出版社2007年版，第96页。

② ［英］亚当·斯密：《国富论》上卷，郭大力、王亚南译，译林出版社2014年版，第6页。

是因为政治经济学试图把握现代社会内部的经济与社会规律，同时也是因为政治经济学包含了现代世界的原则，构成了现代世界必不可少的环节。①

但问题在于，成熟的资本主义市场社会②内部的"经济人"并非像斯密这里一样同时包含了个体性的原则和社会的原则，我们一般所谈论的经济人形象也与斯密这里双重原则的经济人形象有所区别。这是为什么呢？

这一方面主要是因为斯密的政治经济学本身是不自洽的，马克思清楚地揭示了这个问题。在现实的资产阶级社会中，只有自私自利的个体，而个体对自身利益的追求在资本主义劳动分工体系和资本主义市场机制中尽管能够积累财富，但并不必然导向社会整体的利益。早在《1844年经济学哲学手稿》中，马克思就已经指出："在社会的增长状态中，工人的毁灭和贫困化是他的劳动的产物和他生产的财富的产物。就是说，贫困从现代劳动本身的本质中产生出来。"③在斯密寄予厚望的劳动与分工体系之中，伴随着私有财产的积累，实际发生着的是阶级的分裂和劳动者的贫困化。在相对容易观察到的客观的物质贫困之外，马克思在《经济学手稿（1857—1858）》中指出劳动者陷入了"绝对的贫困"，这是由生产与社会关系交织而成的贫困，"这种贫穷不是指缺少对象的财富，而是指完全被排除在对象的财富之外"④。当劳动与劳动资料、劳动对象分离，劳动在资本面前无法为自身带来财富，更不必提社会整体的普遍的财富积累了，"绝对的贫穷"意味着劳动在资本面前的绝对劣势。在此基础之上，无产阶级同时还可能陷入主观方面的贫困，这首先表现为在意识形态层面上对自私自利的、你死我活的市场竞争的服从，也可能表现为流氓无产阶级对社会本身的否定，"流氓无产阶级是旧社会最下层中消极的腐化的部

---

① 参见［德］黑格尔：《法哲学原理》，邓安庆译，人民出版社2016年版，第336页。

② 在波兰尼的语境中，"成熟的资本主义市场社会"的代表是1834年斯品汉姆兰法令废除之后的英国社会，这在前文已有所提及。

③ 《马克思恩格斯全集》第3卷，人民出版社2002年版，第232页。

④ 《马克思恩格斯全集》第30卷，人民出版社1995年版，第253页。

分……由于他们的整个生活状况，他们更甘心于被人收买，去干反动的勾当"①。于是我们见到马克思在《路易·波拿巴的雾月十八日》中清楚地指出流氓无产阶级被小波拿巴用作权谋工具②，他们被用作反对社会整体本身。资产阶级社会并不会成就社会整体的利益，相反，它构成了对人本身的否定，既是反道德的，又是反社会的。

另一方面，想要说明市场社会内部的经济人原则为何与斯密的经济人构想不同，关键在于说明为什么在资本主义条件下只有自私自利意义上的经济人，而并没有经济人出于自利目的的行动所成就的美好社会，换句话说，为什么斯密的经济人形象遭到了修改，这一修改是如何实现的呢？波兰尼从经济学史的角度提供了考察此问题的思想资源，在他看来，问题的关键在于在资本主义市场社会形成之前，即在斯品汉姆兰时期出现了新的原则，或者说斯密原本所依凭的社会性原则遭到了"置换"，并且在新的原则的支配下，社会整体的道德难以实现，这个新的原则便是汤森的政治经济学所提供的"自然法则"。而根据自然法则重新理解经济人（尤其是作为劳动者的经济人），是使得资本主义市场社会产生诸多问题的原因所在。波兰尼在此向我们明确揭示：将自然法则引入政治经济学，并彻底改写斯密意义上的成就社会整体的政治经济学，这一步是由汤森开启的，并且被马尔萨斯和李嘉图所继承。

二、汤森对自然法则的引入

汤森、马尔萨斯和李嘉图同样面临着的现实背景是英国 18 世纪末、19 世纪初济贫法的改革及其现实困境。英国自 16 世纪起由济贫法、工匠法、安居法共同构筑起的劳动组织在 18 世纪末受到了动摇，在逐步兴起的市场的冲击以及工业需要的压力下，出现了在政治经济学的支撑下重新

---

① 《马克思恩格斯文集》第 2 卷，人民出版社 2009 年版，第 42 页。

② 《路易·波拿巴的雾月十八日》，人民出版社 2001 年版，第 98—116 页。

理解济贫与劳动问题的现实与理论需要。波兰尼写道：

> 当贫困的意义被揭示时，19 世纪也即将到来。分水岭大致是在
> 1780 年左右。在亚当·斯密的巨著中，济贫尚未成为问题，仅在十
> 几年之后，在汤森的《论济贫法》中，它就上升为一个广泛的议题，
> 并且在其后的一个半世纪中从未从人们的头脑中消退过。①

在汤森看来，旧济贫法最紧要的问题在于它并没有给穷人提供相应的
动力参与劳动，而这个"劳动动力"的问题在亚当·斯密那里也没有得到
妥善的处理。在汤森看来，斯密所提供的人性，即"互通有无、物物交换
和互相交易的倾向"②，并不能够使得劳动者在旧济贫法的作用下积极地参
与劳动与市场，1795 年的斯品汉姆兰法令对济贫法的改革更是扩大了社
会对贫困者的救济和保护，这更抑制了自由的劳动力市场的形成，甚至在
斯品汉姆兰法令的作用下，原本可能积极参与劳动的劳动者变成了游手好
闲的赤贫者。为了解决这个问题，汤森试图为政治经济学赋予新的动力基
础，这个基础就是自然法则，而这个自然法则落在贫困者（即原本被救济
和保护的人）身上则是简单直接的"饥饿"甚至是"死亡"。

需要注意的是，与马克思在《资本论》中对已经成熟了的资本主义生
产何以有动力地持续运行、资本何以统治劳动并实现自我增殖不同，从波
兰尼的眼光来看，汤森的政治经济学涉及了马克思这一问题的前提，即，
何以形成一个完成了的抑或是成熟的资本主义社会体系。汤森的问题意识
是：使得这样一个资本主义市场社会体系形成的原因是什么？如何才能实
现其最初的形成？为此，汤森讲述了一个寓言：

---

① ［英］卡尔·波兰尼：《大转型：我们时代的政治与经济起源》，冯钢、刘阳译，浙
江人民出版社 2007 年版，第 96 页。亚当·斯密的《国富论》首次出版于 1776 年，约瑟
夫·汤森的《论济贫法》则是 1786 年的论文。

② ［英］亚当·斯密：《国富论》上卷，郭大力、王亚南译，译林出版社 2014 年版，第 9 页。

据说在一座小岛上有人放养了一些山羊，疯狂繁殖的山羊成了海盗的食物储备。于是，不堪海盗骚扰的西班牙当局在岛上放养了一公一母两只狗。随着狗的繁殖，狗开始愈发多地捕食山羊，于是山羊的数量如西班牙人所预见的开始减少。许多山羊逃到了陡峭的岩石上躲避狗的捕猎，并且只在较短时间中战战兢兢地下山觅食，除了粗心鲁莽的山羊外，很少有山羊成为狗的猎物；除最健壮活跃的狗外，其他狗难以获得足够的食物。于是，新的平衡建立起来了，两个物种中最弱小的首先偿还了"自然之债"（the debt of nature），积极活跃者保住了性命。①

汤森据此认为，食物的数量控制了人口的数量。我们如何理解汤森的寓言？

---

① Joseph Townsend, *A Dissertation on the Poor Laws: By a Well-Wisher to Mankind. 1786*, London: Printed for Ridgways, 170, Piccadilly, 1817, pp.44—46. 波兰尼认为该寓言的真实性是值得怀疑的，有关波兰尼对此寓言真实性的考察，详见［英］卡尔·波兰尼：《大转型：我们时代的政治与经济起源》，冯钢、刘阳译，浙江人民出版社 2007 年版，第 98 页。但该寓言的真实性并不影响汤森借该寓言试图论述的问题。值得注意的是，马克思也充分阅读了汤森的这一论著。马克思在《资本论》中三次引用汤森此文，马克思的关注点在于强调在资本主义社会中贫困是财富的必要条件，而波兰尼则更加关注汤森对贫困的讨论的背后是汤森对自然法则的引入。马克思在《资本论》中写道："在奥斯特之后大约过了 10 年，高教会新教牧师唐森（即约瑟夫·汤森——作者注），曾十分露骨地颂扬贫困是财富的必要条件。'用法律来强制劳动，会引起过多的麻烦、暴力和叫嚣，而饥饿不仅是和平的、无声的和持续不断的压力，而且是刺激勤勉和劳动的最自然的动力，会唤起最大的干劲。'所以，一切问题都归结为怎样使工人阶级的饥饿永久化，而照唐森的看法，那个特别在穷人中起作用的人口原理已经把这件事安排好了。'下面这一点似乎是一个自然规律：穷人在一定程度上是轻率的〈也就是说，他们是如此轻率，嘴上没有衔着金羹匙就降生到世界上来〉，所以，总是有一些人去担任社会上最卑微、最肮脏和最下贱的职务。于是，人类幸福基金大大增加，比较高雅的人们解除了烦劳，可以不受干扰地从事比较高尚的职业等等……济贫法有一种趋势，就是要破坏上帝和自然在世界上所创立的这个制度的和谐与优美、均称与秩序。'"参见《资本论》第 1 卷，人民出版社 2018 年版，第 744—745 页。马克思的引文参见：Joseph Townsend, *A Dissertation on the Poor Laws: By a Well-Wisher to Mankind. 1786*, London: Printed for Ridgways, 170, Piccadilly, 1817, p.15, p.39, p.41。

第一，从最基本的层面来讲，汤森是从自然法则的角度来重新理解政治经济学和人类社会的。这样的自然法则与近代政治哲学所理解的理性的自然法则毫不相干，前者只是一种动物性的自然法则，而后者则是属人的、使得人类社会得以建立的理性根基。"霍布斯的几何学偏向，休谟、哈特利、凯奈和爱尔维修对社会中的牛顿定律的渴望，仅仅是隐喻性的：他们极欲在社会里发现像万有引力定律之于自然界一样的法则。不过，在他们想来，这应该是一条属人的法则（as a human law）。"① 而汤森所依托的自然法则却只是动物性的，所谓自然借以调控和惩戒动物的法则，被汤森引入了人类社会中。以解决斯品汉姆兰时期的贫困问题为原初问题意识的汤森的政治经济学，对人类社会原本所依托的"属人的法则"做了一种"置换"，波兰尼讲道："人类社会现在被置于一种危险之中，因为它的原有基础，即部分地由从前的政治机体所构造的道德世界，很可能被一种完全陌生的东西置换掉。显然，正是难以解决的贫困问题迫使马尔萨斯和李嘉图认可了汤森的自然主义的倒退。"②

第二，汤森的"置换"极易令人联想到霍布斯意义上的自然状态。但对于霍布斯而言，人并不真的等同于野兽，并且人的基本行动原则仍旧是理性的自然法；而对于汤森而言，即便是处于社会之中的人，也无非只是野兽而已，换句话说，汤森认为在市场支配下的人直接具有动物性，人并不被社会提供保护，因而要么通过参与社会劳动来克服自然用以统治着一切动物的饥饿，要么在私有财产被消耗殆尽时被饥饿所克服。汤森以引入自然法则的方式同时也推翻了黑格尔法哲学对人的需要的理解。在后者看来，"动物用一套有局限的手段和方法来满足它的同样有局限的需要。人虽然也受到这种限制，但同时证明他能超越这种限制并证明他的普遍性，

①　［英］卡尔·波兰尼：《大转型：我们时代的政治与经济起源》，冯钢、刘阳译，浙江人民出版社 2007 年版，第 98 页。

②　［英］卡尔·波兰尼：《大转型：我们时代的政治与经济起源》，冯钢、刘阳译，浙江人民出版社 2007 年版，第 100 页。

这种证明首先是通过需要和满足手段的多样化，其次是通过把具体的需要分解和区分为单一的部分和方面，后者变成了各各不同地殊异化了的，从而是更为抽象的各种不同的需要"①。对于汤森来说，人的需要与动物的需要已经没有本质的不同，二者统统被规定为"避免饥饿"，在这个意义上人的需要重新被认定为有局限性的，并且只有在寓言中作为强者的谨慎的山羊和和健壮的狗才能偶然地更顺利地满足仍然具有局限性的需要。对于贫穷的劳动者来说，他们的需要不必具有黑格尔意义上的普遍性的特征，换句话说，他们不再根据自身的尺度和对象本身的规定性来参与劳动，即便是勤劳的、不愿怠惰地仅凭社会救济过活的劳动者，也只能同任何一个被政治经济学规定得毫无差别的劳动者一样，只能通过参与到劳动力市场中成为劳动力商品，并在资本主义商品生产模式的规定下凭借作为手段的劳动来满足饥肠辘辘的胃。并且在汤森这里，被赋予了动物性的人的需要不再是构成具有伦理性高度的社会体系的要素，在主观上人的需要和满足需要的手段不再是"为了他者的存在"②，而在客观上不得不偿还"自然之债"的最弱者代表了资本主义体系之无法实现"大家彼此互为满足的条件"的命定缺陷。

第三，汤森对斯密的政治经济学进行了三重颠覆。首先，在斯密这里通过人们之间的相互竞争和共同劳动在市场机制的作用下所实现的对个体和社会整体的共同成就的理想图景彻底消亡了，汤森承认人们作为个体至少在形式上共同构成了社会，但他并不承认市场机制的运作能够带来社会整体的共同的利益，当他将动物性设定为人的本性，那么社会生产对劳动者来说就变成了强制性的、惩戒性的，其所实现的无非是社会中的强者的利益，其同步带来的是弱者的饥饿与生存危机。其次，在汤森这里，市场机制不再具有道德性，人类社会内部也不再需要团结和政治，波兰尼指

---

① ［德］黑格尔：《法哲学原理》，邓安庆译，人民出版社 2016 年版，第 337 页。

② ［德］黑格尔：《法哲学原理》，邓安庆译，人民出版社 2016 年版，第 338 页。

出："从这个新颖的观点看（指汤森的观点——作者注），一个自由社会可能被认为由两种人组成：有产者和劳动者。后者的数量由食品数量限制；并且只要财产是安全的，饥饿将迫使他们工作。行政长官是不必要的，因为饥饿是一个比行政长官更好的惩戒者。"[1] 在这个意义上，汤森通过试图建立彻底的、使得人直接面对市场体系、取消一切社会保护的资本主义市场社会，否定了蕴含在斯密的政治经济学内部的社会原则所包含的道德性和政治性。汤森与马克思都反对斯密所畅想的市场体系能够带来社会整体的利益，但区别在于，马克思否定的是"资本主义市场体系"，而汤森否定的却是"社会整体的利益"。再次，斯密这里政治经济学的理性基础被自然法则取代，原本包容了道德维度和社会维度的理性被直接放弃，取而代之的是反对济贫法的使每个人变成资本主义市场社会体系内部的"自由"的劳动力商品的政治经济学，而如此这般的新政治经济学如果仍旧可称得上是一种所谓的"科学"，那么至多是在关于劳动和生产的知性科学的角度来讲它具备一定的理性特质。

三、由批判汤森带来的理论推进

通过发现并批判汤森的政治经济学，将汤森作为必要的环节补充进政治经济学批判的脉络中，波兰尼做了三重理论推进。

第一，波兰尼发现并指出马尔萨斯和李嘉图与汤森分享了作为政治经济学基础的自然法则，而对作为理论线索的自然法则的揭示和强调，将马克思和恩格斯对马尔萨斯和李嘉图的批判向前推进了一步。值得注意的是，马尔萨斯和李嘉图都分享了处理斯品汉姆兰时期的济贫法及其引发的社会问题的现实关切。李嘉图写道："劳动正像其他一切可以买卖并且可以在数量上增加或减少的物品一样，具有自然价格和市场价格。劳动的自

---

[1] ［英］卡尔·波兰尼：《大转型：我们时代的政治与经济起源》，冯钢、刘阳译，浙江人民出版社 2007 年版，第 99 页。

然价格是让劳动者大体上能够生活下去并不增不减地延续其后裔所必需的价格。"①并且根据"工资铁律",劳动的市场价格会趋向于其自然价格。李嘉图赞许马尔萨斯对济贫法的攻击,而马尔萨斯所做的工作是"重建自然主义基础上的政治经济学"②,他提供了与汤森的寓言呈现出类似结构的人口论。当然,倘若以今天的眼光来看,对于工资铁律和人口论在哲学和经济学上的批判已经相当充分了,但是对汤森、李嘉图和马尔萨斯等人经济学理论中的自然主义基础的进一步揭示,以及与斯密那里尚未消失的道德性与社会性的对比,使得我们能够更加清晰完整地发现由汤森所开启的政治经济学理论的变化。

第二,波兰尼着重强调了社会的原则对个体劳动者的意义。尽管马克思本人并没有直接地讨论汤森的政治经济学,但从马克思本人提及斯品汉姆兰法令的讨论中,我们能够发现波兰尼之重视对汤森的批判、重视斯品汉姆兰法令的废除,意味着波兰尼对社会的强调、对社会能否保护其成员这一问题的关注。马克思在《1844年经济学哲学手稿》中写道:"英国工厂主在实行1834年的济贫法以前,把工人靠济贫税得到的社会救济金从他的工资中扣除,并且把这种救济金看作工资的一个组成部分,这种做法是完全合乎逻辑的。"③马克思此段论述意在强调工人的劳动报酬以受到剥削的工资为限,尽管斯品汉姆兰法令时期工人能够得到保护性的救济,但也并不能够突破资本主义生产方式的剥削逻辑和工资铁律。因而我们可以

---

① [英]彼罗·斯拉法主编:《李嘉图著作和通信集(第一卷):政治经济学及赋税原理》,郭大力、王亚南译,商务印书馆2017年版,第75页。

② [英]加雷斯·戴尔:《卡尔·波兰尼:市场的限度》,焦兵译,中国社会科学出版社2016年版,第67页。

③ 《马克思恩格斯全集》第3卷,人民出版社2002年版,第282页。引文中提到的1834年的新济贫法指的是废除斯品汉姆兰法令之后的济贫法,该济贫法只允许用一种办法来救济贫民,即把贫民安置到习艺所,该习艺所因生产条件恶劣、制度严酷,有"穷人的巴士底狱"之称。相关考证详见《马克思恩格斯全集》第3卷,人民出版社2002年版,第672、682—683页。

从中得出的结论是，资本主义的剥削不因"救济"或"保护"而发生变动。在波兰尼看来，首先应当承认马克思对资本主义生产方式中的工资规律与剥削性质的揭示，无论是否有斯品汉姆兰时期社会对工人的保护，工人都只是被当成在市场中出售或待售的作为商品的劳动力。然而应当进一步被强调的是，斯品汉姆兰法令的意义并不在于否定甚至是突破资本主义的劳动与剥削方式，而是在于社会保护工人免于自然法则的惩戒，斯品汉姆兰法令的废除使得工人彻底脱离了"有限度的社会保护"，工人不仅只能彻底地作为劳动力商品进入市场并直面资本主义的生产方式，还必须腹背受敌，同时直面被引入社会之中的自然法则，直面饥饿的惩戒。其中最为波兰尼看重的关键问题是，在斯品汉姆兰法令废除之后诞生的资本主义的市场社会中，同时面对着市场与自然的劳动者已经彻底丧失了支撑他的共同体或社会；社会性的原则彻底被否定了，劳动者更加彻底地成了孤立的、无所依凭的个体。

　　第三，波兰尼推进了马克思与恩格斯对资本主义私有制的批判。马克思、恩格斯与波兰尼向政治经济学家们提出的问题是同一个：为何政治经济学非但没有使得人凭借自己在社会和市场中的自由行动成就社会整体的共同的财富和进步，反而出现了经济危机、贫困与"过剩人口"？他们都注意到要对资本主义社会中的私有财产制度加以批判[1]，而波兰尼则在此基础上进一步试图追问，以私有制为基础的资本主义社会关系何以实现对社会成员的普遍的、彻底的统治和规定？其关键就在于，在斯品汉姆兰法令废除后，汤森所开启的新的政治经济学迫使所有个体都不得不直接面对资本主义的市场。马克思在《资本论》中写道："资本关系以劳动者和劳动实现条件的所有权之间的分离为前提。……在原始积累的历史中，对正

----

① 波兰尼在《大转型》中较少提到私有制批判，但在《论自由》中他完全肯定了马克思与恩格斯对私有制的批判。详见 Karl Polanyi, *Economy and Society: Selected Writings*, UK: Polity Press, 2018, pp.15—40。

在形成的资本家阶级起过推动作用的一切变革，都是历史上划时代的事情；但是首要的因素是：大量的人突然被强制地同自己的生存资料分离，被当做不受法律保护的无产者抛向劳动市场。"①马克思强调资本主义私有制条件下的资本积累需要"自由的"无产者的异化劳动作为前提。波兰尼完全同意马克思的考察；但同时他又强调，即便农民丧失了土地，工人丧失了生产资料，资本主义的私有制与生产方式已然出现，社会成员也有可能在特定的历史情势下受到社会的保护，并获得并非由异化劳动得来的生活资料，因而并没有完全被"抛向劳动市场"——斯品汉姆兰法令时期正是如此情况。在如此条件下，以私有制为基础的资本主义社会关系并没有实现对社会成员的普遍统治，私有财产的积累或资本的积累在社会保护的阻挠下缺乏必要的劳动力前提。社会保护与资本主义私有制的逻辑呈现出对立性的关系。而真正使得"私有制条件下异化劳动带来私有财产"的剥削和积累状况得以在社会中普遍运转的社会性前提在于，当政治经济学以自然法则来理解共同体、取消一切社会保护的时候，社会原则的消失成就了以市场为中介的、以私有制为基础的剥削性的社会关系的顺利运行和最终确立。

波兰尼通过批判汤森而展开了对自然与资本主义市场社会的分析，他继续问道：倘若经济学将人带回到了自然中，或者说支撑了市场社会的经济学开始以自然的目光看待社会，那么带有如此自然主义的政治经济学在自由主义的市场社会内部的运作意味着什么，戴着如此滤镜的自由主义将如何看待自然与社会，这是本章在之后的部分中所要具体展开的问题。

第二节　市场社会中的自然法则

当人们谈论"自我保存"时，所要强调的是即便人们受制于自然，但

---

① 《资本论》第 1 卷，人民出版社 2018 年版，第 821—823 页。

仍旧可以凭借共同体和理性来展开与自然的关系，但当人们谈论"将自然法则引入共同体"时，所要强调的是人们受制于自然，且仅受制于自然，共同体不再是人的凭靠，而是变成了提供维护自然法则对人的掌控状态的最小的政府，劳动者要么进入市场并且由此进入资本主义的市场社会，要么就只能受制于自然的威胁和惩戒。

经由对汤森的环节的揭示与批判，我们必须要问，具体来讲，自然法则被引入政治经济学和社会，这意味着什么？我们又能在波兰尼已经提供的线索的基础之上，进一步得到怎样的反思和批判？我们试图在波兰尼的提示的基础之上讨论三大问题：第一，斯品汉姆兰法令废除后，在取消了社会保护的条件下，贫困的劳动者不得不抓住市场中有限的劳动机会，以自然法则为基础的政治经济学为赤贫者提供了新的劳动动力，也为资本主义的市场社会的运行提供了新的动力，而在这个过程中，摇摆于市场边缘的赤贫者在全新建立的市场社会中究竟处于怎样的位置中？第二，如果说自然法则进入了社会领域之中并带来了社会自身的变化，并且如果说这一变化起始于汤森所开启的新的政治经济学，那么汤森的新政治经济学与 20 世纪初的新古典自由主义有怎样的关联，以及后者所要讲述的"个体自由"原则究竟要在何种意义上得到理解？本节将要首先处理这两大问题，并且在这两大问题的基础上，接踵而来的问题便是自然法则之被引入政治经济学和社会所带来的第三个问题，即我们将如何重新理解社会本身，借由波兰尼对"市场社会"和"自我保护的社会"这两个关于社会的概念的讨论，我们试图再次反思第一章结尾所提出的问题，发现蕴含于双向运动中的危机。

一、论"模仿的自然状态领域"

我们先来谈第一大问题，即以自然法则为基础的资本主义市场社会的诞生对赤贫者或劳动者来说意味着什么，以及赤贫者在市场社会内部处在怎样的领域之中。

当亚里士多德讲人就其本性而言是政治的动物 ① 时，不仅意味着人们在政治共同体之中生活在一起，而且意味着人们是通过政治和社会机制关联在一起的，除了奴隶以外，所有公民作为共同体的成员都在共同体的机制中占据着相应的位置。"城邦出于自然的演化，而人类自然是趋向于城邦生活的动物（人类在本性上，也正是一个政治动物）。凡人由于本性或由于偶然而不归属于任何城邦的，他如果不是一个鄙夫，那就是一位超人，这种'出族、法外、失去坛火（无家无邦）的人'，荷马曾卑视为自然的弃物。这种在本性上孤独的人物往往成为好战的人；他那离群的情况就恰恰像棋局中的一个闲子。" ② 相较之下，若如汤森这般反过头来以动物性的自然法则的方式去理解共同体，这种对比提示我们可以对以下两点多加关注：第一，汤森的政治经济学并不迷恋于表面上平等但同时又抽象的社会成员的身份，确认了以市场社会为机制的实质上的阶级统治关系，当然，这一点在马克思对政治经济学的批判中已经得到了明确的揭示；第二，作为过剩人口的赤贫者（或称他们为"产业后备军"）只有两种生命状态，一种是在形式上处在资本主义生产方式中并作为"虚构商品"而存在，另一种则是一旦他们被甩出体系，等待他们的就只有作为自然惩戒的饥饿甚至是死亡。

汤森所关心的是，要通过济贫法的改革来使得英国的赤贫者们在社会的门槛处游荡。当赤贫者进入了社会领域，那么如此这般的社会对他的要求便是在劳动生产体系中成为劳动力商品，而当赤贫者尚未进入或被踢出劳动生产体系时，那么他也便没有真正地进入社会领域，反而是进入了一个模糊的地带——在这个地带中，社会只提供最基础的法律和秩序，但对他们的生存概不负责，若抛开这最基础的法律和秩序，他们完全可以被直接识别为受制于自然法则的、自然状态中的野兽。汤森对此概括道："部分的恶是普遍的善。"（Partial evil was universal good.）③ 所谓"部分的恶"指

---

① ［古希腊］亚里士多德：《政治学》，吴寿彭译，商务印书馆 2009 年版，第 7 页。

② ［古希腊］亚里士多德：《政治学》，吴寿彭译，商务印书馆 2009 年版，第 7—8 页。

③ Joseph Townsend, *A Dissertation on the Poor Laws: By a Well-Wisher to Mankind. 1786*, London: Printed for Ridgways, 170, Piccadilly, 1817, p.44.

的是使得一些人的生命赤裸地暴露在自然的威胁中，而"普遍的善"所讲的"普遍"却局限于幸存者们享有的"特权"。由此可见，对于汤森而言，赤贫者甚至不一定具备进入"普遍"的机会。

因而我们可以在斯品汉姆兰法令废除之后的英国市场社会中识别出一个特属于尚未成为劳动力商品的赤贫者的领域，我们可以称这个领域为"模仿的自然状态领域"。之所以说是"自然状态领域"，是因为以汤森为起始的政治经济学试图使人重新受制于自然法则、自然必然性的掌控，将人与人的关系重新拉回到缺少共同体的治理或支撑的状态[①]；之所以说是"模仿的"，是因为倘若我们回顾霍布斯、洛克和卢梭等任何人所讲的自然状态，会发现在近代政治哲学中自然状态一方面倚靠着理性的自然法并蕴含着自由（即便与社会状态下的自由有着差别），另一方面在近代政治哲学所讲述的自然状态中并没有任何政治和社会结构。

正如波兰尼所言：

> 霍布斯已经论证过需要暴君，因为人看起来像野兽，汤森则坚持说人类实际上就是野兽，并且恰恰是由于这个原因，只需要最小的政府。从这个新颖的观点看，一个自由社会可能被认为是由两种人组成：有产者和劳动者。后者的数量由食品数量限制；并且只要财产是安全的，饥饿将迫使他们工作。行政长官是不必要的，因为饥饿是一个比行政长官更好的惩戒者。求助于行政长官，汤森尖刻地评论道，将是"撇开强者而去求助于弱者的权威"。[②]

因而我们所说的"模仿的自然状态领域"，是在关于自然法的话语已

---

① 当然，这只是试图最大限度地减少共同体对人的治理，而非彻底取消这种治理，因而这的确并非一个完全意义上的自然状态领域。

② ［英］卡尔·波兰尼：《大转型：我们时代的政治与经济起源》，冯钢、刘阳译，浙江人民出版社 2007 年版，第 99 页。

经失落的条件下，随着自然法则被引入社会中，由此诞生出的社会内部的新的领域——其包含了对资本主义市场社会内部结构的进一步的界定。就实际效用而言，这个"模仿的自然状态领域"提供了资本主义市场社会的社会状态得以成立的物质基础（提供了作为商品的随时可以出卖的劳动力），同时也为资本主义市场社会的运行提供了自然主义的意识形态。

二、市场社会的内在原则

当我们已然发现为政治经济学所设置在市场社会内部的"模仿的自然状态领域"之后，我们要如何重新理解建基于如此这般的政治经济学之上的市场社会的机制和内在原则，以及其与20世纪初继续坚持自发市场的新古典自由主义有怎样的关联？这将带我们进入本节所要讨论的第二大问题。

上述引文恰好揭示了19世纪自由主义的市场社会的理论前提，当然也是其意识形态前提。在汤森政治经济学的视野中，只有努力凭借合乎法律的手段试图挣脱自然法则的限制和惩戒的个体化的人，而并没有由这些人所组成的社会整体对社会关系进行的主动积极的调节或干预，因为饥饿是比政府更强大的力量，因而政府只需要提供维持市场社会机制的必要保障即可。在18世纪末、19世纪初的英国，汤森的方案的确是对济贫问题以及由济贫问题所引发的社会问题的有效应对方案，即便这种应对方案带来了另外的灾难性后果，但不可否认的是汤森的政治经济学提供了新的社会结构和机制，以及对人与社会的新的理解。

汤森的自然法则的背面看似是人的自我保存，但这种自我保存已经脱离了其原初的意义，从其自身之中预先排除掉了社会性。由汤森所开启的政治经济学所支撑的市场社会内部的赤贫者与劳动者是两个概念，倘若在马克思的笔下劳动者与资本家之间的关系呈现出一种类似于"主奴斗争"的形式，那么在汤森这里缺乏劳动机会的赤贫者显然甚至都还没有进入"主奴斗争"的结构，他们看似处在一个社会的内部，但这个社会对他们来说要么凭借自然法则来对他们施加惩戒或死亡威胁，要么迫使他们试图进入劳动力市场，并凭借资本主义的生产和市场机制来对他们加以规定。由此我们看到，汤森彻底地改造了"社会"的意义，他并不否认人类已经结成了集合性的关系和结构（倘若可以称之为"社会"的话），但显然如此这般的社会是由市场机制所规定的，用波兰尼的话说，这是一个"脱嵌"的社会。

在脱嵌的社会中，不再是社会包容并规定市场，而是由市场反过头来规定和塑造社会。在这里若借用滕尼斯的概念①，汤森所开辟的新的政治经济学传统终结了共同体（Gemeinschaft），重新开辟出了社会（Gesellschaft）。也正因此，波兰尼格外重视卢梭和欧文对社会的强调，而

① 米夏埃尔·布里指出，波兰尼对共同体和社会的区分参考了滕尼斯的观点，参见 Radhika Desai, Kari Polanyi Levitt, eds. *Karl Polanyi and Twenty-first-century Capitalism*, Manchester: Manchester University Press, 2020, pp.204—205。从波兰尼的著述中，也能够看到波兰尼与滕尼斯关于共同体与社会的理解的亲缘性，例如，滕尼斯指出共同体是"真实的、有机的生命体"，而社会是"机械的集合体和人为的制品"，并且"在共同体中，对物的共同关系是次要的问题，与其说物是用来被交换的，不如说它用来被人共同地占有、共同地享受"。波兰尼相应地通过考察古代共同体中的三种主要的经济模式，得出了与滕尼斯相同的结论，同时也强调现代资本主义市场社会的诞生经历了高度人为性的操作，特别是在分析英国济贫法改革时，波兰尼强调即便是在重商主义的条件下，商品经济的发展也没有彻底地将人视作劳动力商品，而关键的转变发生在 1834 年的改革（英国废除斯品汉姆兰法令），共同体的最后痕迹伴随着人为的操作彻底消失了，取而代之的是市场自发调节的资本主义市场社会，而市场社会的运行同样依赖于人为性的干预。值得注意的是，尽管滕尼斯与波兰尼在共同体与社会的区分上有理论相似性，但当波兰尼使用"社会"一词时，并不一定与滕尼斯意义上的社会完全对应。当谈到"市场社会"时，波兰尼与滕尼斯对社会的理解基本相同，而当谈到"社会的原则"时，波兰尼则特别强调尽管现代社会无法重现古代共同体，但仍旧需要在把握个体自由原则的同时把握住个体与他人共同构成社会整体的事实，因而与自由主义对社会的忽视与否认不同，波兰尼对"社会的原则"采取了更加积极的、肯定性的态度。参见［德］斐迪南·滕尼斯：《共同体与社会》，张巍卓译，商务印书馆 2019 年版，第 71、152 页。［英］卡尔·波兰尼：《大转型：我们时代的政治与经济起源》，冯钢、刘阳译，浙江人民出版社 2007 年版，第 37—48、73、127 页。

卢梭和欧文对社会的理解仍然是从团结与整体性的意义上来谈的，他们试图使得现代社会这一人为制品起到联系个人与整体的作用，尽管古代共同体与现代社会有着明确的不同。波兰尼明确意识到卢梭的契约论虽然无法对资本主义市场社会的全新局面提供解决方案，但仍旧致力于强调社会的原则，也就是说，人必须凭借结成社会共同体才能一方面实现自我保存，另一方面保全人的自由，同时社会共同体可以对其内部的成员与社会关系进行调整，这也并不妨碍成员所享有的社会自由。在济贫法催生社会问题的时代，欧文在《新社会观》①中提供了与汤森完全不同的解决方案，他试图通过重构社会道德、建立必要的社会机制，即社会主动地积极介入和参与对自身的改造，重塑社会内部的个体性与社会性的平衡，重构良序社会生活。

与欧文对社会共同体的坚守不同，汤森、李嘉图和马尔萨斯试图建立一个完全的资本主义市场社会。而当市场社会已然形成，即便资本主义不断产生危机，但仍旧能够以相对平稳的方式既制造"剩余人口"又不断吸收劳动力参与生产的时候，济贫问题似乎被"消解"了，社会内部的赤贫者和劳动者同时被认为享有普遍的"个体自由"。当然，个体自由原则并非诞生于这一时期，用哈耶克的话说，个体性是欧洲文明历来的宝贵内容②，但显然自由主义者在资本主义市场社会中谈的个体自由原则不同于欧洲文明史上任何一个阶段的自由原则（即便是从古希腊时期开始考察）。在这里我们想要论证的是，对个体自由原则的强调固然有其现实性的问题意识，但其所继承的恰恰是汤森所开辟出的预先消除了社会性之后的自我保存。在 20 世纪初的新古典自由主义者这里，其强调个体自由原则时所面对着的现实问题是资本主义不断走向垄断的趋势及其蕴含着的危机，以及社会主

---

① ［英］欧文：《欧文选集》第 1 卷，柯象峰、何光来、秦果显译，商务印书馆 1979 年版。

② ［英］弗里德里希·奥古斯特·冯·哈耶克：《通往奴役之路》，王明毅、冯兴元、马雪芹等译，中国社会科学出版社 1997 年版，第 41 页。

义的思潮和实践给自由主义所带来的冲击和压力，但恰恰是由于如此这般的个体自由原则本身以及作为前提的既定的资产阶级社会是有缺陷的，因而并不能够解决现实问题，反而是标示着自由主义文明的悲剧性和毁灭。

三、新古典自由主义与汤森政治经济学的关联

我们需要尽快说明的问题是：为什么说新古典自由主义所强调的个体自由原则是对以汤森为代表的政治经济学的否定社会的自我保存的继承？我们只需留意哈耶克对个体自由原则的讨论即可。哈耶克区分了关于现代自由理论的英国传统和法国传统，他认为，英国已然理解了自由，而法国却没有，法国的问题在于其受困于以笛卡尔为起始的理性主义传统。在对理性传统的理解中，哈耶克讨论了个体与社会的关系，这是他将个体自由接续在汤森政治经济学传统上的第一步。哈耶克写道：

> 由亚当·斯密、大卫·休谟、亚当·弗格森以及其他人共同主张的洞悉历史的反理性主义观点，促使他们最先领悟到制度、道德、语言以及法律是如何通过一个积累生长的过程而发展的，而且只有利用这个框架并在这个框架之内，人类理性才会得到发展并成功地发挥作用。他们的论辩完全针对笛卡尔的观点，笛卡尔认为制度的产生是通过独立而先验存在的人类理性；另外，他们还反对把文明社会看作是由某些聪明的，具有独到见解的立法者或某项具有独创性的"社会契约"所建构的。①

米塞斯也同意这样的区分，他写道：

---

① ［英］弗里德里希·奥古斯特·冯·哈耶克：《自由宪章》，杨玉生、冯兴元、陈茅等译，中国社会科学出版社 1999 年版，第 86 页。

古老的信仰将社会制度的起源归于神，或至少归于人从神启中获得的感悟。理性主义（指法国启蒙传统的理性主义——作者注）在破除这种信仰后，并未找到其他可能的解释。上述过程导致了目前的状态，人们便认为社会生活的发展肯定是有目的、有理性的；没有目的和理性，没有自觉地选择，这一发展如何可能呢？今天我们拥有解释这件事的另一些理论。我们谈论生存竞争中的自然选择和后天获得性特征的遗传，虽然这一切并没有使我们较之神学家和理性主义者更接近对这个终极奥秘的理解。我们可以用以下说法"解释"社会制度的产生和发展：它有助于人们的生存竞争；接受并完善了这些制度的人，较之那些在这方面落后的人，具备抵御生活中各种危险的更好的手段。①

对于哈耶克和米塞斯这两位新古典自由主义思想家而言，无论法国理性主义传统的走向是契约论传统还是黑格尔主义抑或是 20 世纪的法西斯主义，关键在于要剖析其根本，即要看到这种理性主义传统将作为整体的理性视作高于个体的理性。在他们看来，这是 20 世纪法西斯主义危机的根源，同时也是自由主义愈发不被信任的根源。

诚然哈耶克试图守住个体自由的优先性，并强调个体的自由和理性对社会具有建构性的作用，但在他讳谈社会权力的时候，甚至将个体与社会的交互作用也取消了。契约论传统的确试图建构理性的共同体，但共同体内部亦包含了社会状态下的新的社会自由，这并不是对个体自由的"强制"②，而是强调个体一方面是个体，另一方面是共同体的成员，并且个体

---

① ［奥］路德维希·冯·米瑟斯：《社会主义：经济与社会学的分析》，王建民、冯克利、崔树义译，中国社会科学出版社 2008 年版，第 9 页。

② 哈耶克在《通往奴役之路》中特别强调，自由主义所要坚持的个体自由的对立面即是社会对个体的"强制"。参见［英］弗里德里希·奥古斯特·冯·哈耶克：《通往奴役之路》，王明毅、冯兴元、马雪芹等译，中国社会科学出版社 1997 年版，第 30 页。

能够认识到自己的共同体成员身份，因而共同体的权力同样也是由个体的理性所认可的权力，在这个意义上只有个体与共同体的表面上的区别，却并没有本质性的冲突。对此的进一步说明可参照黑格尔的"具体的普遍性"的概念，即便黑格尔对契约论进行了猛烈的抨击，但黑格尔依然确认了契约论传统值得被保留的原则。"具体的普遍性"简单来讲意味着能够包容特殊性的普遍性①；在《法哲学原理》中，黑格尔将"具体的普遍性"落实在了现代国家当中："国家是具体自由的现实……现代国家的原则具有这样一种惊人的力量和深度，把主体性的原则推向完成，成为独立的个人特殊性的极端，而同时又使它回复到实体性的统一，于是在它本身中保存这个统一。"②黑格尔意义上的现代国家一方面能够包容个体自由和特殊性的原则，另一方面能够提供普遍性的支撑并作为可被个体所把握到的普遍性和目的而存在。当然，黑格尔的现代国家在马克思的批判中的确并不能够承担黑格尔所赋予其的原则性，但即便是在马克思这里，他的工作同样也是试图论述"自由人的联合体"③何以一方面是自由的，另一方面是联合的；而不是非政治的、缺乏社会权力的。

哈耶克将个体自由确立为第一原则，这意味着什么？在他本人看来，这意味着对现代社会的原则的守护，同时，哈耶克反复强调，由于在社会关系和社会结构过于复杂的现代社会中，不可能存在能够认识和指导全部社会生活的总体的理性，因而一切关于总体性的理性的论说都可能是通往强制性权力的"奴役之路"。但是，哈耶克对社会整体协调和支配自身的

---

① ［德］黑格尔：《逻辑学》下卷，杨一之译，商务印书馆 1976 年版，第 267—272 页。

② ［德］黑格尔：《法哲学原理》，邓安庆译，人民出版社 2016 年版，第 389—390 页。

③ "代替那存在着阶级和阶级对立的资产阶级旧社会的，将是这样一个联合体，在那里，每个人的自由发展是一切人的自由发展的条件。"参见《共产党宣言》，人民出版社 2014 年版，第 51 页。

权力的消减①，同样也使得社会内部只可能有个体对自己利益的追求。诚然，在一个良序社会中，哈耶克认为这种个体对自身利益的追求可以被导向对公共利益的促进，但他所不明白的是，自由竞争的市场社会只是对近代政治哲学中关于自然与社会二分的形式性的模仿。在这里我们可以宣布我们的论断了：哈耶克依然在社会内部保留了前文所述的"模仿的自然状态领域"。虽然对于哈耶克来说，18世纪末、19世纪初的英国济贫法所引发的社会问题以及资本主义市场社会的动力问题已然不再是20世纪初的主要问题，但他仍然没有舍弃这个社会内部的"模仿的自然状态领域"。哈耶克在《通往奴役之路》中指出，国家应当对这个领域提供必要的帮助，但归根结底这个领域的性质并没有得到任何的改变。这是因为，一方面，对于哈耶克来说国家对这个领域的帮助仍然要考虑利润与耗费的问题，他引用亚当·斯密的话说，"虽则能够在最高的程度上有利于一个伟大的社会，但却具有这一性质，即对任何个人或少数人来说，利润不足以补偿耗费"②，而这些问题被置于国家对其内部作为社会成员的保护之前；另一方面，这个领域终究是服务于自由竞争的市场的，该领域为市场提供了商品性的劳动力的基础，而市场是这个领域的目的和归宿。据此来看，哈耶克所反复强调的个体自由的原则，与汤森在一百年前所讲述的非社会性的自我保存，本质上是理论继承的关系。

四、社会对自然的支配方式

由此观之，近代政治哲学对自然和社会关系相对温和的理解被打破，

---

① 值得注意的是，哈耶克也并非要将社会协调和支配自身的权力消除到"自由放任"（laissez faire）的地步，而是要求建立以保障个体自由为首要目的的最简单的制度。参见［英］弗里德里希·奥古斯特·冯·哈耶克：《自由宪章》，杨玉生、冯兴元、陈茅等译，中国社会科学出版社1999年版，第91—94页。

② ［英］弗里德里希·奥古斯特·冯·哈耶克：《通往奴役之路》，王明毅、冯兴元、马雪芹等译，中国社会科学出版社1997年版，第64页。

新的更加残酷的社会结构得以确立起来。即便在霍布斯自然状态中，仿佛人与人之间的关系是狼对狼的关系①，这里的狼也只是被幻想为狼的人，霍布斯的温和体现在，人随时可以脱去狼皮、一步迈入社会。但在为自然法则（而非近代政治哲学意义上的"自然法"）支配的"模仿的自然状态领域"中，赤贫的劳动者却难以挣脱这种自然状态的束缚，并不具备随时获得劳动机会的可能，反而总是被自然法则的深渊凝视着、威胁着。为近代政治哲学所反复论说的自然状态无非只是一种关于政治与社会理论的"人脑制品"，而"模仿的自然状态领域"所展示的却是赤裸裸的人造的"人工制品"，其所实现的是社会中一部分人对另一部分人的统治关系，是资本对劳动的统治关系，或者说，是资本主义社会对自然的新的支配方式。如果说在波兰尼这里，社会概念被特别突出了非经济的内涵②，那么，这种内涵的要点恰恰在于波兰尼对这种人工制造的自然主义经济的批判。

在资本主义社会中，自然究竟是如何遭到支配的？或者说，资本主义社会是通过哪些方式支配自然的？这是我们通过上述讨论所能获得的新问题。

首先，根据对自然的生产性的理解，我们可以看到由马克思所揭示的对自然的支配方式。在这种支配方式当中，自然作为生产的对象而与社会相关联，而一旦生产过程产生了劳动产品，则该劳动产品便已离开自然而进入社会，在这个意义上，社会对自然的支配是以领域的严格划分为前提的，并且是直接地坐落在生产过程当中的，而这种支配方式是最显而易见的。

其次，如果说马克思已然提示了我们人是自然与社会的关键连结点，

---

① 霍布斯认为："在没有一个共同权力使大家慑服的时候，人们便处在所谓的战争状态之下。这种战争是每一个人对每个人的战争。"参见［英］霍布斯：《利维坦》，黎思复、黎廷弼译，商务印书馆1985年版，第94—95页。

② 孙国东：《社会的去经济化——20世纪"社会的再发现"及其政治哲学意蕴》，《学习与探索》2021年第1期。

那么我们便由此可以进一步发现，在生命政治的问题上，同样出现了社会对自然的支配问题。在对自然的生产性理解中，社会对自然的支配发生在生产领域中，但这一生产过程基本局限于人凭借生产工具对自然进行加工和制造，暂未直接地或明显地触及人自身。在资本主义生产方式刚刚兴起的阶段，作为劳动者的人在资本主义生产劳动的过程中承受着异化劳动或商品化的境遇，但在作为生产场所的工厂之外的人类生活暂未受到明显的侵袭。也正因此，在异化劳动的状态下，"只要肉体的强制或其他强制一停止，人们会像逃避瘟疫那样逃避劳动"[①]。而资本主义社会的工厂之外的生活是怎样的呢？"正是在改造对象世界中，人才真正地证明自己是类存在物。这种生产是人的能动的类生活。通过这种生产，自然界才表现为他的作品和他的现实。……异化劳动导致人的类本质——无论是自然界，还是人的精神的类能力——变成对人来说是异己的本质，变成维持他的个人生存的手段。"[②] 然而，随着资本主义社会生产在规模和形式上的扩展，当我们对生产的理解不局限在工厂围墙之内，或者说，当生产以及与生产相关的统治跃出了工厂围墙，我们便能够发现，与人相关联的作为自然界的物质自然，以及人本身的自然属性（包括人与自然相关联的自由的生产，以及被认作是人的自然的本质特征），都可能被纳入资本主义社会的权力统治之下。

福柯（Michel Foucault）说明了资本主义社会中的现代权力将人的生命作为其对象的事实。"肉体的规训和人口的调整构成了生命权力机制展开的两极。在古典时代里建立起来的这一伟大的双面技术——既是解剖学的，又是生物学的；既是个别化的，又是专门化的；既面向肉体的性能，又关注生命的过程——表明权力的最高功能从此不再是杀戮，而是从头到尾地控制生命。"[③] 福柯清楚地看到生命权力与资本主义深入发展的结合，

---

① 《马克思恩格斯全集》第 3 卷，人民出版社 2002 年版，第 270—271 页。

② 《马克思恩格斯全集》第 3 卷，人民出版社 2002 年版，第 274 页。

③ ［法］米歇尔·福柯：《性经验史》第 1 卷，佘碧平译，上海人民出版社 2016 年版，第 117 页。

如果说在传统生产模式中所呈现出来的，是肉体（劳动者）被纳入了生产机器的掌控之中，在这个过程中作为物质自然界的自然和作为生命的自然都受到了权力的规定，那么福柯进一步要求我们看到："资本主义的发展要求得更多。他要求增大肉体的规训和人口的调节，让它们变得更加有用和驯服。它还要求能够增强各种力量、能力和一般生命的权力手段，而不至于使得它们变得更加难以驯服。"①在现代资本主义社会中，资本和权力的统治技术的变化使得劳动者对马克思所描述的"瘟疫"逃无可逃，逃出劳动场所的劳动者也无法以"生活"的名义把握住其与自然的真实关联或其自身的自然，生命的全部过程都被掌握在权力技术的支配操纵之下了。

阿甘本（Giorgio Agamben）同意福柯所特别关注到的"生命变成国家权力之诸种规划与算计的主要对象"②这一事实。但他进一步强调："伴随着使无处不在的例外变成为常规的那个过程，最初处于政治秩序之边缘的赤裸生命的领域，逐渐开始同政治领域相合一；排除与纳入、外部与内部、'bios'与'zoē'、正确（right）与事实（fact），都进入到了一个无可缩减的无区分地带。"③阿甘本试图说明，在资本主义社会中现代权力的条件下，古老的对自然生命和政治生命的区分不再有意义了，自然生命被引入政治并成为权力的对象。在阿甘本的语境下，自然生命或人与自然的关联被权力强势介入。

而哈特和奈格里则根据现代生产与劳动的变迁进一步讨论了生命权力的作用。"在生命政治的语境下，可以说资本不仅吸纳了劳动，而且吸纳了作为整体的社会，或者说是社会生命本身，因为生命既是生命政治生产

---

① ［法］米歇尔·福柯：《性经验史》第 1 卷，佘碧平译，上海人民出版社 2016 年版，第 118 页。

② ［意］吉奥乔·阿甘本：《神圣人：至高权力与赤裸生命》，吴冠军译，中央编译出版社 2016 年版，第 13 页。

③ ［意］吉奥乔·阿甘本：《神圣人：至高权力与赤裸生命》，吴冠军译，中央编译出版社 2016 年版，第 13 页。

过程的要素，也是其产品。"① 当现代社会的劳动已经不再只局限于传统的工厂劳动，而是包含了"非物质劳动"——"生产非物质产品的劳动，例如生产一项服务，一个文化产品，知识，或者交往"②，劳动者的生活本身都变成了劳动，人的生命的过程和活动产物都被囊括在生产和劳动的领域中，那么如此宏观的生命权力便已经将作为生命的自然以及生命与自然的全部关联囊括在内了。

上述两种自然之受到支配的方式，可以说是以否定自然的方式实现的，或是通过将自然改写为非自然、使得自然以非自然的方式进入社会来实现的。但将自然作为自然法则引入社会的做法则恰恰相反，这是通过肯定自然的方式所实现的对自然的统治。尽管这番肯定只是将自然先行抽象化为关于自然法则、自然惩戒的观念，但这种作为观念甚至是作为资本主义市场社会的意识形态的自然法则却发挥了客观性的作用。

因此，我们需要仔细探讨这第三种社会对自然的支配方式，这种支配方式是社会通过对自然法则的支配来完成的，是在社会内部进行的支配，是对人和自然的同时支配。关于这第三种社会对自然的支配方式，可分三点来具体地谈。

第一，对自然法则的支配是一种"观念的统治"。自然法则看似是一种抽象的观念，然而资本主义市场社会通过对自然法则的支配恰恰实现了对劳动者的统治关系。这样一种统治关系正如马克思所说："个人现在受抽象统治……但是，抽象或观念，无非是那些统治个人的物质关系的理论表现。"③ 被引入了社会内部的自然法则的统治性力量，可借用马克思的说法："在个人本身的意识中表现为观念的统治，而关于这种观念的永恒性

---

① ［美］迈克尔·哈特、［意］安东尼奥·奈格里：《大同世界》，王行坤译，中国人民大学出版社 2015 年版，第 113—114 页。

② Michael Hardt, Antonio Negri, *Empire*, Cambridge, Mass.: Harvard University Press, 2000, p.290.

③ 《马克思恩格斯全集》第 30 卷，人民出版社 1995 年版，第 114 页。

即上述物的依赖关系的永恒性的信念，统治阶级自然会千方百计地来加强、扶植和灌输。"①这种支撑着"观念的统治"的物的统治关系，或以物质关系作为基础的社会统治，是以生杀予夺的权力以及权力的现实机制即资本主义市场社会机制为基础的②，以自然法则为观念上的表现的，它将现实的自然抽象为意识形态性的自然法则。

第二，对自然法则的支配是关于死亡的。汤森政治经济学对自然法则的引入所要解决的直接问题是赤贫者的劳动动力问题，即使得劳动者有动力地凭借自身的劳动而非等待救济金来为自己提供生活的资源，但在汤森这里，关于生活的问题同样也是关于死亡的问题。英国1834年废除斯品汉姆兰法令的济贫法改革之所以是有效的，资本主义市场社会之所以诞生并得以运作下去，正是因为自然法则背后的死亡恐惧。"死亡恐惧"只能支配活着的人，但"死亡恐惧"足以支配不愿死去的活着的人。如果说生命政治权力是关于"活"的权力，那么这一权力之得以实施，其前提在于隐藏着的死亡的威胁。在古代权力的实施中，死亡的来临似乎取消了权力的受体并使得权力施加的主体也无从继续施加权力，但自然法则的死亡威胁与权力被施加者的生命是同在的。在资本主义社会现代权力的作用中，如福柯所言："死亡成为人们加以隐藏的事……它处于权力技术的变换之中。"③尽管权力的指向是生命，是存活的状态，并且自然法则在强调"适者生存"的时候也表达了对生命的追求，但死亡从未退场。

第三，对自然法则的支配是前两种支配自然的方式的前提。对人的商品化以及对整个社会生活的统治的绝对前提，是权力被施加者的存活。也

---

① 《马克思恩格斯全集》第30卷，人民出版社1995年版，第114页。

② 尽管资本主义市场社会机制的形成以汤森开创的关于自然法则的政治经济学为理论依据，但理论本身不能直接地创造现实世界，汤森政治经济学不是资本主义市场社会形成的充分条件，而是18世纪末、19世纪初资本主义市场社会正在形成这一现实在思想和理论上的表达。

③ ［法］米歇尔·福柯：《必须保卫社会》，钱翰译，上海人民出版社2010年版，第189页。

就是说，社会对自然的前两种支配方式之所以可能，其前提就在于，在支配或统治的过程中，活跃于其中的被支配者是存活的，并且是有动力存活的，而这一动力在资本主义市场社会中来自然法则的死亡威胁。尤其是在资本主义市场社会中，尽管在物质和社会生产考量的前提下，统治的指向表现为生命，但统治的基础一定包含着死亡的威胁。阿甘本充分明白这一基础，生命政治的前提一定包含着死亡的威胁，生命始终面对着掌握着死亡的权力。"既然我们每个人都潜在地是赤裸生命，那么，当至高权力针对生命的决断转变成针对死亡的权力时，当神圣人成了活死人时，生命政治由此翻转成死亡政治（thanatopolitique）。"① 而脱去了社会和政治属性的、生活在例外状态中的赤裸生命，不正是生活在资本主义市场社会中的"模仿的自然状态领域"中的劳动者吗？对自然法则的支配和摆弄，向生命强调着他们所被迫直接地面对着的死亡，而在生命与死亡之间，在资本主义市场社会中是缺乏来自社会的保护的。如果去除了社会中的自然法则，则另外两大支配自然的方式也无从成立。

对自然之受社会支配的三种方式的梳理，使得资本主义市场社会内部自然扮演的要素得以全面地呈现出来。而尤其是通过对自然之作为自然法则参与社会这一问题的发现和批判，使得当我们谈论自然之作为生产的对象时、谈论生命政治时，既在理论上明白了为何其中包含着作为基础和前提的自然法则，又更能清楚地看到自然与社会之关系的扭曲——对带有自然法则痕迹的政治经济学，乃至以如此这般的政治经济学为基础的资本主义市场社会，应当加以更全面、更深刻的批判。

综上所述，伴随着资本主义市场社会的诞生，社会和自然之间的关系已经决然不再是"相互紧邻"的关系，汤森"发明"了自然作为自然法则进入社会的政治经济学理论，而这一理论的破坏性在于，它以为劳动者提

---

① 莫伟民：《阿甘本的"生命政治"及其与福柯思想的歧异》，《复旦学报》（社会科学版）2017 年第 4 期。

供劳动动力为面貌，确立了现代资本主义市场社会中的"模仿的自然状态领域"，并对劳动者施以自然法则的威胁。我们能够从资本主义市场社会对自然法则的支配中看到，这一支配方式构成了社会对自然的生产性支配以及生命政治的支配方式的前提，对这一前提的揭示构成了对现代资本主义社会支配自然的权力的整全理解。

第三节　市场社会与自我保护的社会

根据前节的讨论，我们可以在关于资本主义市场社会的自由主义政治经济学中区分出两大环节。第一大环节，是以汤森为代表的、以自然主义为基础的政治经济学，确立了受制于自然法则的非社会的自我保存，同时也确立了资本主义社会内部的"模仿的自然状态领域"；第二大环节，则是以哈耶克、米塞斯为代表，在面对成熟的资本主义时，提供了作为第一原则的个体自由原则，以及尚未被抛弃的资本主义社会内部的"模仿的自然状态领域"。

实际上，马克思也注意到了"模仿的自然状态领域"。他通过对"产业后备军"的考察，在政治经济学批判的意义上对相关问题进行了讨论。而我们所要关注的是：如果自由主义对个体自由的强调并不能为社会内部的问题（贫困问题、劳动动力问题等）提供新的解题思路，如果资本主义的市场社会内部持续地存在着这样一个直接由自然法则统辖的"模仿的自然状态领域"，那么，该领域中的个体究竟在何种意义上仍然可以被理解为社会的成员？在何种意义上我们可以认为他们仍然具有社会权利？即便社会对劳动者的保护已经在自由主义政治经济学中被削减到极致，然而社会本身是否具有力量，使得全体社会成员都可以凭借社会机制来对社会内部的关系和结构进行调整？"自由的"个体与市场社会的互动将带来怎样的后果与危机呢？

一、论市场社会中的"社会"

在斯品汉姆兰法令的废墟上诞生出来的市场社会并不是一个难以理解的社会组织形式。19世纪的自由主义政治经济学所追求的，无非只是自我调节的市场被确立并被保障不受其他力量干涉的社会形态。在如此这般的市场社会中，劳动力、土地和货币（也就是波兰尼所称的三大"虚构商品"），都被完全地投入市场当中，并且可以自由交易，而不受到政治和任何社会机制的阻碍和调节，政治的作用仅仅在于维系自我调节的市场的顺利运行，其所追求的也就是所谓的"小政府"。由此可见，对于自由主义的市场社会来说，社会本身也便仅仅意味着某种消极的可被拿取和加工的质料①，而市场机制则是更为重要的"第一因"。倘若我们回想亚里士多德对共同体的理解便知，共同体所包含的并不只有作为成员的人，更加重要的是，人们在共同体中结合为一个整体，共同体整体的内部有着人与人之间的社会关系，这种关系在亚里士多德的语境中被理解为"政治性"。李猛在《自然社会》中写道："从亚里士多德对城邦的规定可以看出，人比其他政治性动物多出的政治性，在于人不仅能够借助统治关系来完成共同活动，而且能够依托统治关系的建立，形成一个政治共同体特有的生活方式，规定'什么是好的生活'。"②而在19世纪初形成的资本主义市场社会中，这种"政治性"（或"共同体属性"）不再重要了，相反，重要的是政治被用以维护市场机制，而政治所维护的市场机制之中既有着对劳动者的需要与宰制，也有着对于没能进入市场的赤贫者的排斥。当然我们并不能

---

① 诚如前述，在脱嵌的市场社会中，是由市场规定经济，由经济规定社会整体。在这里我们必须强调的是，"脱嵌"一词本身具有迷惑性，一个脱嵌的社会并不是指经济与社会脱离关系，而是由原本经济嵌入社会、社会规定经济的状态，转变为了脱嵌状态下经济规定社会的状态。

② 李猛：《自然社会：自然法与现代道德世界的形成》，生活·读书·新知三联书店2015年版，第53页。

苛求亚里士多德幻想出当年的"家政学"在千年之后的变化与辉煌，但是这里重要的是，若要回答本节开头处的问题，便要仔细考察已经发生了变化的社会究竟是怎样的社会，如此这般的社会除了凭借自然法则的威胁来要求个体参与劳动并进入市场之外，被宣布为自由的个体与个体所处于其中的社会之间还会有怎样的关系？

当波兰尼谈论"社会的现实"（reality of society）时，他关注到了社会的两个层面，一是社会之作为客观的机制和领域，社会包含了政治和经济的领域划分，并包含了具有复杂性的现代社会机制，这是最为基础的层面，也是波兰尼进入求解"19世纪文明瓦解"这一问题之中的入手点——"明确地说，我们认为人类的现状应该从危机的制度起源角度来加以解释。"① 二是社会之作为社会成员以及社会成员之间复杂关系的总体，社会构成了人的结合，波兰尼将这一观点的启发归功于欧文："他（欧文——作者注）领悟到了这样一个真理，即由于社会是真实的，人们最终必须从属于社会。"② 并且在由人与人的复杂关系构成的社会现实中，有着不可逃避的权力和经济价值，"权力和经济价值是社会实在（social reality）的一个范式。它们并非源于人类意愿，不与它们合作是不可能的。权力的功能是使某种程度的遵从得到保证，这种遵从对群体的生存是必需的；它的最终源泉是某种主张——谁能使自己免于持有这种或那种主张呢？经济价值就在于保证生产出来的产品的有用性，它必须先于生产它们的决定而存在，它是劳动分工的保证。经济价值的源泉是人类的欲望和物品的稀缺——我们又如何可能不会渴望某件东西比其他的更甚？任何主张或欲望都会使我们成为创造权力和构造经济价值过程的参与者。任何除此之外的

---

① ［英］卡尔·波兰尼：《大转型：我们时代的政治与经济起源》，冯钢、刘阳译，浙江人民出版社2007年版，第5页。

② ［英］卡尔·波兰尼：《大转型：我们时代的政治与经济起源》，冯钢、刘阳译，浙江人民出版社2007年版，第110页。

自由都是无法想象的"①。

若仔细甄别可知，当我们谈论汤森带来的"模仿的自然状态领域"的时候，虽然借用了政治哲学的词语，但恰好是在非政治哲学的意义上来谈论的。"自然状态"不仅如前文所说意味着这里并没有共同体对其成员的保护和协调，而且在最根本的意义上意味着政治共同体的缺失。因此，资本主义的市场社会的首要特征并不是政治性的，而是经济性的，在社会内部政治与经济相分离的条件下，才会出现前文所讲述的局面，即人要么进入市场成为劳动力商品，要么在经济上一无所有而被遗弃到社会机制之外，但同时他又不可被否认为一个共同体内部的成员，即一国的国民。资本主义的市场社会对社会的理解，若依据波兰尼对社会两大层面的观点来看，仅仅局限于第一层面，却在第二层面有所缺失。

于是，波兰尼在此发现了市场社会内部的重大矛盾：在社会内部分裂为政治和经济两大领域的条件下，人既可以在经济领域中（特别是在经济机制中）随时可被甩出体系，又在政治领域中一直保留着社会成员的资格。在赤贫者或劳动者不具备参与政治权力的资格的条件下，他们的经济身份和政治身份可以说是协调的、相匹配的。但问题在于，倘若人就本性而言是"政治的动物"，社会本就是人的复杂关系的总体，并且马克思早已揭示出无产阶级能够攀升到阶级意识的高度，那么伴随着政治民主的扩大以及普选制的落实，在前文中我们提出的"个体如何与社会发生关系"的问题就可以被直接转变成社会内部市场经济与政治民主之间的矛盾的问题。这是我们充分把握了社会现实的第二个层面之后才能准确把握的矛盾，社会不只是制度，更是由人构成的复杂关系的整体。而这在波兰尼的语境中就是"市场社会"与"自我保护的社会"的矛盾，也是"双向运动"内部的矛盾。由此我们可以看到，资本主义市场社会内部实际上有两

---

① ［英］卡尔·波兰尼：《大转型：我们时代的政治与经济起源》，冯钢、刘阳译，浙江人民出版社 2007 年版，第 218—219 页。

个对抗性的战场。一个战场是经济与市场的战场，而对这个战场的考察和批判以马克思对资本主义生产方式的批判为基础；另一个战场是政治的战场，这个政治的战场则是在脱嵌的社会条件下，由自由主义的市场化和商品化的逼迫带来的社会整体的自我保护，当然这里的"政治"是广义的政治，而并非局限于议会政治和选举政治的狭义维度之内。

二、"两个社会"的内部矛盾

波兰尼试图用社会主义条件下的民主来解决个体与社会的矛盾，但在对这个宏大的理想进行考察之前①，有必要先考察关于资本主义市场社会的自由主义思想如何理解这个矛盾。

诚如前述，与被视作"自由主义的鼻祖"的亚当·斯密的政治经济学不同，在汤森之后的政治经济学，即便在后续演变的过程中未必再明确地说明自己对自然法则的依赖，也依然丢掉了社会性的维度，其所把握的主导性线索不再是"国富"，而是"个人主义"或"个体自由"，并且把个体自由视作第一原则。而这里的问题在于，由于缺乏对自由主义意义上的个体自由的前提的批判和考察，这就使得自由主义意义上的个体自由在市场社会条件下必然伴随着赤贫化与贫富分化的问题，并且，由于社会内部政治领域与经济领域的截然划分，如此这般的个体自由就只能带来民主对资本主义的限制，无论这一限制究竟能起到多大的实际作用。于是，哈耶克对民主的提防也便随之而来——在他看来，民主应当从属于资本主义的制度，并且资本主义的制度意味着"以自由处置私有财产为基础的一个竞争体系"②，而民主本身"本质上是一种手段，一种保障国内安定和个人自由的

---

① 详见《大转型》第 21 章《复杂社会里的自由》以及波兰尼的短文《论自由》，参见 Karl Polanyi, *Economy and Society: Selected Writings*, UK: Polity Press, 2018, pp.15—40。有关这部分的具体内容位于本书第四章第三节。

② ［英］弗里德里希·奥古斯特·冯·哈耶克：《通往奴役之路》，王明毅、冯兴元、马雪芹等译，中国社会科学出版社 1997 年版，第 92 页。

实用装置"①，但是，"它本身绝不是一贯正确和可靠无疑的"②。哈耶克试图提防"多数人的暴政"，但同时，他也把通过政治方式对资本主义市场社会加以变革的可能性取消了。诚然我们可以想象，完全地坚持和贯彻自由主义理想的市场社会或许能够在或长或短的时间内良序地运行，但问题在于，这种短暂的良序运行根本没有任何必然性的保障，哈耶克和一般的新古典自由主义并没有解决早已被马克思揭示出来的剥削与阶级统治关系，而这恰好是社会矛盾与危机的诞生根源，并且这是具有必然性的危机诞生根源。

值得一提的是，由于作为经济学史家的波兰尼较少从经济分析的角度谈论资本主义的生产方式，这就导致有些学者误以为波兰尼忽略了剥削问题。本雅明·塞尔温与禅洲宫村认为波兰尼过多地谈论商品化的问题，却没有如马克思一样看到劳动力遭受剥削的状况。③ 但是显然，由于波兰尼的眼光不仅仅是对市场社会进行经济批判，而是要经由经济批判来谈论社会的整体，因而经济剥削与矛盾对波兰尼的资本主义市场社会批判来说只是基本的要素，更为重要的是进一步把握包含了经济、政治与文化等诸多领域的社会整体的问题。这也正应了自由主义所认为的，人的行动的自由包含了经济的层面，但不只包含经济的层面。④ 在马克思的提示下，波兰尼提供了针对自由主义的新的批判结构，他强调，若资本主义的市场社会坚持自由主义的原则和政策，不仅不能保证经济方面的危机不会出现，同时也不能保证整体性的社会生活（包括资本主义的民主政治）不会遭遇危机。因而

① ［英］弗里德里希·奥古斯特·冯·哈耶克：《通往奴役之路》，王明毅、冯兴元、马雪芹等译，中国社会科学出版社 1997 年版，第 92 页。

② ［英］弗里德里希·奥古斯特·冯·哈耶克：《通往奴役之路》，王明毅、冯兴元、马雪芹等译，中国社会科学出版社 1997 年版，第 92 页。

③ Benjamin Selwyn, Satoshi Miyamura, *Class Struggle or Embedded Markets? Marx, Polanyi and the Meanings and Possibilities of Social Transformation*, New Political Economy, 2014, 19(5), pp.639—661.

④ ［英］弗里德里希·奥古斯特·冯·哈耶克：《通往奴役之路》，王明毅、冯兴元、马雪芹等译，中国社会科学出版社 1997 年版，第 109 页。

在波兰尼的语境中，经济统治关系、经济剥削与经济危机问题只是不需言明的前提，是已由前人明确提供的理论基础；波兰尼所提供的新思考在于，自我调节的市场的固有矛盾必然导致社会的自我保护，也就是"反向运动"（countermovement），而反向运动总是以政治的方式出现，因而资本主义市场社会内部的经济领域与政治领域不再仅仅是分离的关系，而是呈现出明确的斗争的关系，这里不仅有经济内部的剥削，而且有社会通过政治的形式反对市场化与自由主义的斗争，甚至会出现由斗争走向反动的可能性。[①]

我们可以看到，在市场社会的"双向运动"中出现了"两个"社会，一个是"市场社会"，另一个是"自我保护的社会"。前者强调社会整体被脱嵌的市场机制所主导和塑造的状况，而后者则意味着面对着市场化和商品化的状况，社会整体对自身的主动性的保护。需要注意的是，在波兰尼这里关于社会的两个概念并不意味着出现了两个截然不同的社会，若我们将社会理解为人的整体以及社会关系与机制，那么这里只有一个社会。而"市场社会"和"自我保护的社会"这两个概念的区别，若用黑格尔或青年马克思的话来讲，意味着使人与人相连的社会机制与社会关系的异化，以及异化条件下诞生出的对抗性。波兰尼在《大转型》中并未直接地使用"异化"这个概念[②]，在后形而上学话语的语境中，波兰尼将同样的问题转化为对社会机制的讨论："19 世纪的文明之所以独特，恰恰在于它是以一个明确的制度机制为核心的。"[③] 由此，问题就变成了人们是否能够把握住或改变在 19 世纪看似规定着人们的市场机制，重塑社会内部的经济和政

---

① 关于由危机走向反动的可能性，我们将在第三章中加以详谈，这里想要说明的是社会内部的危机以及资本主义走向反动的可能性，在资本主义的市场社会诞生之初，在其原则性的根基处，就已经被埋下了。

② 值得一提的是，波兰尼关于异化及异化的扬弃的相关表述，详见于《论自由》一文，对相关内容的考察详见本文第四章。

③ ［英］卡尔·波兰尼：《大转型：我们时代的政治与经济起源》，冯钢、刘阳译，浙江人民出版社 2007 年版，第 4 页。

治。这里的问题不再只是经济异化、社会关系异化等问题，而是变成了为卢梭、黑格尔和马克思所共同关注的核心问题，即由人所构成的共同体在何种意义上能够对共同体内部的关系加以调整，并且人何以自由地参与并服从共同体，换成波兰尼较为通俗的话说，市场社会的"双向运动"何以能够得到终结，何以能够进入社会主义的理想愿景当中——如同在卢梭那里公民自由地参与和服从公意一样，亦如同在马克思那里自由人结成联合体那样。

由此来看，"市场社会"和"自我保护的社会"的对立所蕴含着的问题是，人是否能够跳脱出双向运动的钟摆，重新把握住社会，以属人的、社会性的方式对抗自然法则的规定，人是否真的能够建立自由的共同体？从《大转型》第十二章的字面上看，如果资本主义市场社会中有什么具有"自发性"的事物，那么这一定不是自由主义所谓的"自发调节的市场"，所谓自发性仅仅能冠在社会的自我保护的头上，而不能用来指称市场。由此进一步来看，所谓"自发性"在这里意味着人自发地以人的方式面对自然，而非将自身视作动物、仅仅妥协于自然的必然性的规定。因而，我们便可以理解波兰尼的《论自由》当中关于马克思的这段话："自由与人性（humanness）对于马克思而言是相等的……他想要一个'人的社会'。"[①] 这里的"人性"意味着，人能够以非动物性的方式，通过构建共同体来实现面对自然的自我保存，还能够超越必然王国的约束、凭借"全面发展了的人"的资格进入自由的社会共同体；这里的"自由"意味着，只有在社会或共同体内部，才能够达成人与他人共在的状态下的社会自由。诚如这里我们所揭示的，在波兰尼对资本主义市场社会的批判以及其对理想社会愿景的思索中，最为关键的两大原则是社会的原则和自由的原则，在这两大原则之下，波兰尼要求以社会主义的方式对经济与政治两大领域重新安置，重塑社会机制。这将是我们第三章和第四章的主题——波兰尼对复杂社会的探讨。

---

① Karl Polanyi, *Economy and Society: Selected Writings*, UK: Polity Press, 2018, p.19.

第三章　复杂社会问题中的原则与危机

在前一章节中，跟随着波兰尼对政治经济学的批判，我们得出了资本主义市场社会内部的自然法则，批判了自由主义对市场社会的理解，并从中看到了在资本主义市场社会内部的双向运动中，有着社会领域之间的斗争，也有着资本主义与民主的斗争。波兰尼试图从斗争当中找出扬弃斗争的可能性，但他同时也明白，对斗争的扬弃并没有任何历史决定论意义上的保障，并且双向运动未必会终结于社会的整合，反而可能会终结于资本主义本身的反动形态。于是，在求解在这样一个"大转型"的分岔路口前面历史会有何种走向之前，波兰尼认为有必要考察这个路口的历史坐标，即历史行至 20 世纪初，展开于世人眼前的现实，即社会的具体形态，究竟是怎样的。波兰尼的提问是：从双向运动当中，我们能够看到什么？

波兰尼所看到的是一个"复杂社会"（complex society）。在现有的研究中，一般有两种对波兰尼意义上的"复杂社会"的考察方式：其一是从"现代社会的复杂性"的角度来考察，讨论现代社会的复杂机制与复杂结构，以加雷斯·戴尔、拉迪卡·德赛为代表的诸多学者特别关注到波兰尼所参与到的社会主义经济核算辩论 ①，在这场辩论中，不论是波兰尼还

①　参考［英］加雷斯·戴尔：《卡尔·波兰尼：市场的限度》，焦兵译，中国社会科学出版社 2016 年版。Radhika Desai, Kari Polanyi Levitt, eds. *Karl Polanyi and Twenty-first-century Capitalism*, Manchester: Manchester University Press, 2020, pp.15—16.

是自由主义阵营，都承认现代社会的机制、结构与社会关系足够复杂，因此在现代社会中不可能再有关于每一位社会成员的行动的直接知识[1]，因而如果说现代社会的社会成员仍旧构成了一个完整的社会，那么社会的整合必定依托于特定的复杂机制，来把握不可能由单一头脑所把握的社会整体——这是波兰尼考察复杂社会问题的开端。其二是从"自由"与"社会"这两大原则是如何同时内在于现代社会之中的角度，来理解现代复杂社会何以是复杂的，讨论经历了工业革命和政治解放的现代社会为何既以自由为原则，同时又作为一个整体、体现出社会的原则，所谓"复杂"即是求解自由与社会这双重原则的结合，在波兰尼这里，现实的社会生活不可能仅凭单一原则就被把握住[2]——这既是波兰尼在《大转型》最后一节"复杂社会里的自由"中对"复杂社会"的主要用法，也是波兰尼讨论复杂社会问题的核心关切。

上述两种对"复杂社会"的理解方式并不冲突，并且同时存在于波兰尼本人对"复杂社会"的讨论当中。本章侧重于关注第二种理解方式。这种理解方式能够让我们将波兰尼对复杂社会的理解放在哲学史的视域下，以自由与社会这两条原则线索，求解蕴含于资本主义市场社会当中的新的危机，考察波兰尼笔下的"双向运动"所开辟出的新的批判视野，论证为何波兰尼对"复杂社会"的讨论具有强烈的批判性。

---

[1] 21世纪的大数据可以说是对社会中每一位成员的行动和画像的知识积累，但即便是建立在强大算力基础上的大数据，也不能作为"单一的头脑"，以一己之力完全掌握社会中每一个个体的全部信息。

[2] 米夏埃尔·布里的两篇论文为我们沿着这条思路来理解复杂社会提供了重要的参考。见［德］托马斯贝格尔、布里：《卡尔·波兰尼对于复杂社会里的自由的探索》，《当代国外马克思主义评论》2019年第2期。另外一篇论文为 This freedom kills: Karl Polanyi's quest for an alternative to the liberal vision of freedom，参见 Radhika Desai, Kari Polanyi Levitt, eds. *Karl Polanyi and Twenty-first-century Capitalism*, Manchester: Manchester University Press, 2020, pp.189—208。

第一节　何谓"复杂社会问题"

一、起源：社会主义经济核算辩论

波兰尼对"复杂社会"的讨论源自 20 世纪初关于社会主义经济核算的辩论（socialist calculation debate）。在这场辩论中，"复杂社会"一词主要被用于强调在社会机制的意义上的现代社会的复杂性，也就是前文所说的对"复杂社会"的第一种考察方式，这种对"复杂社会"一词的使用方法并不独属于波兰尼，而是属于参与辩论的理论家们所一般接受的共识。在这场辩论中，路德维希·米塞斯批判了奥图·纽拉特（Otto Neurath）、奥托·鲍威尔（Otto Bauer）和弗里德里希·维塞尔（Friedrich Wieser）对社会机制的简单化理解[1]。米塞斯写道："在封闭的家庭这种简单条件下，可以从头至尾监督生产的全过程，可以判断哪种生产方法能够生产更多的消费品。在条件远为复杂的今天这已经不可能了。……每当必须在不同的生产工艺或不同的生产重点之间进行选择，我们都会成为迷失于汪洋中的一叶孤舟。"[2]正如马克思对现代资本主义社会的判断，现代资本主义社会的社会关系显然无法用"简单明了"来形容，亦如马克斯·韦伯所看到的，社会的分化与合理化并不能够让现代人比原始人更加了解其身处于其中的经济与社会状况[3]。经历

---

[1]　Radhika Desai, Kari Polanyi Levitt, eds. *Karl Polanyi and Twenty-first-century Capitalism*, Manchester: Manchester University Press, 2020, p.148.

[2]　［奥］路德维希·冯·米瑟斯：《社会主义：经济与社会学的分析》，王建民、冯克利、崔树义译，中国社会科学出版社 2008 年版，第 84—85 页。

[3]　参见韦伯的论文 On some categories of interpretative sociology，载 Hans Henrik Bruun, Sam Whimster, *Max Weber: Collected Methodological Writings*, London and New York: Routledge, 2012: 299—300。

了工业革命、建立了市场经济的现代社会所具备的复杂性，使得没有人能够把握关于社会整体的全部知识，在这个意义上米塞斯是正确的。不只是米塞斯，当尼古拉斯·卢曼讲述现代社会系统时，同样也是在这个意义上来使用"复杂性"和"复杂社会"的表述的。波兰尼没有停留于从现代社会的复杂机制的角度来理解"复杂社会"，而是在此基础之上深入对复杂社会背后的自由与社会的双重原则的考察——双重原则的同时共在是现代复杂社会的又一重复杂性。

米塞斯强调自由的原则是现代性的原则，但他却将自由与自我调节的市场机制相绑定。米塞斯认为，在复杂的现代社会中只有凭借自我调节的市场才能够调配经济和社会的良好运行，在这里米塞斯陷入了错误。他对自我调节的市场的盲目信任反而意味着一种神秘主义，这无异于把关于自我调节的市场的"看不见的手"理解为了翻版的黑格尔意义上的"理性的狡计"①。在市场机制笼罩之下的自由，也由此成为抽象的个体自由，行动者只能自由地在市场机制的支配之中行动，却没有自由去触动市场机制的统治。哈耶克认为在市场中自由行动的人处于"自由地对自身负责"②的状态之中，但这一观点并没有清楚地说明全部的状况，显然自我调节的市场并不能够让行动者把握住社会整体在市场之外的要求，也不能让行动者结合为共同体来集体地采取行动。

二、自由与社会的遭遇：波兰尼的复杂社会问题

波兰尼接受了米塞斯对现代社会中自由原则的重视，但是，波兰尼拒

---

① 托马斯贝格尔在其论文 Fictitious ideas, social facts and the double movement: Polanyi's framework in the age of neoliberalism 中也表达了类似的观点，参见 Radhika Desai, Kari Polanyi Levitt, eds. *Karl Polanyi and Twenty-first-century Capitalism*, Manchester: Manchester University Press, 2020, p.149。

② ［英］弗里德里希·奥古斯特·冯·哈耶克:《自由宪章》，杨玉生、冯兴元、陈茅等译，中国社会科学出版社 1999 年版，第 122 页。

绝不加反思地接受自由主义意义上的个体自由的原则。如果说自由主义者所强调的自我调节的市场机制背后的根本原则是个体自由，那么在自我调节的市场机制于市场社会的运行中所遭遇到的反向运动和社会的自我保护则说明，在复杂社会中自由的原则遭遇到了社会的原则。波兰尼写道：

> 正是在斯品汉姆兰法令与济贫法改革之后的几十年中，人类的心灵带着新的、痛苦的关照转向了他自身的共同体：伯克郡的法官们努力创造的、并被济贫法修正案最终消除了的革命，使人们的视域发生了转向，他们开始关注自身的集体存在（collective being），似乎之前大家曾忽视了它的在场。一个其存在（existence）本身未被察觉的世界被揭示了出来，这个世界就是统辖着一个复杂社会的那些法则的世界。尽管这个在新的、迥异于前的意义上的社会见诸于经济领域，但它与其他领域是普遍关联的。①

对于 19 世纪的自由主义转向来说，斯品汉姆兰法令的废除和济贫法的改革使得劳动者被打散为"自由得一无所有"的个体②，进入市场成为自由交换的劳动力商品，这一步骤是通过否定斯密政治经济学的社会性的一侧③来完成的，然而反向运动的现实揭示了如此这般的自由主义政治经

---

① ［英］卡尔·波兰尼：《大转型：我们时代的政治与经济起源》，冯钢、刘阳译，浙江人民出版社 2007 年版，第 73 页。

② 借用马克思在《资本论》第 1 卷中的句子："可见，货币占有者要把货币转化为资本，就必须在商品市场上找到自由的工人。这里所说的自由，具有双重意义：一方面，工人是自由人，能够把自己的劳动力当做自己的商品来支配，另一方面，他没有别的商品可以出卖，自由得一无所有，没有任何实现自己的劳动力所必需的东西。"参见《资本论》第 1 卷，人民出版社 2018 年版，第 197 页。

③ 诚如第二章所述，波兰尼认为在斯密这里保留了"个体自由"和"社会整体的共同的善"这两端，尽管斯密意义上的市场机制并不能够成功同时守住这两端。

济学的关键盲区，作为整体的社会被忽略了。

于是，我们便可以明白，当波兰尼使用"社会的被发现"①一语时，他想要说明的是什么。若仅凭常识来思考，我们一定会疑惑为何社会需要被发现，难道社会不是一直存在的吗？这被发现的社会究竟是什么？米夏埃尔·布里对此解释道："只要多个自由行动者为实现他们的利益而行动，就会出现一个复杂的关系网络，它不可能与行动者的意图完全一致。正是行动者的自由创造了非常复杂的网络，这就是'社会的现实'（reality of society）。"②自由主义并不是不理解市场体系内部的作为生产关系的"复杂的关系网络"，反而极其擅长通过政治经济学的方式计算和安排复杂的生产脉络；实际上，自由主义所不理解的是，在现代世界中、在政治与经济相分离（或用波兰尼的话说则是"脱嵌"）的条件下，自我调节的市场的运行必然遭遇到社会的抵抗。托马斯贝格尔与布里对此的概括是："原本由能够为社会福祉负责的人类行动者进行的社会管控被转交给了没有灵魂的机制。"③因此，当波兰尼在《大转型》的最后一章"复杂社会里的自由"当中强调社会之中不可避免地存在权力的时候，他真正想要说明的是，社会的抵抗会以政治的方式表现出来，资本主义市场社会中的权力对市场的限定，实际上意味着资本主义版本的复杂社会之中社会原则与自由原则之间的冲突，或也可说是普遍性原则与特殊性原则的冲突。

---

① "贫困问题集中于两个紧密相连的主题：赤贫化与政治经济学。尽管我们将分别讨论它们对现代人类意识的冲击，但它们实际上都是同一个不可分割的事实的组成部分，这个事实就是：社会的被发现。"详见［英］卡尔·波兰尼：《大转型：我们时代的政治与经济起源》，冯钢、刘阳译，浙江人民出版社 2007 年版，第 89 页。

② Radhika Desai, Kari Polanyi Levitt, eds. *Karl Polanyi and Twenty-first-century Capitalism*, Manchester: Manchester University Press, 2020, p.199.

③ ［德］托马斯贝格尔、布里：《卡尔·波兰尼对于复杂社会里的自由的探索》，《当代国外马克思主义评论》2019 年第 2 期。

当波兰尼直言复杂社会是"人的总体"①时，他想要说明的是，人不仅仅作为自由的个体而行动，同时人也是社会的成员。人们并非首先是"个体化"的人，而是结合为社会的人，对于波兰尼来说，所谓社会意味着人的总体，其强调的也是一种与个体性和特殊性相对的整体性和普遍性，这种普遍性和整体性不仅不从属于个体性和特殊性的支配，反而是具有（并且必须具有）限定后者的力量的。

由此我们可以根据波兰尼的思路得出独属于波兰尼自己的"复杂社会问题"：现代复杂社会的关键不仅在于其现实机制的复杂性，更重要的是在于前述引文中提到的"统摄着复杂社会的法则"的复杂性，即在复杂社会中，何以既强调自由原则，又强调与自由原则同在的社会原则？在波兰尼的语境下"复杂社会"并不简单地是一个概念，波兰尼讨论复杂社会也并非仅仅在概念游戏的意义上为自由与社会的双重原则的结合找到一个概念词汇。在《大转型》的最后一章，波兰尼以直接明确的方式说明，"复杂社会"问题意味着言说"复杂社会中的自由"，现代社会是复杂的，但在复杂的现代社会中既要坚持自由，又要凭借社会主义的现实机制在社会之中坚持复杂社会中的自由。因此，必须要对自由主义所理解的个体自由和市场社会的抽象性与局限性加以批判，并对自由和社会这双重原则重新进行仔细的考察和阐释，以此来说明20世纪初的"大转型"所可能带来的理想社会愿景②。就此来看，复杂社会的问题在波兰尼这里已经远远超越了19世纪初社会主义经济核算辩论中的经济学与社会学的维度，它同时具备着哲学的维度，接续了自卢梭以来，由黑格尔、马克思所共同讨论过的问题。于是，我们也应当据此发掘"复杂社会问题"的哲学根基。

---

①　[英]卡尔·波兰尼：《大转型：我们时代的政治与经济起源》，冯钢、刘阳译，浙江人民出版社2007年版，第100页。

②　对于波兰尼的理想社会愿景的考察，以及关于在如此这般的社会主义的理想社会愿景中的自由原则与社会原则分别意味着什么的讨论，将在本书第四章中进行。

第二节 "复杂社会问题"的哲学溯源

波兰尼对复杂社会的考察，既有其对于现代社会机制与社会关系复杂性的现实关切，又在其中探讨了自由与社会的双重原则。这两大原则并不是特属于波兰尼所处的时代的全新原则，而是从属于自卢梭、康德、黑格尔和马克思以来的长线思想脉络之中。

一、卢梭论公意何以可能

对于波兰尼来说，复杂社会问题的基本框架初现于卢梭的政治哲学。尽管卢梭无法直面并讨论现代市场社会的复杂机制，但是卢梭试图讨论人何以在社会状态中既达成集体生存的要求，又能够继续保存自由。在卢梭这里，已经同时出现了自由与社会的双重原则。更加值得注意的是，卢梭对"众意"与"公意"的区分，以及对众意何以上升为公意的讨论，阐述了复杂社会问题的核心矛盾：个体何以自由地通达社会整体，又如何在社会之中实现自由？

波兰尼的关注点分为三个层次。第一，卢梭辨别了公意与众意。他写道："公意只着眼于公共的利益，而众意则着眼于私人的利益，众意只是个别意志的总和。"[①] 第二，卢梭把握到了公意与众意的矛盾。即便在一个自由社会中，只要每个人都表达了自己的特殊意志，众意就会接近公意，但在政治中总是可能出现作为主权者的意志和作为个体的意志的分裂。对此，卢梭巧妙地解释道："如果说个别利益的对立使得社会的建立成为必要，那么，就正是这些个别利益的一致才使得社会的建立成为可能。正是这些不同利益的共同之点，才形成了社会的联系；如果所有这些利益彼此

---

① ［法］卢梭：《社会契约论》，何兆武译，商务印书馆1963年版，第35页。

并不具有某些一致之点的话，那么就没有任何社会可以存在了。"①　在社会之中，公民是作为主权者来参与政治的，"社会条约以保全缔约者为目的。谁要达到目的也就要拥有手段，而手段则是和某些冒险、甚至于是和某些牺牲分不开的。谁要依靠别人来保全自己的生命，在必要时就应当也为别人献出自己的生命"②。哪怕公民知道投票支持战争可能会摧毁他的身体，但他同时也能明白战争对共同体而言是好是坏，因此他的个体意志虽然可能会与公意相抵触，但他仍旧能够在社会自由的意义上自由地遵从他反对的共同体的决定或法律。第三，卢梭明白社会自由的达成是无比艰难的。"个人看得到幸福却又不要它；公众在愿望着幸福却又看不见它。两者都同等地需要指导。所以就必须使前者能以自己的意志顺从自己的理性；又必须使后者学会认识自己所愿望的事物。这时，公共智慧的结果便形成理智与意志在社会体中的结合，由此才有各个部分的密切合作，以及最后才有全体的最大力量。"③　而对于那些将个体意志凌驾于公意之上的人，就必须迫使个人获得自由，不然就无法达成一个使每一位成员自由地共同存在于其中的社会，"只有当公民具有公共精神、无私、热爱公民美德并且准备好了在为他们的国家和自由制度服务时牺牲一切，一个自由社会才能存在"④。

　　然而问题在于，波兰尼认为卢梭的社会契约仅仅是对个体自由与社会之间的对立的一种弥合性的解释。"卢梭将个体在国家中的角色理解为通过一种基于同意的自我约束来达到自由。在卢梭的方案中，这种自我约束仍旧是被一种动机所规定的，但它是一种有目的的理性动机，在这种动机中人的同伴扮演了一种特定的角色，然而只是一种形式性的角色。"⑤　在波

　①　［法］卢梭：《社会契约论》，何兆武译，商务印书馆 1963 年版，第 31 页。

　②　［法］卢梭：《社会契约论》，何兆武译，商务印书馆 1963 年版，第 42 页。

　③　［法］卢梭：《社会契约论》，何兆武译，商务印书馆 1963 年版，第 49 页。

　④　Karl Polanyi, *Economy and Society: Selected Writings*, UK: Polity Press, 2018, p.174.

　⑤　Karl Polanyi, *Economy and Society: Selected Writings*, UK: Polity Press, 2018, pp.21—22.

兰尼看来，"同伴"或"他人"角色的缺失使得当卢梭在处理个体与社会的关系时，个体所面对的社会陷入了一种抽象性，仿佛社会并非由与个体相关联的人构成，而是作为"公意"与自由个体保持了微妙的对立关系。

同样的问题也出现在康德这里。波兰尼批评了康德的绝对命令同样不能带来自由个体在与他人之间的关联中结合为社会，"在他（康德——作者注）的绝对命令中仿佛动机和同伴都从画面中完全消失了。个体与他自己的社会功能之间的关系、与国家的关系，通过一个非常抽象的义务的概念，同样形式性地成了个体内在自由（inner freedom）的专属问题。恰恰是这种解决方案的严格的形式，将它所否认的矛盾明显地揭示了出来。由于个体责任应当包含社会维度，那么这种责任就失去了人类可理解的意义（humanly comprehensive meaning［应当注意此处人类 human 一词与个体 individual 的差别——作者注］）和任何可能的内容"①。

我们能够发现，波兰尼高度肯定了卢梭对公意的理解，而在此基础之上，他期待从卢梭关于公意何以可能的问题中，找到使得个体在与其他社会成员的关系中把握到公意并服从公意的道路和根据。从波兰尼对卢梭的批评中，我们进一步能看到，波兰尼真正想问的问题是：被市场社会打散为孤立个体的人，究竟该如何重建与他人的关联，怎样的重建方式能够突破市场经济的抽象性的社会关系，从而达到卢梭意义上的公意所具有的普遍性高度？类似的发问者不只有波兰尼，还有柯尔（C. D. H. Cole）和奥托·鲍威尔，在他们的功能主义社会理想中，"'公意'被转化为一个自我管理的功能主义协会网络"②，通过复杂的不同功能的协会的关联与沟通来构建人与其他社会成员乃至整个社会的关联。波兰尼并不满足于这两位基尔特社会主义思想家的构想，他进一步强调，要通过民主机制和由民主机

① Karl Polanyi, *Economy and Society: Selected Writings*, UK: Polity Press, 2018, p.22.
② ［英］加雷斯·戴尔：《卡尔·波兰尼：市场的限度》，焦兵译，中国社会科学出版社2016 年版，第 30 页。

制所统辖的市场来强化个人之间的关系、处理个人之间的冲突，以使得个体能够意识到他个人的行动与包含了全体社会成员在内的整个社会的活动之间的联系。诚然，若我们较粗线条地观察卢梭对公意形成过程的阐述①，似乎这与波兰尼所讲的结构并没有冲突；但需注意的是，被波兰尼所特别强调的关键点在于，社会是"人的整体"，是所有社会成员所构成的、跨越经济政治等各个领域的人的整体，当我们考察社会的时候，整体一定意味着在特定机制下人与人之间的真实的关联——这是卢梭带给波兰尼对复杂社会问题的思考的启示。

二、黑格尔论具体的普遍性

根据波兰尼对卢梭的考察，得出的进一步问题是，个体能否把握住与他人之间的社会关联，换句话说，是否能够从公意或社会整体的立场上理解和维系与他人之间的关系？黑格尔通过对契约论的批评试图回答这一问题。黑格尔写道：

> 他（指卢梭——作者注）所理解的意志，仅仅是特定形式的单个人的意志（后来费希特亦同），他所理解的普遍意志也不是作为意志中自在自为地合乎理性的东西，而只是作为共同的东西，是从这种单个人的意志中作为被意识到的东西而产生出来的：这样一来，单个人结合成为国家就变成了一种契约，而契约乃是以单个人的任性、意见和偏爱所表达的同意为其基础的。而这又产生了其他一些单纯理智的结果，这些结果破坏了自在自为地存在着的神性东西及其绝对的权威性和庄严性。②

---

① 卢梭在《社会契约论》中写道："如果当人民能够充分了解情况并进行讨论时，公民彼此之间又没有任何勾结；那么从大量的小分歧中总可以产生公意，而且讨论的结果总会是好的。"参见［法］卢梭：《社会契约论》，何兆武译，商务印书馆 1963 年版，第 36 页。

② ［德］黑格尔：《法哲学原理》，邓安庆译，人民出版社 2016 年版，第 384 页。

黑格尔对契约论的经典批评想要论证的是，不能仅凭抽象的个体自由在契约关系之中结合成为共同体，而是个体的自由以及个体之间的关系一定有普遍性的理性的国家作为基础。换言之，个体一定是生活在伦理生活之中的、与他人共在的个体，而不是将他人作为社会关系的形式性角色的个体。这与波兰尼所批评的自由主义对自由的抽象理解如出一辙，后者"将经济等同于契约关系，而将契约关系等同于自由"①。

在此基础上，黑格尔试图论述现代国家所代表的"具体的普遍性"，来重解卢梭所遇到的政治哲学问题。在《逻辑学》中，黑格尔区分了"形式的普遍性"和"具体的普遍性"，他指出后者意味着能够包容特殊性的普遍性②；而在《法哲学原理》中黑格尔继续关注这一区别③，并将"具体的普遍性"落实在了现代国家当中，他指出："国家是具体自由的现实……现代国家的原则具有这样一种惊人的力量和深度，把主体性的原则推向完成，成为独立的个人特殊性的极端，而同时又使它回复到实体性的统一，于是在它本身中保存这个统一。"④这意味着对于黑格尔来说，现代国家一方面能够包容每一位个体的自由和特殊性，另一方面又能够提供普遍性的支撑、让每一位自由个体首先生活在普遍关联当中，并且现代国家能够作为其成员的目的而存在。黑格尔强调每个人都首先已然生活在一个共同体当中，而尽管并非每个人都可以在思想中把握共同体的规定，但共同体所提供的机制能够确保他们在普遍性与特殊性的关联中过好自己的生活；同时，共同体的成员又能够在伦理生活中，通过家庭、市民社会（特别值得注意的是黑格尔意义上的需要的体系和同业

---

① ［英］卡尔·波兰尼：《大转型：我们时代的政治与经济起源》，冯钢、刘阳译，浙江人民出版社 2007 年版，第 218 页。

② ［德］黑格尔：《逻辑学》下卷，杨一之译，商务印书馆 1976 年版，第 267—272 页。

③ ［德］黑格尔：《法哲学原理》，邓安庆译，人民出版社 2016 年版，第 64 页。

④ ［德］黑格尔：《法哲学原理》，邓安庆译，人民出版社 2016 年版，第 389—390 页。

公会机制①）和国家的支撑，在思想中攀升到普遍性的高度，能够把握其中普遍性与特殊性的关联。概括来讲，黑格尔把为卢梭和康德提出来的、尚未妥善解决的问题收束到了现代国家的原则和机制当中。

三、马克思论社会中的个人

黑格尔意义上的现代世界的伦理机制以及现代国家所代表的具体的普遍性在马克思的法哲学批判中遭到了彻底的驳斥。马克思强调，在资产阶级社会②中实际存在着的只有资产阶级对无产阶级剥削性质的生产方式、阶级对立的撕裂的社会以及以资产阶级为统治阶级的国家。而波兰尼从马克思对黑格尔和现代资产阶级国家的批判当中抓住了一条宝贵的思路：波兰尼认为，马克思的批判揭示出了资本主义是无政府主义的，并且限制了人类的自由，在这个意义上实存的资本主义制度也并未实现复杂社会的双重原则；马克思的批判的关键之处就在于，他能够在资本主义所秉持的抽象的自由原则所带来的现实的矛盾与危机当中发现"社会的现实"③，这对应着的是马克思、恩格斯在《德意志意识形态》中反复强调的"现实的个人"的生产与交往的问题④。这里关键的是，对于人来说，社会是现实（reality），是相互关联着的个人已然生活于其中的现实，而非源自个人头

---

① 参见［德］黑格尔：《法哲学原理》，邓安庆译，人民出版社 2016 年版，第 335—348 页，第 368—382 页。

② 在黑格尔和马克思青年时期作品中被反复讨论的"市民社会"一词原文是 bürgerliche Gesellschaft，它同时也是"资产阶级社会"。正如马克思和恩格斯在《德意志意识形态》中所说："'市民社会'这一用语是在 18 世纪产生的，当时财产关系已经摆脱了古典古代的和中世纪的共同体。真正的市民社会只是随同资产阶级发展起来的；但是市民社会这一名称始终标志着直接从生产和交往中发展起来的社会组织，这种社会组织在一切时代都构成国家的基础以及任何其他的观念的上层建筑的基础。"参见《马克思恩格斯文集》第 1 卷，人民出版社 2009 年版，第 582—583 页。

③ Karl Polanyi, *Economy and Society: Selected Writings*, UK: Polity Press, 2018, p.93.

④ 《马克思恩格斯文集》第 1 卷，人民出版社 2009 年版，第 519—520 页。

脑的抽象把握或想象的对象，也不是附属于个体自由的次级概念。正如马克思在《经济学手稿（1857—1858年）》中写的：

> 我们越往前追溯历史，个人，从而也是进行生产的个人，就越表现为不独立，从属于一个较大的整体：最初还是十分自然地在家庭和扩大成为氏族的家庭中；后来是在由氏族间的冲突和融合而产生的各种形式的公社中。只有到18世纪，在"市民社会"中，社会联系的各种形式，对个人来说，才表现为只是达到他私人目的的手段，才表现为外在的必然性。但是，产生这种孤立个人的观点的时代，正是具有迄今为止最发达的社会关系（从这种观点看来是一般关系）的时代。人是最名副其实的政治动物，不仅是一种合群的动物，而且是只有在社会中才能独立的动物。[1]

从这样一条思想脉络中，波兰尼发现的最关键的问题是，在资本主义条件下，即便个体自由被置于显要地位，但诸多个人所身处于其中的"社会"却在资本主义的现行机制中被蒙上了面纱。若依据波兰尼的思维主线来看，接下来他要谈论在资本主义社会中人与人之间的关系是要由市场与经济规律支配，还是要由具有道德维度的真实的社会关系支配——这关系到不同机制背后所秉持的原则，以及关于这种机制对于自由与社会双重原则的理解。波兰尼想要论证的是，既然已经能够看到现代复杂社会中个体自由与社会是两大不可否认的原则，那么何以使得这两大原则同时实现？我们将在第四章中谈论社会主义何以能够使复杂社会的理想得以实现，在本章中我们将要继续谈论的是复杂社会中双重原则的现实性，以及波兰尼据此展开的对自由主义市场社会的批判以及对其走向堕落与反动的可能性的说明。

---

[1] 《马克思恩格斯全集》第30卷，人民出版社1995年版，第25页。

复杂社会的问题，就其批判性而言，所揭示的是资本主义的现行机制无法统摄双重原则的问题；就建构性而言，所揭示的是如何理解和构建共同体的问题，即如何理解个体自由与社会这两大原则的内容及其关系，以及在一个共同体内如何同时实现个体自由与社会这两大原则。正如前面我们谈到的，无论我们根据卢梭意义上的自由与公意来谈，还是根据黑格尔意义上的普遍性与特殊性的关系来谈，其在根本原则上是没有本质差异的。但需注意的是，正如波兰尼揭示出资本主义社会内部"社会"隐而不现的状况，或用加雷斯·戴尔概括的话说，"在资本主义制度下'社会现实'出现的同时又遭到否定"[1]，在资本主义社会内部，倘若仍旧要言说某种普遍性，那么这种看似聚合了个体自由和个人利益的集合，便大有走向堕落与反动之势。换句话说，资本主义并非完全无视了眼前出现的社会，但恰恰是由于其只将个体自由当作第一原则，并根据个体自由来理解社会，因而其只是抽象地把握了社会，这就导致其对自由与社会这双重原则的理解都是有缺陷的，于是在这里就会出现一个问题：资本主义所理解的抽象的、形式的社会或普遍性，以及与这种普遍性相伴随的个体自由或特殊性，将带来怎样的结果？换用波兰尼的话来说：以自我调节的市场机制为中介的个体之间的抽象的自由，在遭遇到社会的原则，不得不面对人与人之间的社会关联（哪怕是形式性的社会关系）的时候，将会带来怎样的后果？通过分析这个问题，我们能够看到复杂社会的原则的要求，即自由与社会两大原则的统一关系，与自由主义的资本主义的意识形态之间的巨大差异，正因为后者没有把握到两大原则的统一关系，于是便出现了资本主义之难以自我维系的状况，这是"双向运动"的根源，是经济危机的根源，同样也是政治与社会危机的根源。在这里，我们还可以顺带一提，当波兰尼讲述复杂社会的两大原则的时候，实际上这两大原则并不是新的原

---

① ［英］加雷斯·戴尔：《卡尔·波兰尼：市场的限度》，焦兵译，中国社会科学出版社2016年版，第43页。

则，这两大原则之在资本主义社会中不能同时实现亦不是波兰尼独创的新发现，但借由对自由主义市场社会的批判，讲述这两大原则之不能同时实现所带来的危机与灾难性后果，以及关于"复杂社会何以实现自由"（这基本等同于"社会主义何以同时实现这两大原则"的问题），则是波兰尼在马克思的资本主义批判的基础之上，为我们提供的新的思考。

第三节　复杂社会的矛盾与危机

在关于社会主义经济核算的辩论中，波兰尼与自由主义的根本差别在于，后者在提出反对"仅凭社会权力就可以把握社会整体"这一论断之后，陷入了对现代复杂社会的简单化理解。诚如在之前的章节我们所谈到的，自由主义以个体自由为第一原则，并且其对社会的理解是建立在以个体自由为第一原则的基础之上的，因而其同样没有把握现代复杂社会内部之具有双重原则的复杂性。因此当波兰尼阐释"复杂社会"的概念时，其所讲述的是内在于现代社会之中的原则，即便这种原则是现实性的原则，但未必与具体的社会机制相匹配，这一点突出地表现在自由主义的市场社会之中。也正因此，复杂社会的双重原则与市场社会试图根据单一原则构造自身之间的冲突，是求解双向运动的关键线索，这条线索也将引领我们理解双向运动为何可能走向堕落与反动。

一、复杂社会中的双向运动

我们在资本主义市场社会中能够看到"双向运动"。在展开本节的讨论之前，我们需要澄清一个问题：资本主义市场社会中的双向运动是否是一个关于复杂社会的问题呢？克劳斯·托马斯贝格尔提出了质疑性的观点，他认为："反向运动主要关注到资本主义的问题，而不是一个复杂社会中的问题。它的目的是抵御剥削、社会非正义、边缘化、丧失尊严，等等，但这并不意味着它为技术社会不得不面对的那些问题提供了一个计划、一个观点或一个解决方式。"① 诚然，托马斯贝格尔正确地看到，波兰尼通过讲述复杂社会的问题来试图表述社会主义的理想，然而这并不是波兰尼讲述复杂社会的全部目的。波兰尼试图说明现代社会的双重原则并没有被资本主义市场社会所把握，反而是在自我调节的市场中自由仅仅被理解为个体自由，社会被整体性地隐没了。内在于资本主义版本的复杂社会中的自由与社会的矛盾、个体与整体的矛盾、特殊性与普遍性的矛盾，这恰好能够帮助我们理解和反思双向运动，以及双向运动带来的危机。也正因此，"复杂社会问题"有着相呼应的两个版本，既有关于社会理想的积极的建构性版本，也有直击资本主义市场社会根本矛盾的、呈现双向运动的批判性版本。

从双向运动中，我们能够看到资本主义与民主的矛盾、社会内部政治与经济的矛盾，而在这里，我们试图从双向运动中探问一个问题：既然双向运动包含了矛盾与斗争，那么是否可以依托复杂社会内部所包含的某种普遍性，经由斗争来建立或维系一种良序的政治或社会制度？倘若这种普遍性在卢梭那里意味着"公意"，在黑格尔那里被表述为现代国家所承担的"具体的普遍性"，而马克思则依托"无产阶级的普遍性"来讲述斗争、根据"自由人的联合体"来讲述联合，那么从波兰尼所描绘的双向运动中，是否能够找到一种普遍性的基础呢？波兰尼的答案是肯定的②，但波兰尼的答案并不是幼稚的——使得复杂社会内部的原则以合理的方式坐落在社会主义的现实机制中并非易事，资本主义社会中的反向运动可能假借

---

① Radhika Desai, Kari Polanyi Levitt, eds. *Karl Polanyi and Twenty-first-century Capitalism*, Manchester: Manchester University Press, 2020, p.147.

② 关于波兰尼对"普遍性"的正面讲述，可参见《论自由》当中所谈及的社会自由的三大要求之二，相关内容我们将在第四章第三节中进行具体的讨论；在本节中我们更加关注需要被批判的抽象的、反动的普遍性，至于积极的、建构性的普遍性，暂且不是此处的重点内容。

社会性或普遍性之名而导向某种低级的、局部的共同利益（这似乎只是一部分特殊利益的简单加和）。在后一种情况之中，复杂社会所包含的自由与社会这两大原则可能的确会被谈到，但谈论的方式可能是抽象的、保守的，甚至是反动的，其结果可能反而是对自由与社会的同时败坏，陷落在复杂社会所提出的问题的漩涡中。

在波兰尼这里，为黑格尔与马克思所把握着的普遍性坐落在"复杂社会"之中，落实为"作为整体的社会的利益"（the interest of the society as a whole）①。波兰尼用"双向运动"来描述资本主义社会中两股力量的运作，即一端为资本主义的市场化，另一端为社会在面对如此这般的市场化时进行的自我保护。在"双向运动"的框架中，我们可以跟随波兰尼一同考察上述普遍性难题并发现波兰尼的新的洞见。

我们需要在此简要说明的问题是：为什么要在"双向运动"的视域下进行对普遍性问题、复杂社会问题的讨论？乍看之下，"双向运动"只是一个描述性概念，描绘了资本主义社会当中的矛盾性、斗争性，一如斯宾塞、萨姆纳、米塞斯、李普曼等自由主义者所说，双向运动仅仅意味着保护主义运动对自我调节的市场的阻碍。②但如果仅仅照此来理解"双向运动"的话，这一概念至多只是从属于马克思和恩格斯意义上的"至今一切社会的历史都是阶级斗争的历史"③（尽管波兰尼讲述双向运动时与马克思、恩格斯的具体思路有所不同），或者只是为马克思和恩格斯的这一判断换了一个谈法。然而，在波兰尼的笔下，他所关注和研究的"双向运动"绝对不只是一个简单的描述性概念，而是蕴含着他对马克思和恩格斯

---

① Karl Polanyi, *Economy and Society: Selected Writings*, UK: Polity Press, 2018, p.133.

② 值得说明的是，这里所讨论的"双向运动"概念来自波兰尼，但对双向运动现象的讨论，也可从斯宾塞、萨姆纳、米塞斯、李普曼等人的著作中找到，当然，正如本文所言，他们与波兰尼对"双向运动"的理解有所差别。见［英］卡尔·波兰尼：《大转型：我们时代的政治与经济起源》，冯钢、刘阳译，浙江人民出版社 2007 年版，第 121 页。

③《共产党宣言》，人民出版社 2014 年版，第 27 页。

关于社会斗争问题的重新探问。正如韦伯在《社会主义》[1]一文中明确指出的，19世纪末的无产阶级及其革命已然与马克思和恩格斯撰写《共产党宣言》的革命时代呈现出了关键差异，斗争的主体、斗争的方式和斗争的现实状况在半个世纪中已经发生了巨大的变化，因此，如果仍然要坚持马克思和恩格斯所揭示出的资本主义社会内部的斗争趋势，就要重新理解斗争的双方，尤其是斗争的主体。于是，在这个意义上卢卡奇提出要在无产阶级意识当中重新把握斗争的普遍性与整体性[2]；而波兰尼则采取了"一网打尽"的方式，直接要求把握作为整体的社会，以及作为整体的社会本身对资本主义市场化和商品化的反对。波兰尼同意马克思所揭示的无产阶级的实践和运动参与着对社会历史变迁的推动，"社会上还有一些群体（指工人阶级——作者注），他们的利益将在变革中得到满足，或者说他们不会因变革而受到任何损失，他们将使不可避免的事情真正发生……而且他们必须渴望变革，若非如此，社会整体（society as a whole）就必然衰败和灭亡"[3]。但是波兰尼同时指出，当社会结构本身正在经历变迁的时候，在20世纪，单一阶级的阶级话语和阶级理论已经无法去言说整体意义上的普遍性，那么就要重新把握马克思所讲述的无产阶级的普遍性的意义。在这样的重新把握当中，波兰尼认为要将无产阶级的阶级斗争包容在社会整体（society as a whole）的斗争当中[4]，并且进一步将内在于其中的普遍性原则重新包容在现代复杂社会（complex society）之中。

　　由此可见，波兰尼意义上的"双向运动"当然与马克思和恩格斯意义

　　① Peter Lassman, Ronald Speirs, *Weber: Political Writings*, Cambridge: Cambridge University Press, 1994, pp.272—303.

　　② ［匈］卢卡奇：《历史与阶级意识：关于马克思主义辩证法的研究》，杜章智、任立、燕宏远译，商务印书馆1999年版，第236—315页。

　　③ Karl Polanyi, *Economy and Society: Selected Writings*, UK: Polity Press, 2018, pp.131—132.

　　④ ［英］卡尔·波兰尼：《大转型：我们时代的政治与经济起源》，冯钢、刘阳译，浙江人民出版社2007年版，第130页。

上的"阶级斗争"有着密切的联系，但波兰尼所使用的"双向运动"概念不是对"阶级斗争"的简单代换，而是将"双向运动"作为包容了阶级斗争的更大的概念来加以使用。[①]

马克思和波兰尼共同坚持以某种普遍性作为斗争和社会运动的基础。这包含了两个基本判断：第一，马克思和波兰尼仍旧要坚持某种具有原则高度的普遍性；第二，他们共同强调资本主义社会中的现代国家已经无法承担这种普遍性。对这种具有原则高度的普遍性的最直接的表达是黑格尔笔下的"具体的普遍性"。黑格尔在《逻辑学》中区分了"形式的普遍性"和"具体的普遍性"，他指出后者意味着能够包容特殊性的普遍性[②]；而在《法哲学原理》中黑格尔继续关注这一区别[③]，并将"具体的普遍性"落实在了现代国家当中，他指出："国家是具体自由的现实……现代国家的原则具有这样一种惊人的力量和深度，把主体性的原则推向完成，成为独立的个人特殊性的极端，而同时又使它回复到实体性的统一，于是在它本身

---

① 将双向运动作为包容了阶级斗争的更大的概念来加以使用，不是对阶级斗争的一种泛化理解。波兰尼的双向运动概念有助于在以市场化运动不断推进、社会自我保护以对抗市场化力量这条线索之中，讨论资本主义市场社会诞生与成熟阶段中的复杂阶级斗争问题。这里试举一例便可说明。在资本主义生产方式逐渐成熟、对自由劳动力市场的需求愈发明确的时候，保护劳动者免遭资本主义劳动力市场的完全支配的力量，反而可能是传统权威的力量（或会被资产阶级认为是反动的力量），斯品汉姆兰法令便是如此。"必须树立起一座大坝，以便保护乡村免受工资上涨的洪流的冲击。必须找到保护乡村环境免于社会混乱的办法，传统权威必须得到加强，必须遏止乡村劳动力源流的枯竭，要在不使农场主负担过重的情况下提高农业劳动工资。这样一个装置就是斯品汉姆兰法令。"（[英]卡尔·波兰尼：《大转型：我们时代的政治与经济起源》，冯钢、刘阳译，浙江人民出版社 2007 年版，第 82 页。）尽管斯品汉姆兰法令催生了诸多社会灾难，但它向我们明确呈现出保护性力量的来源是多样的。在"双向运动"的模型中，波兰尼提示我们，社会历史的变迁在特定情势下、在特定时间范围中，可能由保守的、传统的力量所主导，这虽然都可以通过微观阶级分析的方式加以说明，且阶级视角从来都是不可或缺的，但"双向运动"的框架提供了不同的研究视角。有关双向运动与阶级斗争的辨析，可参考本书第五章第二节。

② [德]黑格尔：《逻辑学》下卷，杨一之译，商务印书馆 1976 年版，第 267—272 页。

③ [德]黑格尔：《法哲学原理》，邓安庆译，人民出版社 2016 年版，第 64 页。

中保存这个统一。"①这意味着对于黑格尔来说，现代国家一方面能够包容每一位个体的自由和特殊性，另一方面又能够提供普遍性的支撑并作为成员的目的而存在。

面对着黑格尔的马克思提供了批判性和建构性的两大贡献。在批判性的一侧，马克思指出，黑格尔法哲学的问题不在于其试图落实于现代世界中的"具体的普遍性"的原则，而在于现实的现代资本主义世界并没有真正使得黑格尔所追求的原则得到落实。在资本主义现代世界当中，只有被市民社会吞噬了的、至多作为外部国家而存在的国家，或者说只有"管理整个资产阶级的共同事务的委员会"②——卢梭和黑格尔以国家为依托的普遍性在现代资本主义社会当中不再可能。在建构性的一侧，马克思在《〈黑格尔法哲学批判〉导言》中从无产阶级这里看到了普遍性的苦难以及普遍的解放的可能性③，并且在《共产党宣言》中指出无产阶级的革命可以消灭资本主义社会当中的阶级差别和经济剥削，重建蕴含着普遍性的自由的共同体——"代替那存在着阶级和阶级对立的资产阶级旧社会的，将是这样一个联合体，在那里，每个人的自由发展是一切人的自由发展的条件。"④

---

① ［德］黑格尔：《法哲学原理》，邓安庆译，人民出版社 2016 年版，第 389—390 页。

② 《共产党宣言》，人民出版社 2014 年版，第 29 页。

③ "那么，德国解放的实际可能性到底在哪里呢？答：就在于形成一个被戴上彻底的锁链的阶级，一个并非市民社会阶级的市民社会阶级，形成一个表明一切等级解体的等级，形成一个由于自己遭受普遍苦难而具有普遍性质的领域，这个领域不要求享有任何特殊的权利，因为威胁着这个领域的不是特殊的不公正，而是一般的不公正，它不能再求助于历史的权利，而只能求助于人的权利，它不是同德国国家制度的后果处于片面的对立，而是同这种制度的前提处于全面的对立，最后，在于形成一个若不从其他一切社会领域解放出来从而解放其他一切社会领域就不能解放自己的领域，总之，形成这样一个领域，它表明人的完全丧失，并因而只有通过人的完全回复才能回复自己本身。社会解体的这个结果，就是无产阶级这个特殊等级。"德国无产阶级看似是一个特殊阶级，但无产阶级的苦难及其解放却是普遍的苦难与普遍的解放。参见《马克思恩格斯全集》第 3 卷，人民出版社 2010 年版，第 213 页。

④ 《共产党宣言》，人民出版社 2014 年版，第 51 页。

当然，马克思同样也意识到了这条道路的困难，意识到了无产者在思想和实践中上升为具有革命性的无产阶级的困难之处 [1]，也就是说，马克思明白无产阶级之代表的普遍性若要被认识到并成为现实，要经历一条艰难的道路。为此马克思和恩格斯在《共产党宣言》当中明确提出要给予无产阶级教育因素，无产阶级需要组织起来，需要政党，需要参与资产阶级的斗争，而工业的进步也会将资产阶级的部分成员抛入无产阶级队伍并为无产阶级带来教育因素，一部分资产阶级思想家也将转到无产阶级方面。而与之相关的问题，即如何使无产阶级的普遍性被把握和实现的问题，被卢卡奇、葛兰西、韦伯等人接续下来。但无论是在卢卡奇的《历史与阶级意识》对无产阶级意识的讨论中，还是在葛兰西关于有机知识分子的论述中，都内藏着一个问题：作为斗争根基的普遍性并非清楚明白地呈现在人们面前，并且资本主义社会的机制也试图使之隐而不现，而这也正是具有整体性意义的普遍性的斗争道路如此困难的原因。在前人已经取得的理论基础上，波兰尼进一步批判了双向运动当中普遍性之被撕裂、切割和掩埋的问题。

那么，如何在"双向运动"当中来考察复杂社会的难题呢？

就双向运动的其中一侧，即作为"正向"的市场化来讲，其所本的恰恰是个体自由的原则，并将个体自由的原则落实为自我调节的市场机制，同时致力于将如此这般的市场机制进行扩张。由马克思所揭示出的资本主义社会当中政治与经济的分离以及经济对政治的反噬，在波兰尼这里被界定为"脱嵌"，并且波兰尼特别强调了"脱嵌"的现代资产阶级市场社会

---

[1] 这一问题最明显的反例是"流氓无产阶级"——"流氓无产阶级是旧社会最下层中消极的腐化的部分，他们在一些地方也被无产阶级革命卷到运动里来，但是，由于他们的整个生活状况，他们更甘心于被人收买，去干反动的勾当。"（《共产党宣言》，人民出版社2014年版，第38页。）而在《路易·波拿巴的雾月十八日》中，马克思进一步刻画了流氓无产阶级的堕落与反动，小波拿巴的十二月十日会被马克思概括为"由巴黎流氓无产阶级组成的一些秘密宗派"，这些流氓无产阶级是"被法国人称作浪荡游民的那个完全不固定的不得不只身四处漂泊的人群"，他们与小波拿巴结合发挥着反动作用。（参见《路易·波拿巴的雾月十八日》，人民出版社2001年版，第60—61页。）

与前资产阶级社会在经济与社会关系上的根本性不同。"脱嵌"的问题还向后关联着波兰尼对新自由主义的直接批判——简单来讲，在波兰尼看来，现代社会之所以是一个"复杂社会"，是因为现代社会中不只有自启蒙以来便得到高扬的个体自由的原则，同时还有使得人们相互关联成一个整体的社会的现实与社会的原则。马克思与波兰尼试图在现代社会中重新实现个体自由与作为普遍性的社会整体的结合①，但作为 20 世纪资本主义意识形态的新自由主义却直接主动忽视并放弃了对这一结合问题的解决，后者只守住了个体自由和自由的市场，以为它们能够自动地、自发地带来社会的良序运转，但实际的后果却是"脱嵌"以及与之相伴随的更大的灾难。"脱嵌"在波兰尼这里有两重向度：首先，在制度的层面上脱嵌意味着在资本主义社会当中诞生了一个独立的经济领域，并且这个独立的经济领域由市场主导，与前资本主义社会中市场从属于经济、经济从属于社会的模式相反，现代资本主义社会呈现出脱嵌的状况，形成了自我调节的市场要求社会从属于市场的状况。② 其次，正是在脱嵌的社会机制当中，人

———————

① 当波兰尼在阐释"复杂社会中如何实现自由"的时候，在原则上是继续了黑格尔意义上的"具体的普遍性何以在现代社会中得到落实"的问题，当然，在现实机制、理论对手和时代背景等方面，波兰尼面对着全新的状况。

② "从根本上讲，这正是由市场控制经济体系会对整个社会组织产生致命后果的原因所在：它意味着要让社会的运转从属于市场。与经济嵌入社会关系相反，社会关系被嵌入经济体系之中。"（参见［英］波兰尼：《大转型：我们时代的政治与经济起源》，冯钢、刘阳译，浙江人民出版社 2007 年版，第 50 页。）但值得说明的是，即便波兰尼向我们指认了自由主义经济学家们致力于论述脱嵌的市场，但实际上，完全的脱嵌是不可能的，完全自我调节的市场也是不可能的。弗雷德·布洛克在《大转型》的导言中提示我们，波兰尼非常清楚，"我们的主题是：这种自我调节的市场的理念，是彻头彻尾的乌托邦。除非消灭社会中的人和自然物质，否则这样一种制度就不能存在于任何时期；它会摧毁人类并将其环境变成一片荒野。而不可避免地，社会将采取措施保护它自己，但是无论采取什么措施，都会损害到市场的自我调节，打乱工业生活，从而以另一种方式危害社会。正是这一两难境地，迫使市场体系的发展进入一个特定的瓶颈，并且最终使得以它为基础的社会组织陷入混乱"。（参见［英］卡尔·波兰尼：《大转型：我们时代的政治与经济起源》，冯钢、刘阳译，浙江人民出版社 2007 年版，导言第 16 页，正文第 3—4 页。）

被打散为与其他人相隔绝的自由个体，这是社会关系的撕裂。波兰尼指出，工业革命带来了能够推动大规模生产的机器，并从这里产生出对独立的、"自由的"、个体的劳动力的需求，劳动力的承载者，即人，在这个时候被变成了商品化的劳动力，参与市场竞争。

脱嵌的资本主义市场社会产生出四重后果。

第一，市场化的不断推进带来了社会本身的自我保护和反抗，复杂社会中的社会的现实与社会的原则出现了，而社会本身的自我保护和反抗即双向运动中的"反向运动"。反向运动或表现为激进的无产阶级革命，或表现为社会各色群体通过政治的方式进行自我保护，或表现为其他诸多形式，无论采取何种形式，都展现出社会本身对资本主义的市场化问题、脱嵌问题的应战，但这本身却也意味着社会中群体与群体之间的撕裂。

第二，在如此这般的社会当中诞生了资产阶级的个体主义道德的堕落，这意味着社会中个体与个体之间的撕裂，社会关系的撕裂由此更甚。自由主义的道德哲学从积极的意义上强调资本主义社会是一个人人都可以自由追求自己目标的社会，并且给予了每一个个体以充分的空间施展道德和自由，但在波兰尼看来，在资本主义社会中，"所有人类和社会目的的实现取决于物质手段，但是支配手段的盲目力量也决定了目的"①，因而人们所追求的所谓的自由的目标实际上只是被资本主义市场社会的社会结构与意识形态所规定的。加雷斯·戴尔指出这里存在两重后果：一、"生产和生产阶层备受污蔑。考虑到市场唯一承认的欲望主要体现在有效需求（effective demand）上，因此，靠整个社会为生的消费者，似乎是全心全意为同胞服务，而辛苦生产产品的生产者却扮演着多余的角色，其作用与寄生虫无异。是市场撒下了这个弥天大谎"②。二、"市场社会造就了一种狭

---

① Karl Polanyi, *Economy and Society: Selected Writings*, UK: Polity Press, 2018, p.146.

② ［英］加雷斯·戴尔：《卡尔·波兰尼：市场的限度》，焦兵译，中国社会科学出版社2016年版，第45页。引文中从"因此"到"弥天大谎"的部分，是戴尔转引自波兰尼的文献"Individualism and Socialism"，该文献无出版时间。

隘的利己主义（egotism）。当人与人之间所有的经济联系都通过市场来展开，那么，每一个人都会变成一个孤立的经济人，其主要偏好都限于追求自我利益"①。在这种堕落了的个体道德以及蕴含着如此堕落了的个体道德的资本主义市场社会当中，至多只能诞生出"人们都各自追求经济利益"的自由，但这种自由并不能为行动者带来除市场价格以外的关于同为社会成员的同胞和整个社会的信息，在市场机制的中介下个体无法攀升到社会整体的高度，难以看清甚至理解社会的整体全局。

第三，市场机制本身成为撕裂了的社会关系、相互隔绝的人与人之间的关系的"维系者"。任何人都不可能以自由且负责任的方式展开与其他社会成员的关系，反而从中诞生出一种人与人之间经由资本主义市场机制中介了的敌对性、对抗性，并且彻底丧失了站在普遍性和整体性的高度来洞察社会总体的利益的可能性，市场机制本身中介并塑造了资本主义版本的复杂社会，以及资本主义社会中自由与社会双重原则之间的割裂与对抗。

第四，如果说反向运动意味着资本主义的市场化在现代复杂社会中遭遇到了社会的现实和社会的原则，那么我们却又发现反向运动呈现出一种乱象。仿佛反向运动是一个过于宽泛的概念，任何反抗性的、斗争性的行为都可以被算作反向运动，于是我们必须要问，在资本主义市场社会中出现的反向运动在何种意义上代表了社会原则呢？托马斯贝格尔和布里提示我们，在波兰尼的行文中，反向运动并不是一个有复数形式的概念，波兰尼笔下只有 countermovement，而没有其复数形式 countermovements，这意味着，要严格区分反向运动本身和反向运动的载具②，后者包含着诸多斗争行动，而前者意味着作为整体的社会（society as a whole）的应

---

① ［英］加雷斯·戴尔：《卡尔·波兰尼：市场的限度》，焦兵译，中国社会科学出版社2016 年版，第 45 页。

② ［德］托马斯贝格尔、布里：《卡尔·波兰尼对于复杂社会里的自由的探索》，《当代国外马克思主义评论》2019 年第 2 期。

战，后者构成了前者，而只有当后者达到社会整体性和普遍性的高度，换句话说，只有反向运动能够把握住社会整体的利益，即把握住复杂社会内部的社会原则，才是真正能够超越斗争的狭隘性、具有变革性力量的。

在托马斯贝格尔与布里的提示中，我们可以得到两个层次的启示。第一，反向运动本身并不必然具有历史进步性的保障，社会在反抗自我调节的市场，但这种反抗并不必然具有马克思意义上的开创历史下一环节的阶级斗争的乐观性，这恰恰标示着资本主义版本的复杂社会的对抗性与危机。第二，反向运动能够提示一条激进变革的道路①，这条道路的条件在于，彻底打破资本主义市场社会对自由的抽象限定、对社会关系的撕裂，这也正是波兰尼所设想的朝向社会主义的大转型的道路。

反向运动向我们揭示的真实的问题仍旧是复杂社会内部双重原则的问题：自由如何与社会并存？由单一原则主导的社会生活何以诞生出矛盾与危机？在本章当中，我们更加关注托马斯贝格尔与布里的上述第一层的启示，将要说明资本主义版本的复杂社会何以在双向运动中走向危机甚至是反动，我们分为两种情况来讨论。

---

① 需要注意的是，托马斯贝格尔和布里认为，当波兰尼观察和研究双向运动时，主要讨论的是自由主义的资本主义市场社会诞生阶段和成熟运作阶段中的双向运动，因而反向运动仅仅是"提示"了一条变革的道路，而并不等同于这条道路本身。（参见［德］托马斯贝格尔、布里：《卡尔·波兰尼对于复杂社会里的自由的探索》，《当代国外马克思主义评论》2019 年第 2 期。）关于反向运动的力量与方向，正如加雷斯·戴尔所说的，反向运动的主体是社会，"'社会'这一行为主体不是一个超验的主体，而是受到具有历史偶然性的阶级力量的调节，这些阶级力量包括保守派、封建地主、农民、贸易工会主义者和社会主义者，他们共同构成了一场独立的运动"。（［英］加雷斯·戴尔：《卡尔·波兰尼：市场的限度》，焦兵译，中国社会科学出版社 2016 年版，第 75—76 页。）从反向运动中整合革命，是另外一项极其艰巨的任务，波兰尼本人并没有对这条道路加以讨论。

二、维系资本主义市场社会的双向运动

尽管反向运动意味着在社会受到市场的影响而陷入紊乱状态时作出的反应，尽管反向运动的力量有着相似甚至共同的目标，但这并不意味着反向运动所产生的实际效果必然直接地对市场体系本身产生了消极影响，实际上，反向运动反而可能"通过限制市场的破坏性影响来支持市场的扩张"[①]。如此便可达成不同阶级利益的偶然的结合，即一种"形式的普遍性"，它暂时掩盖了资本主义市场社会中不同群体（或不同阶级）之间的对抗性关系。这实际上只是把反向运动引导到自由主义的框架之中，使参与反向运动的斗争者（其纷繁复杂的斗争构成了反向运动的诸多载具）重新相信自由主义的原则和落实下来的市场和国家机制符合社会整体的普遍性利益，这在现实意义上与二战之后的凯恩斯主义不谋而合。

在波兰尼看来，以这种方式构建的社会整体的普遍性在原则上只是将社会从属于个体自由而已。但由如此这般的从属性关系所构建出来的社会机制只是逃避了自由主义自身的问题，无论是马克思所强调的剩余价值的剥削与阶级对抗，还是波兰尼所强调的市场对社会的支配和侵袭，都并未被真正触碰到，因而这条道路并不能真正从原则上回答社会内部的矛盾和冲突的出路在哪里。

我们可以采取三种视角来看待这种将反向运动引导回自由主义市场社会的努力。首先，在自由主义经济学家看来，反向运动可能导致甚至是强化政府对自由竞争的市场的维持，反向运动的斗争的结果与自由主义的信条不仅可能不冲突，反而可以导向双方都接受的结果并被安上一个好听的名字：帕累托最优——在不牺牲他人利益的条件下每个人的收益便已经达到了最佳状态，哪怕社会中仍然存在着一定的贫富差异，但这些就交由自

[①] ［英］加雷斯·戴尔：《卡尔·波兰尼：市场的限度》，焦兵译，中国社会科学出版社2016年版，第77页。

我调节的市场来处理即可。其次，在马克斯·韦伯看来，20世纪初资本主义的转型使得工人阶级绝对贫困的问题得到了缓解，国家开始带有福利国家的性质，劳动者内部的阶层分化使得严重的阶级对立矛盾得到了弥合①，在这个意义上资产阶级的利益完全可能会吸引工人，这正如波兰尼所说，"阶级利益并没有魔力能保证让其他阶级的成员支持该阶级的行动，可是这种支持每天都在发生"②。第三，在前两者的前提下，20世纪70年代之后福利国家与自由主义政策的并行不悖的状况也不再令人困惑。但无论是通过哪种视角来看，这里仍然存在波兰尼早已指出的社会透明性的问题，在非透明的市场社会当中，以资产阶级的个体道德为基础的个人收益仍然胜过社会整体的共同的善，前者触手可及，而后者甚至被遮掩至难以辨识、难以理解。马克思对亚当·斯密的批判仍然有效③，暂时性的、可以忍受的经济与社会问题仍然存在，其背后所蕴含着的资本主义生产与剥削机制没有任何改变，亦没有突破传统的资本主义经济学的框架体系。

将反向运动引导回自由主义的努力至多只能达到一种微妙的平衡，这种平衡只是资本主义良序运行时的一种状态，而这种状态并不能长久地自我维系下去，在原则上也只是重新强调和维护了社会整体之从属于个体自由的关系。在这个意义上，看似代表了某种抽象的普遍性的社会机制至多只达到了"外部国家"的高度，但正因为外部国家并不能限定自我调节的

---

① Peter Lassman, Ronald Speirs, *Weber: Political Writings*, Cambridge: Cambridge University Press, 1994, pp.272—303.

② ［英］卡尔·波兰尼：《大转型：我们时代的政治与经济起源》，冯钢、刘阳译，浙江人民出版社2007年版，第130页。

③ 值得注意的是，马克思在对亚当·斯密的政治经济学进行批判之余，还在《剩余价值理论》中对亚当·斯密做了精妙的总结："亚·斯密的矛盾的重要意义在于：这些矛盾包含的问题，他固然没有解决，但是，他通过自相矛盾而提出了这些问题。后来的经济学家们互相争论时，时而接受斯密的这一方面，时而接受斯密的那一方面，这种情况最好不过地证明斯密在这方面的正确本能。"（参见《马克思恩格斯全集》第26卷（第1册），人民出版社1972年版，第140—141页。）

市场（反而只是为市场的自我调节提供保障），也便因此在自我调节的市场机制必然地遭遇到危机（甚至是全球性危机）的时候，会诞生出对作为工具的国家之保护资本主义的要求，而这正是法西斯主义所可能滋生于其中的土壤——这让我们回想起波兰尼在世界大战战场上对《哈姆雷特》的阅读，正如不断问"生存还是毁灭"的哈姆雷特，人们已经把生活可能正在朝向错误的方向展开这个问题推卸掉了。[1]

三、走向反动的双向运动

倘若前一种情况仅仅意味着反向运动通过与自由主义重归旧好，重新建构个体自由对社会整体的统治关系，那么，反向运动在极端的情况下将可能带来第二种情况，即在原则性层面彻底扭转前一种情况，改变为秉持社会整体、彻底反对个体自由。这构成了一种"反动的普遍性"，它宣告了资本主义自发调节的市场体系和民主政治的共同瓦解。

对此种情况的批判，我们从《路易·波拿巴的雾月十八日》中已经可以发现端倪。小波拿巴的选举胜利已然揭示了法国民主政治的内在危机，并且预告了 20 世纪资本主义走向法西斯主义的可能性。伴随着 20 世纪初选举权的扩大，波兰尼看到了民主政治领域内的阶级斗争状况，即便在 20 世纪初期这种斗争和冲突能够通过复杂的社会机制得以化解和掩饰，所谓资本主义条件下原本安居乐业、各安其分的生活在经济和社会出现严重问题和危机的条件下也将矛盾摆在前台了。在经济与政治分离的、脱嵌的社会条件下，波兰尼直截了当地指出，"一旦工业体系崩溃，自由放任和大众政府将不能相互兼容，二者必有一者会消失"[2]。马克思在其关于危机问题的讨论中揭示出了资本主义生产方式本身内在的矛盾以及无产阶级

---

①　Karl Polanyi, *Economy and Society: Selected Writings*, UK: Polity Press, 2018, pp.301—313.

②　[英]加雷斯·戴尔：《卡尔·波兰尼：市场的限度》，焦兵译，中国社会科学出版社2016 年版，第 78 页。

革命的契机和可能性，并在《路易·波拿巴的雾月十八日》中指出了经济危机转变为资本主义民主政治危机的可能性。而在此基础上，波兰尼则进一步看到，在20世纪30年代的大危机以及金本位制崩溃的条件下，这种经济危机和政治危机的破坏性以及其对整个世界（或用波兰尼的话说则是"人类文明"）构成的严峻威胁。在危机条件下若要寻求新的社会整合，则可能会走向保留资本主义而剔除民主的状况，一如德国所采取的策略，而在这样的整合过程中，所谓的社会整体的普遍性以非民主的经济发展和民族主义的形式重新出现，这显然是走向了极致的反动。

从原则上讲，在法西斯主义的反动当中，虽然看似社会整体被保留了，但由于自由的丧失，如此一来，被保留下来的社会整体的利益也便不再能够说明自身与共同体的成员的关系，并因而走向了对自由与社会这两大原则的同时败坏。波兰尼指出，自由主义与法西斯主义"双方之间的首要区别并不是经济上的，而是道德上和信仰上的。即使双方承认相同的经济学说，那也不只是仅有差异，他们实际上体现了相反的原则。将它们区分开来的最终一点仍旧是自由"①。法西斯主义抛弃了自由，它明白"权利和强制是现实的一部分，将它们拒之于社会之外的理想显然是无效的"②。但它不明白，当人类面对自身的有限性时，"仍可重申他的自由并为在社会中实现自由而奋斗，且同时又不致坠入道德虚无主义的陷阱"③。在这里我们还要稍作一个说明：由于波兰尼试图揭示法西斯主义诞生于自由主义的资本主义自身的危机，这仿佛可以构成一种误解，这种误解会认为法西斯主义是自由主义的必然结果——但是波兰尼真正想要说明的并不是自由

---

① ［英］卡尔·波兰尼：《大转型：我们时代的政治与经济起源》，冯钢、刘阳译，浙江人民出版社2007年版，第219页。

② ［英］卡尔·波兰尼：《大转型：我们时代的政治与经济起源》，冯钢、刘阳译，浙江人民出版社2007年版，第219页。

③ ［英］卡尔·波兰尼：《大转型：我们时代的政治与经济起源》，冯钢、刘阳译，浙江人民出版社2007年版，第219页。

主义必然堕落为法西斯主义，而是自由主义阵营内部必然存在通向法西斯主义的现实可能性，这是自由主义永远也甩不掉的可能性，但并非任何一个自由主义的资本主义社会都必然走向法西斯主义。

四、重构普遍性的基础与契机

波兰尼试图将普遍性重新确立在社会主义条件下的社会整体与民主机制中，这构成了社会主义版本的现代复杂社会的构想。在下一章节我们将具体讨论波兰尼对社会主义版本现代复杂社会的论述，而在这里我们暂且接续先前的思路，谈一谈波兰尼在社会中重构普遍性的观点——波兰尼所依托的理论资源在这里主要来自卢梭与马克思。

在马克思这里，波兰尼着重吸收了其对资本主义社会中商品关系的批判。面对着资本主义社会中（或者说以市场为主导的社会中）人的社会关系被商品关系中介的现实，青年马克思用异化概念加以批判，而后马克思进一步将之阐释为商品拜物教的问题；波兰尼强调人的关系就是社会的现实（reality of society），将人作为商品化的劳动力而被做成"虚构商品"的市场社会是将市场和商品关系强加到人与人的关系之上，从而在竞争性的市场中使得人与人之间的关系被疏离和割裂。在波兰尼看来，尽管社会中存在劳动和劳动分工，并且在劳动分工中人与人之间呈现出"区分"或"竞争"之势，但人与人之间的关系（即"社会的现实"）是不可被否认的，哪怕它暂时被市场所笼罩、被商品关系所中介。马克思对资本主义社会关系的批判在波兰尼这里被把握为对"社会的现实"的重新强调——人与人的关系必须是直接的、非遮蔽性的（而非简单的），生产必须被共同体控制。这里的"直接的"并不意味着每个人必须面对面地亲身参与对生产的管控（这在现代复杂社会中是不可能的，或者说只是前现代社会生活中人与人之间简单关系的投射而已），而是意味着与由市场主导的社会相反，波兰尼要求由人（或人的共同体）主导社会生活，劳动分工和社会生产不由盲目的、自发调节的市场控制，而是真实地处在人的掌控之下，从属于社会的现实，从属于人与人的关联，换句话说，这也意味着经济重新嵌入社会之中，重构社会联系——这是重构普遍性的基础。

波兰尼借由马克思对资本主义社会中商品关系的批判重新把握了社会的现实，并进一步要求从直接的社会关系中确立"全局观"（Übersicht或 overview）。全局观意味着人能够直接地把握到自己在社会中的位置，同时能够把握到社会整体的利益和要求。但需要注意的是，波兰尼所讲的全局观并不是一种现实性，而是一种可能性，他并不是要求社会中每一位个体都时时刻刻具有关于自身和社会的知识，而是要求在破除了市场社会的遮蔽性之后，人们能够把握到社会整体的普遍性，能够具有达到全局观的高度的能力。那么接下来的问题是，人们需要什么条件或机制才能够达到全局观的高度？社会的组织与运作如何能够在全局观的高度上进行？在这个问题上，波兰尼返回到卢梭的思想资源来汲取营养。

波兰尼重解了卢梭对社会自由与民主的论述。卢梭强调在社会状态中每一位社会成员都享有自由，但这种自由已然不再是个体在自然状态中的自由，而是一种社会自由。"要寻找出一种结合的形式，使它能以全部共同的力量来卫护和保障每个结合者的人身和财富，并且由于这一结合而使得每一个与全体相联合的个人又只不过是在服从其本人，并且仍然像以往一样地自由。"①在社会自由的条件下，用卢梭的话说，投赞成票的人当然是自由的，而投反对票的人虽然要遵循他反对的法律，但同样也是自由的，其原因就在于他们同处于社会契约当中，而只有在他完全献身于其中的社会之中，他才是自由的。②

波兰尼从卢梭的思想中关注到的关键点并不是社会契约的假想，而是

---

① ［法］卢梭：《社会契约论》，何兆武译，商务印书馆 1963 年版，第 19 页。

② 关于波兰尼对卢梭的论述，详参 Karl Polanyi, *Economy and Society: Selected Writings*, UK: Polity Press, 2018, pp.167—176。

处于社会中的自由个体并不仅仅享有自由主义意义上的个体自由，他们同样处在与社会权力的互动关系当中，自由地在社会中活动着的个体在社会的现实当中不可能不触碰到社会中必不可少的权力。值得注意的是，波兰尼对卢梭的研究并不是试图简单地返回卢梭的政治哲学，而是在经历了马克思对资本主义批判的环节之后重新考察卢梭能带来的启发，换句话说，波兰尼将卢梭请到了关于现代复杂社会的问题域中。因而倘若波兰尼在现代语境下谈论自由社会中的权力，则首先意味着，去除资本主义社会中人对人的统治关系，将人从商品化的状态下解放出来，使人真正作为社会成员而存在，而非仅仅作为商品市场中可供自由买卖的劳动力而存在，在这个前提的基础上，再重新理解社会中的权力——对于波兰尼来说，克服资本关系和异化状态是创造新的自由社会的前提和手段①；其次意味着，对自由主义原则的批判，后者反对一切权力和强制、强调唯一重要的原则是个体自由的原则——"这种哲学宣称权力和强制就是罪恶，自由要求它们从人类共同体中消失。这样的事情是不可能的，这在一个复杂社会中已是显而易见的。没有任何可选择的余地，要么坚持对虚幻的自由理念的绝对忠诚从而拒绝社会的现实，要么接受这个现实从而拒绝自由的理念。"②自由主义在这个意义上无非是陷入了霍布斯意义上的自然状态的陷阱当中了，却并没有意识到社会与自由的结合并非只能彻底放弃掉社会中的一切权力。

　　在卢梭关于社会状态的讨论中，波兰尼继续考察卢梭的"公意"。在卢梭的自由社会中，人民是主权者，而"公意"，对于波兰尼来说，重要的是"选民对问题有了充分的了解，就会发现他们的意志非常接近，进而

---

　　①　Radhika Desai, Kari Polanyi Levitt, eds. *Karl Polanyi and Twenty-first-century Capitalism*, Manchester: Manchester University Press, 2020, p.203.

　　②　[英]卡尔·波兰尼：《大转型：我们时代的政治与经济起源》，冯钢、刘阳译，浙江人民出版社 2007 年版，第 267 页。

可以宣布公意"①。对于波兰尼而言，"公意"有两点重要意义，凝练地表达在这个例子中：公民投票时是作为主权者来投票，哪怕他知道战争可能会摧毁他的身体，他同时也能够明白战争对于共同体而言是好是坏。在这个例子当中，人达到了波兰尼意义上的全局观的高度，这也意味着他达到了共同体的普遍性的高度；更加值得注意的是，达到公意的方式是民主和大众文化②。当然，在明确能够区分政治和经济这双重领域的现代社会，民主机制不再仅仅意味着达成相对模糊的公意，而是进一步意味着使得民主从政治领域中跃出、进入经济领域，甚至意味着在社会主义条件下使得民主成为一种生活方式。在这里，社会整体的普遍性除了在内容上要求一种全局观以外，还在机制上提出了要求，这种机制就是基于不同民族的具体的大众文化的民主。

总的来讲，波兰尼对资本主义市场社会版本的现代复杂社会的批判，以及对双向运动中的"普遍性难题"的考察有怎样的意义？在此我们提出三点总结：第一，就资本主义批判而言，波兰尼在马克思的基础上，发现

---

① Karl Polanyi, *Economy and Society: Selected Writings*, UK: Polity Press, 2018, p.170. 卢梭相关的表述参见［法］卢梭：《社会契约论》，何兆武译，商务印书馆 1963 年版，第 36 页。

② 波兰尼意识到卢梭的另外一个贡献，即在民主的过程中引入不同民族的具体的大众文化，而非对所有民族进行抽象化的处理。波兰尼非常清楚卢梭对大众文化的思考与现代工业社会的现实条件已经有所区别，但他仍然指出："让-雅克·卢梭将自由社会的概念与大众文化的理念不可分割地联系在一起。城邦（the polis）只是部分地解决了自由和平等之间的矛盾，而在任何一个比'我们的城市'（Our Town）更大的共同体中，这一矛盾一定会更加紧要。在英国、美国、法国、俄罗斯，民主意味着不同的生活方式。但使他们都与旧政体（ancien régime）及其贵族观念区分开来的事实是，他们把大众文化的理想视作理所当然。他们特殊的文化的形态与类型远不能引起相互的赞赏。然而从根本上讲，他们的共同点是在他们的生活方式中，对普遍性的假设是近似的。在规范性的抽象领域中，民主致力于实现自身的努力注定会因社会中自由与平等理想的内在对立而受挫。只有在具体的文化载体中，不论这些文化载体的差别有多大，自由与平等才能够并存，并且寻求同时的实现。"参见 Karl Polanyi, *Economy and Society: Selected Writings*, UK: Polity Press, 2018, p.168, pp.175—176。

了资本主义条件下的"双向运动"不是一个长久进行左右摆动的钟摆，这并非一个可以长久维系的状态，"双向运动"中反而内在地蕴含着可能走向危机与反动的危险道路；波兰尼确认了以普遍性问题为线索重构现代复杂社会的必要性，强调了社会主义所必然包含的自由与社会的原则，而这条思路，也恰好接续了黑格尔和马克思对现代世界的思考。第二，就波兰尼考察问题的方式而言，他延续了马克思的激进性：在波兰尼看来，第二次世界大战本身已经意味着以自发调节的自由市场为基础的旧的资本主义世界体系的崩溃和瓦解，同时也意味着对于资本主义所进行的非民主的拯救方案已经破产，在这样一个"大转型"的世界历史当口，波兰尼在理论上探讨了社会主义的原则和构想，这本身就是对延续百年的资本主义体系的彻底颠覆——唯有如此，才能在正确的道路上重新进行社会整合。第三，就波兰尼所思考的问题的现实性而言，虽然二战之后的资本主义改革和福利国家制度似乎说明资本主义仍旧可以延续下去，但 20 世纪 70 年代以来的新自由主义转型以及新自由主义条件下的经济危机、民粹主义的威胁以及全球化条件下国家之间的紧张关系和民族主义的问题仍然提醒我们，波兰尼对自由主义的资本主义的批判，以及他对在现代复杂社会中以社会主义的机制重新落实具体的普遍性的构想，在今天仍旧是值得借鉴和思考的思想资源。

第四节　复杂社会问题中的历史唯物主义方法

在自由主义与法西斯主义这里，所暴露出来的依然是复杂社会的难题，即自由与社会的两大原则究竟如何才能够同时共在？秉持着两大原则的共同体何以构建？波兰尼提供了社会主义的方案，他提供了对自由和社会这两大原则以及两大原则之间关系的重新理解，以及在原则性的问题得到说明之后具体的社会机制该如何落实的详尽说明。但对此加以细致讨论之前，我们要首先谈论一个问题：既然复杂社会的原则是现实性的原则，复杂社会的问题讲述的是现实性原则在特定社会机制中的矛盾、冲突或结合，那么是否可以据此理解波兰尼对自由主义条件下自我调节的市场之具有乌托邦性质的判断？我们要如何理解波兰尼所说的乌托邦，又该如何理解波兰尼对如此这般的乌托邦的批判方法？

一、市场社会的乌托邦

波兰尼将自由主义所理解的自我调节的市场界定为乌托邦。在《大转型》第一章他便写道："我们的主题是：这种自我调节的市场的理念，是彻头彻尾的乌托邦。除非消灭社会中的人和自然物质，否则这样一种制度就不能存在于任何时期；它会摧毁人类并将其环境变成一片荒野。而不可避免地，社会将采取措施保护它自己，但是无论采取什么措施，都会损害到市场的自我调节，打乱工业生活，从而以另一种方式危害社会。正是这一两难境地，迫使市场体系的发展进入一个特定的瓶颈，并且最终使得以它为基础的社会组织陷入混乱。"[①] 在此有两个重要问题需要考察：第一，为什么自我调节的市场的理念是乌托邦？（以及为什么诞生自由主义自身的危机的法西斯主义同样也是乌托邦？）第二，为什么要批判乌托邦、对乌托邦的批判能为我们带来怎样的启发？

对第一大问题的回答仍旧要回到"复杂社会"。可以想见，波兰尼讲述"复杂社会"，并不只是在描述现代社会复杂性的现实条件下双重原则的关系和冲突，而是同时在更高的一个层次上发问。在更高一个层次上被问出来的问题是：思想如何把握现实？具体来讲，倘若现实的复杂社会是双重原则的，那么思想如何才能把握住这双重原则？究竟是自由规定社会，还是社会规定自由，抑或是自由与社会的同时共在？经由对现实的把

[①] ［英］卡尔·波兰尼：《大转型：我们时代的政治与经济起源》，冯钢、刘阳译，浙江人民出版社 2007 年版，第 3—4 页。

握，不同的思想提供了不同的社会机制，但思想对现实的把握水平决定了从中诞生的社会机制能否自我维系。经此一问，波兰尼问出了乌托邦式的思想的"不充分性"。波兰尼并不直接宣称自由主义对自由的理解是"错误的"，而是认为其是"不充分的"，是需要其在与社会整体的关系中被补充的。

因此"乌托邦"在波兰尼这里意味着对现实原则的不充分的、抽象的把握，对单一原则的抽象把握所落实下来的对社会机制的想象就是一种乌托邦。在《大转型》第一章中，波兰尼强调自己对19世纪文明批判的方法是一种制度批判的方法，其原因是"19世纪文明之所以独特，恰恰在于它是以一个明确的制度机制为核心的"①，但波兰尼从未声称自己停留于对制度的批判，反而是由此进入了对制度背后的原则的批判。乌托邦意味着原则的不充分性和抽象性，因此波兰尼通过将自由主义的自我调节的市场界定为乌托邦，是要强调这样的制度是对复杂社会的现实原则的不充分的把握。在一个脱嵌的市场社会中，从制度上讲，社会被分裂为政治和经济的领域，而政治则从属于自我调节的市场经济的掌握；从原则上讲，社会整体从属于不受国家力量干涉的、落实在自我调节的市场机制中的个体自由；而如此这般的原则和制度落在看似自由的人身上则具体化为矛盾和错乱的状态：

> 如果个体并没有内在地参与到客观的社会权力中，他就能说这是一种完全乌托邦式的、超社会（extra-social）的地位。只要公民在一个解体过程中的法团社会（corporative society）中被理解为孤立的、外在的元素，他就能相信这种超社会的存在是真实的。但是资产阶级

---

① ［英］卡尔·波兰尼：《大转型：我们时代的政治与经济起源》，冯钢、刘阳译，浙江人民出版社2007年版，第4页。值得一提的是，《大转型》第一章谈到的"制度机制"指的是19世纪文明的四大制度：势力均衡体系、国际金本位体制、自我调节的市场、自由主义国家，其中自我调节的市场是基础。

社会同样并没有消除其成员的形式性的超社会的存在。相反，资产阶级社会确认了它：狭义的"资产阶级社会"（bourgeois society）并不是其公民（citizens）的社会，而是一个简单的现实，其仅仅被理解为与国家相对立而存在。社会的存在（并不是外部的法团社会的存在，而是个体自身的资产阶级社会的存在以及个体在社会中的角色）——这是乌托邦式的个体的超社会的方面与自身相冲突之处。[①]

在自由主义的乌托邦的理解当中，资产阶级社会允许个体追求极致的个体自由，而个体自由仿佛超越于共同体之上，对个体来说，在资产阶级社会中追求个体自由和特殊性利益的他仿佛是与他身处于其中的共同体是相分离的。"每一个正派的个体都可以设想，他不必为他个人所反对的国家的任何强制行为负责；也不必为他个人并未从中获益的社会的经济灾难负责。他'自食其力'，'不欠任何人'，也没有被牵扯进权力和经济价值的罪恶中去。他对此之不负责任到了如此地步，以至于他以他自由的名义否认了所有这些罪恶的实际存在。"[②] 但问题在于这种不顾共同体的无限度的个体自由（即上述"超社会"的生存状态）本身就标示着自由与社会（即作为整体的社会，而非狭义上的资产阶级社会）的矛盾，在人身上就表现出人之对社会整体"既从属又试图超越于其上"的矛盾关系。自由主义的乌托邦性在于其只把握住了作为第一原则的个体自由，而把社会整体作为从属性的，这种对社会的忽略是对整全画面的抽象理解，它没有理解社会整体对个体自由的规定，由此使得如此条件下的个体自由是不充分的、自由主义对复杂社会的原则的理解也是不充分的。与之相对，法西斯主义同样也是一种如此意义上的乌托邦，只不过它否定的不是社会，而是

---

① Karl Polanyi, *Economy and Society: Selected Writings*, UK: Polity Press, 2018, p.21.

② ［英］卡尔·波兰尼：《大转型：我们时代的政治与经济起源》，冯钢、刘阳译，浙江人民出版社 2007 年版，第 218 页。

自由。①

二、历史唯物主义对"经济决定论"的反对

波兰尼在《新西方论》(*For a new west*) 中强调，自由主义关于自我调节的市场的乌托邦同样也可以被称作"经济决定论"的乌托邦。如此这般的经济决定论有两个确信（convictions）：其一是经济要素对现实世界的首要角色，其二是经济要素对人类一般历史的决定性作用。② 第一点比较容易说明，就经济要素对现实世界的关系来说，在脱嵌的自由主义市场社会中，市场对经济的规定、经济对社会的规定，本身就是经济决定论的明显特征。但重要的是第二点，似乎波兰尼的观点与马克思的历史唯物主义关于经济

---

① "放弃了市场经济的乌托邦，我们就得直面社会的现实。这是作为一方的自由主义与作为另一方的法西斯主义之间的分界线。双方之间的首要区别并不是经济上的，而是道德上和信仰上的。即使双方承认相同的经济学说，那也不只是仅有差异，他们实际上体现了相反的原则。法西斯主义对社会现实的接受带着一种终极目的论，这种终极目的论曾经用关于死亡的知识来塑造人类的意识。权力和强制是现实的一部分，将它们拒之于社会之外的理想显然是无效的。使法西斯主义与社会主义相互区别的问题是，在这种关于死亡的知识的烛照下，自由的理念还是否可以被坚持：自由是一句空话、一个诱惑、一个用来毁灭人类及其作品的设计；或者，人类在面临这种知识时，仍可重申他的自由并为在社会中实现自由而奋斗，且同时又不坠入道德虚无主义的陷阱?"（参见［英］卡尔·波兰尼:《大转型：我们时代的政治与经济起源》，冯钢、刘阳译，浙江人民出版社 2007 年版，第 219 页。）在这里，波兰尼强调，自由主义关于市场经济的乌托邦只强调自发调节的市场之中的个体自由，而法西斯主义放弃了这种自由，并且在承认人的有限性（即"关于死亡的知识"）的同时承认了必然包含着权力和强制的社会的现实，换言之，从原则性的层面上，自由主义与法西斯主义刚好完全相反，而超越两者的社会主义则强调对自由与社会双重原则的同时实现，社会主义所坚守的自由并非自由主义意义上的非道德的个体自由，所承认的社会是包含了人与人之间不可避免的相互关系（即权力，简言之，在社会主义条件下权力已不再是人对人的统治与倾轧，而是在自由的关系中人与人相互的影响与作用）的同时又致力于实现社会自由的社会。在这个意义上，自由主义与法西斯主义都堕入了乌托邦的陷阱，而社会主义实现了对两者的彻底批判与彻底超越。

② Karl Polanyi, *For a New West: Essays, 1919—1958*, UK: Polity Press, 2014, p.34.

基础与上层建筑关系的判断有所区别——对此，本书的观点是，波兰尼的观点与马克思的观点高度一致。波兰尼实际上所要强调的是，经济决定论的错误并不在于对经济在社会中的作用的高度关注，而是在于其误以为经济具有内在的和永恒的特质（immanent and timeless quality），以至于没有正确地分析经济对社会的作用的限度是怎样的，换句话说，自由主义的经济决定论忘记了经济嵌入社会的状态，并且在脱嵌的道路上越走越远，而这种错误本身就是一种诞生自资本主义市场社会的政治经济学的意识形态。

那么抛开经济决定论，经济与社会的关系究竟是怎样的呢？正如马克思在《〈政治经济学批判〉序言》中清楚明白地写道：

> 人们在自己生活的社会生产中发生一定的、必然的、不以他们的意志为转移的关系，即同他们的物质生产力的一定发展阶段相适合的生产关系。这些生产关系的总和构成社会的经济结构，即有法律的和政治的上层建筑竖立其上并有一定的社会意识形式与之相适应的现实基础。物质生活的生产方式制约着整个社会生活、政治生活和精神生活的过程。不是人们的意识决定人们的存在，相反，是人们的社会存在决定人们的意识。①

波兰尼所反对的"经济要素对人类一般历史的决定性作用"，指的是仅仅透过作为意识形态的自由主义政治经济学来解释人类的全部历史，这被反对的反倒是"意识决定了存在"的错误观点；而这种意识形态本身就竖立于以脱嵌的经济和市场为优先的、规定性的要素的市场社会之上。在这个意义上，波兰尼对经济决定论的批判本身就是一种马克思式的批判与考察方式，本身就是历史唯物主义的批判与考察方法。

既已揭示出自由主义和法西斯主义经济决定论的乌托邦性质，接下来

---

① 《马克思恩格斯选集》第2卷，人民出版社2012年版，第2页。

我们要谈的问题是，这种关于复杂社会与乌托邦的历史唯物主义的考察，能带来怎样的进一步的启示？我们仍旧要从马克思的《〈政治经济学批判〉序言》谈起，在前一段引文之后，马克思继续写道：

> 社会的物质生产力发展到一定阶段，便同它们一直在其中运动的现存生产关系或财产关系（这只是生产关系的法律用语）发生矛盾。于是这些关系便由生产力的发展形式变成生产力的桎梏。那时社会革命的时代就到来了。随着经济基础的变更，全部庞大的上层建筑也或慢或快地发生变革。①

无论是马克思对资产阶级社会中的斗争与冲突的指认和说明，还是波兰尼对资本主义市场社会中的"双向运动"的讨论，他们无疑都发现了伴随着资本主义的发展，经济与社会关系内部呈现出矛盾与冲突的状况。波兰尼与马克思当然没有停留于对矛盾与冲突的现象描述，他们共同试图揭示资本主义社会的历史性前提、其现实矛盾与发展限度。在这里我们要进一步讨论的问题是，波兰尼和马克思是如何从现实的冲突中考察意识形态以及冲突背后的现实性的原则？这也正是波兰尼经由对复杂社会原则的阐释和对乌托邦的批判所提供的启示。

从反面来讲，如果不能"发现社会"②或认真对待正浮现在人们眼前

---

① 《马克思恩格斯选集》第 2 卷，人民出版社 2012 年版，第 2—3 页。

② "发现社会"一语来自《大转型》第十章的标题，波兰尼意在强调，以汤森、李嘉图、马尔萨斯为代表的政治经济学家采取了取消社会保护、否认社会的方式来构建关于自由主义市场社会的政治经济学，而与之相反，欧文认真对待了社会的现实，批判了个体化思想原则所带来的影响，波兰尼赞赏了欧文对社会的真实性的强调以及欧文关于人们最终必须从属于社会的观点，尽管欧文的社会思想尚不完备，但波兰尼高度认可欧文的社会思想"就是基于对人类意识的改革，这种改革将通过对社会实在的意识而实现。"（参见［英］卡尔·波兰尼：《大转型：我们时代的政治与经济起源》，冯钢、刘阳译，浙江人民出版社2007 年版，第 110 页。）

的社会，就会导向一种以唯心主义的方式解决现实问题的状况。让我们再次回到波兰尼格外看重的斯品汉姆兰时期，会发现以汤森、李嘉图、马尔萨斯为代表的新的政治经济学虽然注意到了市场社会中以市场为中介的人与人之间的关联，但其对待社会的方法终究是错误的，因为在这种政治经济学看来，"（社会中）那些看起来要取消我们自由的顽固事实和无情法则必须以这样或那样的方式与自由相调和"①——这里所说的自由只是自由主义政治经济学家认之为首要法则的个体自由原则。使得市场社会得以诞生的政治经济学的方法论错误在于，它试图通过单一的个体自由原则来推出简单的社会机制，即自发调节的市场机制及其背后用于保障市场的自发调节不受阻碍的自由主义国家，其中，劳动力、土地和货币都被简单地认作"虚构商品"并被直接地投入自发调节的市场当中。无论是汤森所讲的受制于自然法则的自由，抑或是之后20世纪新自由主义所讲的非社会的个体自由，都是只把握住了个体的自由，却将如此这般的个体剥离了社会性。他们只关心为个体赋予自由，并由此使得资本主义的市场经济能够合理化地运行，但他们却以为市场所必然遭遇到的、由自由个体所构成的社会关系（即"社会的现实"）可以被良好运行的市场机制所统辖。用通俗的话来说，自由主义认为如果市场遭遇到了难以解决的社会的问题，就干脆直接去相信市场能够解决社会的问题。这种唯心主义的看待历史、看待现实社会中的矛盾与问题的态度与方法，并不能够深入矛盾当中并给出解决矛盾的路径。

但从正面来讲，关键的问题在于，究竟如何面对现实，或更加具体地来讲，究竟怎样才是解决斯品汉姆兰时期（甚至是任何一个包含着矛盾和问题的历史时期）的问题的历史唯物主义的道路？在历史当中，人类的有限性在于，人可能在特定的时间中、在特定的理智能力中，无法完全把握

①　［英］卡尔·波兰尼：《大转型：我们时代的政治与经济起源》，冯钢、刘阳译，浙江人民出版社2007年版，第73页。

全部的现实与原则，但是即便如此，人应当从历史所提供的矛盾和冲突中审视既定的现实与原则，现实中的矛盾从来都不是凭空而来的，矛盾和冲突从来都是走向下一个环节的契机。我们来到波兰尼的视域，在双向运动的矛盾和冲突中，自由主义与波兰尼都反对直接从以个体自由为第一原则的市场社会转向对自由的反对和对社会权力的崇拜，即转向法西斯主义的方案；但自由主义只是提出了对个体自由的直接坚持、对法西斯主义式的社会权力的直接反对。而波兰尼则在此基础上多问了一个问题：被反对的法西斯主义究竟何以出现，它是否又是自由主义市场社会的内在危机的可能性结果？波兰尼确认了作为整体的社会的现实，也便因此确认了现代复杂社会绝非仅仅依凭着单一的个体自由原则就能够良序运行、持续存在，同时也确认了现代复杂社会内部的双重原则之间是相互遭遇、相互规定的关系，并且这一点不能以唯心主义的方式加以否定。借用马克思在《〈黑格尔法哲学批判〉导言》中批判德国的实践政治派的话："该派以为，只要背对着哲学，并且扭过头去对哲学嘟囔几句陈腐的气话，对哲学的否定就实现了。"[1] 那么，自由主义以为，在现代复杂社会中，只要背对着社会的现实，并且扭过头去对社会的现实嘟囔几句陈腐的气话，对社会的现实的否定就实现了——殊不知不进入社会之中，不正视社会的现实，又何谈自由的原则及其现实机制呢？

如此看来，当波兰尼在谈论复杂社会与乌托邦的时候，其所凭借的方法是马克思式的，这便是从现实的社会关系中的矛盾入手，发现作为思想和制度的上层建筑的局限性，并进而发现规定着现实社会的最终根据和原则，从现实的原则的高度把握现实社会的现状与变迁的可能性，如此才能够谈矛盾和矛盾的扬弃——这在最根本的意义上，是清晰可辨的历史唯物主义的方法。而波兰尼对自由主义之执拗于自我调节的市场的乌托邦的批判，对那些固执地以为现代社会只需遵从一个至高原则便可以安放自由与

---

① 《马克思恩格斯全集》第 3 卷，人民出版社 2002 年版，第 206 页。

社会的关系的思想的批判，对那些不去正视复杂社会的双重原则之间相互规定的关系的思想的批判，在思想气质上完全可以借用马克思使用过的一段话来形容："这里必须根绝一切犹豫；这里任何怯懦都无济于事。"①

波兰尼对复杂社会内的双重原则的把握，构成了对自由主义的扬弃式的处理。在波兰尼看来，自由主义对个体自由的理解之所以是"不充分的"，并不是简单地意味着在复杂社会中自由应当受制于社会权力，这是因为这种对自由施加简单的限制的观点会导致自由之被简单地否定——"在一个复杂社会里，如果规制是扩大和加强自由的唯一手段，而这个手段的使用又是与自由本身相对立的，那么这样一个社会就不可能是自由的。"②在波兰尼这里，使得自由变得"充分"且"具体"，是要重建一种社会自由，是要使得个体自由与社会这两大原则在社会机制的支撑下能够建立起相互之间的关联并同时得到保存。

在《大转型》的结尾，波兰尼提到了三项构成了现代社会中的人的意识的基本事实：关于死亡的知识、关于自由的知识、关于社会的知识。对自由的简单的、抽象的、不充分的理解造成了自由主义所引发的矛盾和危机，而社会的现实已然出现在人们面前，"权力和经济价值是社会实在的一个范式。它们并非源于人类意愿，不与它们合作是不可能的。权力的功能是使某种程度的遵从得到保证，这种遵从对群体的生存是必需的"③。而会死亡的人、受制于有限性的人，倘若要寻求生存，就必须在群体当中构建使得自身能够生存下去的机制，而当自由与社会的原则已经出现，作为否定现代社会复杂性、否定复杂社会的双重原则的反面教训的自由主义和

---

① 《马克思恩格斯选集》第 2 卷，人民出版社 2012 年版，第 5 页。本段来自但丁《神曲·地狱篇》第 3 部第 14—15 行。

② ［英］卡尔·波兰尼：《大转型：我们时代的政治与经济起源》，冯钢、刘阳译，浙江人民出版社 2007 年版，第 218 页。

③ ［英］卡尔·波兰尼：《大转型：我们时代的政治与经济起源》，冯钢、刘阳译，浙江人民出版社 2007 年版，第 218—219 页。

法西斯主义已然展现出矛盾、危机和灾难。怎样的社会机制才是人类生存所需要的、能够同时安放已然出现的现代复杂社会的双重原则，并且在作为主体的社会成员这里同时能够得到认同，这是波兰尼所问的根本问题，也是他所呼唤的"大转型"的理想目标。波兰尼的答案是社会主义，在下一章当中，我们将解析波兰尼对社会主义条件下的自由与社会这双重原则的理解，以及波兰尼试图构建怎样的机制使得社会主义能够包容现代社会的复杂原则，同时我们还想要说明的是，在波兰尼对社会主义版本的现代复杂社会的阐释中，他与马克思一样守住了原则与现实机制之间的密切关联，在这个意义上，波兰尼避免了可能带有唯心主义色彩的空想，包含了马克思主义的思想特质，这种特质既是历史唯物主义的，又隐含了一种辩证法。

第四章 "大转型"视域下的复杂社会理想

　　自我调节的市场在双向运动中与社会的自我保护运动的遭遇，是自由主义难以回避的矛盾，而此矛盾的背后则是自由与社会原则的冲突，这是我们前一章节所主要说明的内容。之所以波兰尼参与了 20 世纪初关于社会主义经济核算的辩论（socialist calculation debate），其目的并不只是在理论上说明以米塞斯为代表的自由主义经济学的问题，更是要说明在辩论中被揭示出来的具有高度复杂性的现代社会，在社会主义的机制当中能够解决自由与社会双重原则的冲突。

　　在本章中，我们关注的是波兰尼所处的"大转型"的时代为他提出的时代难题，以及在特定的时代背景和思想交锋之中波兰尼如何理解社会主义之对自由与社会双重原则加以安放。在此基础上，我们试图从波兰尼的社会主义版本的复杂社会的构想中抽取出他并未言明的辩证法的痕迹，正是因为波兰尼的思想中隐含着辩证法，于是他的双重原则可以在共同体当中互相地关联起来，实现双重原则之间、主客体之间、历史与现实之间的互动。

第一节　何谓"大转型"视域

　　我们对社会主义版本的复杂社会的考察，在文本上主要是基于波兰

尼在《大转型》和《论自由》中的论述。而这两部分别发表于 1944 年和
1927 年的作品除了在理论上回答了社会主义为何是"复杂社会问题"的
答案，还标示出一个特定的时代背景，即 20 世纪初社会转型的时代背景，
这同时也是标示出波兰尼社会主义理论的特殊视角和特殊贡献的背景，这
是波兰尼意义上的"大转型"的时代背景。

一、"大转型"指的是什么

关于《大转型》一书的标题究竟指的是什么，波兰尼本人并没有给予
概念定义一般清晰的界定，也就因此在读者中产生了一些争论。

一种观点认为，"大转型"（the great transformation）指的是 19 世纪初
由前工业化、前市场经济时代向资本主义市场社会的转型。约瑟夫·斯蒂
格利茨（Joseph E. Stiglitz）在《大转型》的前言中写道："这本书（指《大
转型》——作者注）描述了欧洲文明从前工业世界到工业化时代的大转变
（the great transformation），以及伴随这个过程而发生的观念、意识形态、
社会和经济政策上的转换。由于欧洲文明的这个转变（transformation）可
以类比于今日世界各地发展中国家所面临的转型，所以，波兰尼常让人们
感觉到，他是在直接针对当下问题发言。"① 弗雷德·布洛克在《大转型》
的导言中写道："波兰尼追溯了导致第一次世界大战的和平崩溃的根源，
并且表明，导致大萧条的经济崩溃乃是以市场自由主义为基础组织全球经
济这种企图的直接后果。第二次'大转变'——法西斯主义的兴起——
是第一次'大转变'——市场自由主义——的一个后果。"② 在波兰尼并未
在《大转型》一书中明确强调"大转型"的精确含义的条件下，斯蒂格利

---

① ［英］卡尔·波兰尼：《大转型：我们时代的政治与经济起源》，冯钢、刘阳译，浙
江人民出版社 2007 年版，第 1 页。值得注意的是，引文中的"大转变"在英文版中即为
"the great transformation"，正是指本书的书名"大转型"。本篇前言写作于 2001 年。

② ［英］卡尔·波兰尼：《大转型：我们时代的政治与经济起源》，冯钢、刘阳译，浙江
人民出版社 2007 年版，第 14 页。

茨和布洛克对"大转型"一词的使用获得了一定的自由发挥空间。《大转型》一书的副标题为"我们时代的政治与经济起源"似乎也在暗示"大转型"一词指的便是19世纪向自由主义市场社会的转型。与之相应，王绍光在介绍《大转型》一书时写道："18世纪末的那场从被管制的市场向自我调节的市场的转变，代表着社会结构的一次彻底变革，是大转型的一部分。"①

诚然，在解析欧洲的市场社会何以诞生的意义上使用"大转型"一词，表达了对这场社会变革的剧烈性和重要性的关注。然而，加雷斯·戴尔认为这并不是波兰尼使用"大转型"一词的本意。在他看来："对于波兰尼来说，'大转型'指的是肇始于1914年并贯穿他一生的社会政治生活的戏剧性变化。波兰尼基于经济与政治的制度化分离而作出预测：自由主义体系在最鼎盛时期曾经引领了经济增长，维持了国际稳定；但随着世界大战的爆发，'19世纪的文明崩溃了'，这标志着一个通向'一体化社会'（integrated societies）新秩序的'转型时代'。"②在戴尔的解读中，波兰尼采用"大转型"作为作品的标题，是想要说明20世纪初这样一个风云际会的转型时代何以诞生，促成20世纪初期这样一个帝国主义战争蠢蠢欲动、自我调节的市场机制风雨飘摇、法西斯主义逐步抬头、社会主义正在兴起的时代是如何从19世纪文明的崩溃之中形成的。在这个意义上，波兰尼考察19世纪市场社会形成的转型是为了说明20世纪初的大转型时代何以可能，前一个转型的重要性不言而喻，但波兰尼的核心论题是对他所处的当下时期的大转型加以解释。在这个意义上，戴尔对"大转型"的理解也使得《大转型》一书的副标题"我们时代的政治与经济起源"能够得到解释，正是通过探寻当下大转型的政治与经济起源，才能够对"大转型"加

---

① 王绍光：《波兰尼〈大转型〉与中国的大转型》，生活·读书·新知三联书店2012年版，第33页。

② ［英］加雷斯·戴尔：《卡尔·波兰尼：市场的限度》，焦兵译，中国社会科学出版社2016年版，第58页。

以说明，而这也是《大转型》前两章专门讨论 20 世纪初的危机、19 世纪文明解体的原因所在——这也是波兰尼试图打破 20 世纪初"哈姆雷特式的犹豫"的体现。由戴尔的观点来看，若斯蒂格利茨等人用"大转型"来指涉 19 世纪初的市场社会转型，则只是把"大转型"作为一个一般名词来理解了。

我们能够从波兰尼的其他作品中寻找到相应的说明，来支持戴尔对"大转型"的解释。波兰尼在哥伦比亚大学的演讲中谈道："在一战后的欧洲，经济和政治的分离发展成为一种灾难性的内部状况。工业巨头们破坏了民主机构的权威，而民主议会则不断干预市场机制的运作。社会的经济和政治机构的突然瘫痪成为可能。重新整合社会的需要是显而易见的。"[①]这既是法西斯主义趁虚而入的时机，同时也是摒弃自由主义乌托邦的时机，更是追求社会主义理想、建立社会主义现实机制的时机，波兰尼称之为"当下的转型时代"[②]，这正是波兰尼所关注的"大转型"。

二、"大转型"视域的意义

为何我们要特别强调"大转型"一词的意义呢？为何不能仅仅将波兰尼笔下的"大转型"一词理解为一个一般性的词汇呢？这是因为，通过讲述"大转型"，波兰尼提供了他的核心问题意识：在探问大转型时代的政治与经济起源的基础上，来思考大转型时代究竟将走向何方。从波兰尼的问题意识和现实背景当中，可以识别出一种"大转型"视域，所谓"大转型"视域以波兰尼对自由主义市场社会和法西斯主义的同时批判为基础，进一步展望着社会主义的转型。强调"大转型"视域具有两大意义。

[①] Karl Polanyi, *For a New West: Essays, 1919—1958*, UK: Polity Press, 2014, p.218.

[②] "当下时代的社会转型"为波兰尼在哥伦比亚大学的系列课程的题目（Five Lectures on the Present Age of Transformation），Karl Polanyi Digital Archive 提供了波兰尼的打字稿以供核对考证。参见 Karl Polanyi, *For a New West: Essays, 1919—1958*, UK: Polity Press, 2014, p.214。

第一，"大转型"视域提示我们注意资本主义的新变化，以及在资本主义的新的变化的条件下的思想交锋，这标示了波兰尼所处时代的特征和他的思考背景。如果说波兰尼的市场社会批判接续了自马克思以来的资本主义批判思想，那么我们必须进一步注意到的是，马克思与波兰尼面临着不同的资本主义发展状态。马克思看到的是工业资本主义的兴起以及资本主义生产方式内部的剥削关系、剩余价值生产、阶级分化与社会权力的产生。马克思充分意识到了资本主义由自由竞争走向垄断的趋势，而波兰尼面对着的恰好是资本主义的发展已然行至垄断的时期。列宁用"帝国主义"来概括这一阶段[①]，他强调，资本主义的生产越来越集中，自由竞争转化为垄断，银行和工业日益结合在一起，由此带来的是金融资本的统治和资本的输出，并进一步产生帝国主义在经济和领土上对世界的瓜分以及帝国主义之间的矛盾。面对着 20 世纪初帝国主义的垄断与战争，以及社会主义国家的建立，以米塞斯为代表的自由主义者再度强调对垄断的限制、对自由竞争的维护，通过坚守和维护市场的自我调节来维系经济与社会的发展。波兰尼面对着社会制度的转型期以及思想的交锋，特别强调资本主义的新变化所提示的并不是"要回到自由竞争和自我调节的市场"，而恰恰是自我调节的市场本身蕴含着自我否定的趋势，它既无法守护住社会成员的自由，也无法守护由社会成员共同结合而成的社会整体的普遍性诉求。波兰尼肯定了马克思、恩格斯和列宁所提供的资本主义批判思想资源，并在此基础上进一步强调，20 世纪初资本主义的新变化和新危机只有通过转向社会主义的方式才能得到彻底的解决。

第二，"大转型"视域标示着波兰尼试图求解的时代难题：社会主义何以可能？社会主义何以是现代复杂社会的理想图景？波兰尼在其所面对的特定的转型时代中，再一次重访马克思和恩格斯所提示出的资本主义批判的思想资源，并且根据其所面对的自由主义的新的理论对手，重新讲述

[①] 《列宁选集》第 2 卷，人民出版社 2012 年版，第 575—688 页。

了社会主义所理解的自由与社会的原则。波兰尼试图在"大转型"的视域下回答究竟该如何重新把握"逐渐浮现的社会",究竟该如何理解复杂社会之中的自由(即波兰尼意义上的"社会自由")[①],以及怎样的社会主义制度能够实现在复杂的现代社会条件下对自由与社会的双重原则的守护。波兰尼写道:"关于人类生活的真理宣告了其自身,即承认在我们今天的社会中,人处在自我异化的状态之中,社会主义的转型是在一个复杂社会中重获人的生活的唯一方式。"[②]接下来,我们将具体解析波兰尼所讲的复杂社会中的朝向社会主义的"大转型"。

第二节　社会关系的"对象化"问题

当波兰尼强调复杂社会内部的社会原则时,就最简单明了的意义上,他所强调的是共同体内部人与人之间的关系意味着人们已经构成了一个作为整体的社会,人并不生活在共同体外部,而是活在社会整体当中。而作为"社会的现实"的、人生活于其中的社会整体是怎样的呢?人是如何生活于其中的呢?这一问题在批判性的层面上关联着波兰尼对将人视作虚构商品的、发生着双向运动的资本主义市场社会的批判,而在积极性的层面上又关联着对社会主义版本的复杂社会的论说。在这两个层面之间,如果

---

① 波兰尼在《论自由》中使用的概念是"社会自由"(social freedom),而《大转型》中谈的则是"复杂社会里的自由"(freedom in a complex society),这是同一个问题。米凯莱·坎贾尼与克劳斯·托马斯贝格尔在 Economy and Society 一书的导论中介绍《论自由》时指出:"在《论自由》中,在复杂的技术文明的条件下,如何追求社会自由和个人责任的问题,是'全局观问题'的核心,也是'复杂社会中的自由的问题'的核心(正如波兰尼在 20 世纪四五十年代所讲的)。"参见 Karl Polanyi, *Economy and Society: Selected Writings*, UK: Polity Press, 2018, p.6。

② Karl Polanyi, *For a New West: Essays, 1919—1958*, UK: Polity Press, 2014, p.84.

波兰尼要正面地讲述社会主义版本的复杂社会，那么要如何定位和解决前一层面中发生在社会之中的问题。

一、"对象化"问题初现

就问题的基本框架而言，诚如前一章节所述，波兰尼试图说明何以使得复杂社会内部的个体自由与社会的双重原则能够同时得到安放、解决自由主义市场社会中所不可避免的危机与矛盾。波兰尼强调自由主义所理解的个体自由在复杂社会的双向运动中遭遇到了社会的自我保护，但与此同时这也意味着社会遇到了市场化的侵袭。这意味着当人在社会的现实（reality of society）当中展开社会关系的时候，总是落实在具体的社会机制当中；在资本主义条件下，在经济领域中社会关系落实为市场机制、价格体系和资本，在政治领域中社会关系落实为抽象的民主机制和政治权力。这表明，人与人之间的社会关系成了可被识别的对象，这是波兰尼在《论自由》当中说明的"对象化"（objectification）问题。在自由主义的市场社会中，对象化的社会关系既中介了个体与社会整体的关联，又在社会的各个领域之中产生着对抗和矛盾。因而社会主义的复杂社会所要解决的恰恰是社会关系的对象化的矛盾，以及人对对象化的社会关系的把握。用波兰尼的话说："社会主义者认识到国家是什么，是人与人之间的社会关系……类似的事情也发生在交换经济中的对象化'价值'上。"① 社会主义版本的复杂社会的任务因而就在于通过对对象化的社会关系的把握，重塑能够实现社会成员的自由与社会整体的要求的社会机制。

于是，"对象化"的问题便又回到了关于社会主义经济核算的辩论。若以对象化问题为视角，便可看到，在波兰尼看来，以米塞斯为代表的自由主义者的问题在于，为了避免对象化的社会权力对社会的支配，于是就陷入了对象化的市场与商品关系对社会的支配当中，然而，自由主义所追

---

① Karl Polanyi, *Economy and Society: Selected Writings*, UK: Polity Press, 2018, p.24.

求的自我调节的市场所实现的无非是对象化的社会关系对人的统治。波兰尼批判道："像被蒙蔽的奴隶一样，我们从市场价格中感受到我们的命运，这些到头来不过是从我们自身中异化的我们意识的部分。"① 但需要注意的是，波兰尼对对象化问题的说明并不是要拒绝对象化的社会关系——他深知对象化的社会关系是社会中的必然要素，而是要拒绝对象化的社会关系成为马克思意义上的异化的关系——诞生自社会中却反过头来实现人对人的统治与剥削关系。

波兰尼的"对象化"问题由此便追溯到了马克思对对象化、异化问题的讨论。我们首先来看一看马克思在《1844 年经济学哲学手稿》中所讨论的"对象化"的问题。马克思写道：

> 人的感觉、感觉的人性，都是由于它的对象的存在，由于人化的自然界，才产生出来的。
>
> 五官感觉的形成是迄今为止全部世界历史的产物。囿于粗陋的实际需要的感觉，也只具有有限的意义。//对于一个挨饿的人来说并不存在人的食物形式，而只有作为食物的抽象存在；食物同样也可能具有最粗糙的形式，而且不能说，这种进食活动与动物的进食活动有什么不同。忧心忡忡的、贫穷的人对最美丽的景色都没有什么感觉；经营矿物的商人只看到矿物的商业价值，而看不到矿物的美和独特性；他没有矿物学的感觉。因此，一方面为了使人的感觉成为人的，另一方面为了创造同人的本质和自然界的本质的全部丰富性相适应的人的感觉，无论从理论方面还是从实践方面来说，人的本质的对象化都是必要的。②

---

① Karl Polanyi, *Economy and Society: Selected Writings*, UK: Polity Press, 2018, p.24.

② 《马克思恩格斯全集》第 3 卷，人民出版社 2002 年版，第 305—306 页。

马克思将讨论深入私有财产与异化劳动的问题中。在私有制条件下的异化劳动当中，对象化变成了异化，劳动变成了异化劳动，于是对异化劳动和私有财产的扬弃就被表述成对对象的全面占有。但是，"只有当对象对人来说成为人的对象或者说成为对象性的人的时候，人才不致在自己的对象中丧失自身。只有当对象对人来说成为社会的对象，人本身对自己来说成为社会的存在物，而社会在这个对象中对人来说成为本质的时候，这种情况才是可能的"①。在这部伟大思想发端萌芽的著作中，马克思已经明确把握到了人的对象与人的分离和异化的关系。而在《资本论》中，马克思进一步从拜物教批判的角度重新讨论了对象化的问题。马克思强调，在商品拜物教条件下，人的劳动的社会性被赋予了物的形式，"商品形式在人们面前把人们本身劳动的社会性质反映成劳动产品本身的物的性质，反映成这些物的天然的社会属性，从而把生产者同总劳动的社会关系反映成存在于生产者之外的物与物之间的社会关系"②。

与马克思略有不同的是，波兰尼同时特别关注到了政治领域当中的社会关系的对象化。即便在马克思对资本主义国家的批判中这一点是不言自明的③，但波兰尼对此的关注有着自身的理论旨趣，他不只是想要说明资本主义市场社会的双向运动中市场与民主的矛盾，也不只是想要说明资本主义国家对人的否定，而是想要进一步说明，在现代复杂社会的条件下，如果人们已经无法返回简单的社会关系，如果对于结成社会的人们来说政治领域的对象化是不可避免的，那么社会主义如何理解作为对象化产物的权力？如何使得权力能够既关联着社会成员的自由，又关联着社会整体的要求？波兰尼对此的思考表现在这一段引文中，他举法律的例子说

---

① 《马克思恩格斯全集》第3卷，人民出版社2002年版，第304页。

② 《资本论》第1卷，人民出版社2018年版，第89页。

③ "现代的国家政权不过是管理整个资产阶级的共同事务的委员会罢了。"是对资本主义社会政治领域中社会关系的对象化的精妙表达。见《共产党宣言》，人民出版社2014年版，第29页。

道："如果我们假设一个民主社会，法律是以个人的意志为基础的；但在它产生的那一刻，它取消了这些意志，而支持一种新的本质，正是法律的本质，它现在作为一个独立的实体与这些个人意志相对立。我们意志的过去，即我们以前想要的东西，像一个不可改变的事件一样与现在的意志对峙。即使我们现在有强大的意志，也有能力想要不同的东西，我们也不能消除我们先前有不同意志的事实。这就是个人和社会的自由问题最引人注目的分道扬镳之处。"[1] 而波兰尼的解决方案则落实在他对于社会主义民主的讨论中，我们将在本章第四节加以详述。

二、"对象化"问题的层次

波兰尼对"对象化"问题的讨论可划分为三个具体层次，我们可以分别对之加以讨论。

第一，"对象化"问题首先意味着对人和人的对象的区分，而如此这般的区分是基于现代社会的复杂性的区分。波兰尼的对象化问题并非出于形而上学意义上的兴趣，也不局限在劳动问题当中谈论人与对象的区分，而是基于强烈的现实背景，讨论人与复杂社会当中的对象化的价值、权力、社会机制的关系。波兰尼在《论自由》中写道，对象化的讨论背景是，"在每一个以分工为基础的大社会（也就是说，大到在有限的寿命和我们有限的流动性下，社会所有成员的直接和相互关注似乎是不可行的），人们的直接社会化是不可能的。只有当某些社会现象不断出现并在人与人之间被调解时，整体的统一性才能在这里被感知"[2]。写作《论自由》的波兰尼并没有开始大量使用"复杂社会"一词，但这描述的正是复杂社会的情境。我们可以进一步看到，"对象化"问题是从属于"大转型"视域的，而不是一个纵贯人类生活和历史的一般话题。无论是参与社会主义经济核

---

① Karl Polanyi, *Economy and Society: Selected Writings*, UK: Polity Press, 2018, p.28.

② Karl Polanyi, *Economy and Society: Selected Writings*, UK: Polity Press, 2018, p.38.

算辩论的纽拉特、米塞斯，还是进一步阐发自由主义立场的哈耶克，都将社会关系作为人的对象加以讨论，然而纽拉特未能明白对象化问题的复杂社会背景，米塞斯和哈耶克虽然承认现代社会的复杂性，但他们局限在了对象化的市场机制对人与社会的规定。波兰尼在此基础上试图探问：究竟人如何处理作为对象的现代复杂社会当中的社会关系（其中包含了经济生产、政治、文化等诸多内容），人能否自由地参与社会生活，而非仅仅被作为对象的社会关系所规定。

第二，波兰尼的对象化问题关联着异化问题。异化不仅分别发生在政治和经济领域，同时还发生在政治领域与经济领域共同对人起作用的时候，波兰尼写道："财产关系是生产关系的法律形式；在这些生产关系上建立了资产阶级交换经济。简而言之：私有财产导致了市场经济和市场价格。我们想在此强调，经济的社会关系已经预示着法律中所确立的其他关系。"[①] 在现实机制的层面上，这意味着以自我调节的市场为基本制度的自由主义社会机制能够同时调用市场机制和政治权力对社会成员进行规定。正如卢卡奇所强调的，物化是人的普遍命运[②]，波兰尼相应地指出，由对象化或物化所带来的拜物教普遍地笼罩在全体社会成员之上，"资本家和工人一样，一般来说，人类在经济舞台上仅仅是参与者。只有竞争、资本、利息、价格等等在这里是活跃的、真实的，是社会存在的客观事实，而人类的自由意志只是一个海市蜃楼，只是一个表象"[③]。在这里最重要的问题是，由人所建立起来的社会体系，是异化的、反过头来统治人的，还是能够为人所把握的，前者是马克思与波兰尼所共同批判的资本主义社会体系，而后者则是扬弃了异化的能够包容自由的社会整体，用波兰尼的话

---

① Karl Polanyi, *Economy and Society: Selected Writings*, UK: Polity Press, 2018, p.30. 值得一提的是，波兰尼将此观点归功于马克思的发现。

② ［匈］卢卡奇：《历史与阶级意识：关于马克思主义辩证法的研究》，杜章智、任立、燕宏远译，商务印书馆 1999 年版，第 158—159 页。

③ Karl Polanyi, *Economy and Society: Selected Writings*, UK: Polity Press, 2018, p.16.

说则是能够同时包容双重原则、并妥善处理了双重原则之间关系的社会主义版本的现代复杂社会。

第三，波兰尼对对象化的讨论将引向对资本主义市场社会中的异化状态的扬弃，然而扬弃之为扬弃，并不意味着对对象化的取消，而是意味着重构人与对象的关系。这使得波兰尼能够在扬弃了异化的社会主义条件下讨论对象化问题，讨论社会成员与社会机制的关系究竟该如何摆放。异化的扬弃从来都不是一劳永逸的，当人类社会从被对象所规定的异化关系当中解放出来，并非会进入"历史的终结"，而是在自由的人与社会的关系当中，在人能够自由地参与并建构对象化的社会关系的条件下，展开新的历史。用波兰尼的话说，并没有完美的社会，权力和价值一定存在于社会中；而理想的社会使完全负责任的人类生存成为可能，把选择的责任抛给与同伴生活在一起的人类自身。[①] 在这个意义上，波兰尼对对象化的讨论既包含了对资本主义版本的复杂社会的批判，也包含了对社会主义版本的复杂社会的思考。

三、复杂社会中的"对象化"问题

资本主义版本的复杂社会中的社会关系的对象化，不管是被表述为物化、异化、韦伯意义上的铁笼，都已然意味着人们凭借某种整合之后的力量或积极或消极地共同生活在一起。这种对象化的社会关系自身也在不断地精致化、合理化和复杂化，波兰尼试图在社会主义的条件下通过民主的方式重新掌握对象，重构人类社会，他将之表述为对异化的扬弃（Aufhebung）[②]，而扬弃同时也就意味着将对象化的社会变成属人的社会，使得原本统治人的异化的社会机制和社会关系重新整合成人能够自由地参

---

① Karl Polanyi, *Economy and Society: Selected Writings*, UK: Polity Press, 2018, p.152.

② 在《论自由》当中，波兰尼明确使用了 Aufhebung 一词。参见 Karl Polanyi, *Economy and Society: Selected Writings*, UK: Polity Press, 2018, p.34, p.316。

与其中的社会。这何以可能？何以必要？让我们来参考哈贝马斯对卢曼的批评，其中包含了波兰尼与哈贝马斯的理论共鸣。

卢曼把握到了现代社会机制不断的理性化和复杂化，他讲述了"复杂社会"的概念。只不过卢曼并不是从自由与社会的双重原则上去讲述"复杂性"，而是从现实机制的角度表明了现代社会系统的复杂性。在这个意义上卢曼所把握到的是波兰尼所讲的对象化（Objectification）的复杂性。哈贝马斯同意卢曼关于系统的复杂性的判断，但哈贝马斯同时也警惕地指出："对于卢曼的基本经验，我们或许可以这样来理解：一方面，高度复杂的阶级社会由于自身拥有巨大的生产潜力，因而大大扩展了控制环境和组织社会自身的可能性；另一方面，由于其自发的组织原则，它们也受到了种种限制，从而无法自主使用抽象的可能性，此外还导致自身所产生的（可以避免的）环境复杂性过分膨胀。"[①]哈贝马斯的观点是，系统本身难以彻底包容人所面临的所有对象，因而一方面系统是具有积极作用的，但另一方面系统的问题并不在于其持续面对着来自系统外部的挑战，而是在于其内在的矛盾性和不可自我维系性，因此不能仅仅凭借系统本身来构建社会整体。

因而哈贝马斯清楚地指出了卢曼的错误："实际上，卢曼是从相反的意义上来解释他的上述基本经验的：随着偶然性范围的急剧扩大，社会系统获得一定程度上的自由，而这种自由又使社会系统受到越来越大的问题和决策的压力。复杂社会系统的各种结构和状态至少在组织和政治领域中具有偶然性，从而能够在实践中加以选择；但是，如何在迄今所展现的各种选择中作出决策，则是一个压倒一切问题的问题。在卢曼区分了系统（System）和环境（Umwelt）的确定的复杂性和不确定的复杂性之后，实际的还原问题就不再是（不确定的）环境的复杂性，而是由于系统相关的

---

① ［德］尤尔根·哈贝马斯：《合法化危机》，刘北成、曹卫东译，上海人民出版社2009年版，第173页。

环境工程而变得确定的环境复杂性，即具有解决问题能力的系统自我超载。由于自主性的不断增强而带来了的诸多问题，也就是说，由于其自由所产生的必然性，使得高度复杂的社会系统不堪重负。"①在哈贝马斯看来，卢曼错误地坚持了系统的自主性，但真正的解题思路在于通过生活世界来对系统加以限定。

让我们回到波兰尼的思路，我们可以发现他在《大转型》中同样特别强调了自由主义的对象化的市场社会无法长久地自发运作，必然为自我调节的市场之走向反面甚于堕落为法西斯主义留下可能性。哈贝马斯与波兰尼的思路非常相近，要对现代社会当中对象化了的与人本身相异的社会系统进行限定，并且要由人们本身对之进行限定，即通过民主的方式来限定；哪怕人一定要凭借系统来面对世界，也要强调人与系统之间的关系并不是人被系统规定的关系。用波兰尼的话来说，这便是人类社会对自由的更高层次的实现，其所凭借民主的方式所达成的是一种社会自由。

人们在现代世界中已经生活了一个社会整体当中，无论这个社会整体是异化的、统治人的社会，还是能够为人所把握的、民主的和自由的社会。但要紧的是，波兰尼通过讨论"对象化"问题强调了扬弃异化、重新对对象化的社会关系进行处理的可能性。在异化的资本主义市场社会中被强调的个体自由的原则虽然要求从自身出发建构社会，但由于人本身受制于资本的统治，因而这种作为第一原则的个体自由无力承担起把握社会整体及其内部的社会关系的任务，也正因此，这种个体自由只是一种抽象的自由、导致了对自由的意识形态性质的理解。而波兰尼所要求的扬弃了异化的社会（即"人类社会"）则试图说明处在整体中、处在社会关系中的个体何以既是属于整体的、又是自由的。由于波兰尼明确地意识到社会内部的系统不可能被彻底取消，因此我们需要问：波兰尼意义上的"扬弃"

① ［德］尤尔根·哈贝马斯：《合法化危机》，刘北成、曹卫东译，上海人民出版社2009年版，第173页。

对象化究竟是什么意思？简单概括而言，波兰尼指出，要通过在对象化的社会机制中发挥社会成员的自由，使对象成为与人相关联的对象，而非异化的对象，如此建立起个体与社会整体之间的关系，实现对复杂社会中自由与社会双重原则的守护——如此得到的是波兰尼意义上的"社会自由"。

第三节　波兰尼论社会自由

我们在第二章说明了自由主义所理解的个体自由具有自然主义的痕迹；在本章说明了这种个体自由本身是受制于社会关系的对象化①条件下的资本的逻辑的，因而只是一种有条件的自由，并且因此它与其"反对强制"的要求恰好相反，并不能承担起第一原则的重任。在本节中，我们想要通过解释波兰尼的"社会自由"概念来说明，在社会主义条件下，倘若个体自由仍旧是要得到保留的，那么究竟应当如何理解个体自由的原则，如何理解个体自由与社会的关系？

一、作为"必然性"的对象化

恩格斯在《反杜林论》中指出，社会主义要实现"人类从必然王国进入自由王国的飞跃"②。波兰尼对恩格斯的简洁概括做了阐释，他写道：

> 社会主义为了自由而克服的必然性，正如我们所知，是资本主义经济的历史规律的必然性，它作为这个社会的自然规律而运作。对这些必然性的克服与那些由于资本主义而产生的、作为此社会历史阶段

---

① 值得说明的是，在《论自由》一文中，波兰尼混用了"社会关系的对象化"和"社会对象化"（Social Objectification），表达的是同一意思。详见《论自由》附录二中的解释说明。

② 《马克思恩格斯文集》第9卷，人民出版社2009年版，第300页。

的真正本质的一部分的精神现实的消解联系在一起。在资本主义社会中有一系列的精神现实，它们独立于社会中每个人的意志而存在和运作，因此具有客观的存在。它们的运作方式同样也是独立于个人意志的；对个人来说，它们的运作代表了受到客观规律支配的一系列事件。①

在波兰尼看来，要被社会主义所克服的必然性在最基本的层面上意味着对象化或异化所带来的资本和权力对人的统治——这是波兰尼在《论自由》一文中的主要观点。而若进一步关联起波兰尼的其他作品来看，则可以发现更加深入的两个层次。

第一，在社会结构层面上，要被克服的必然性是"脱嵌"的社会结构以及其内部的经济决定论。经济和政治领域的对象化所带来的资本和权力并非完全平行的两个元素，波兰尼当然注意到了这一点，而这二者的关系进一步表现为在自由主义的资本主义市场社会当中脱嵌的经济领域对社会整体的规定、政治权力堕落为自由主义的"小政府"。自由主义的资本主义所秉持的核心原则是个体自由，而具体落实下来则是自我调节的市场，但在以自我调节的市场为基础的对象化的社会结构当中所实现的非但不是对作为对象的资本、劳动产品、政治权力的把握，反而是在脱嵌的社会结构当中市场和经济对社会整体的规定。在这个意义上，如此这般的社会结构表现出一种"经济决定论"的特征，自我调节的市场的运行和经济的运作成为规定社会整体的客观规律。

第二，在个体层面上，"必然性"意味着对象化的社会关系对人的统治。虽然人只有在社会当中才能够获得自由，但在资本主义市场社会中，"必然性"意味着人的个体自由只是在社会的客观规律之下的自由，而不能与社会发生真实的关系。换用卢梭的词句来说，结合在社会中的人不再

---

① Karl Polanyi, *Economy and Society: Selected Writings*, UK: Polity Press, 2018, p.16.

是"主权权威的参与者（公民）"①，而只是资本主义客观规律的"臣民"。这里并没有个体与社会的互动，而只有将资本主义客观规律落实为具体机制的合理化的系统对个体的规定，以及个体对社会的服从（并且如此这般的服从将表现在资本主义社会的意识形态中）。当然这里所服从的并不是政治权力，而是脱嵌社会中经济决定论的所谓客观规律。借用黑格尔的《法哲学原理》当中的一段内容来谈个体所遇到的必然性或许可以提供一种具有讽刺意味的解释："另外一个容易发生的问题是，国家制度应由谁来制定？这一问题似乎很清楚，但稍加切近地考察，马上就显得毫无意义。因为它的前提是不存在任何国家制度，而只存在一大堆集合在一起的单纯原子式的个体。一大堆人究竟如何能够达成一种国家制度，是通过自己还是他人，是通过诸善、思想还是权力，那就只得听其自便了，因为概念跟一大堆人是风马牛不相及的。但是，如果这一问题的前提是已经存在着一种国家制度，那么，所谓制定只是指一种改良，而有一种国家制度这一前提本身就直接包含着，改良只能发生在合乎国家制度的道路上。"② 黑格尔想要论证的是实体性的国家是地上的神物，当讨论国家制度和国家制度的变易时无法预设一个没有国家存在的情况；但即便在具有保守性的黑格尔法哲学当中，尚有人对国家事务的参与以及积极互动的可能性，而在资本主义这里，由于国家的实体性被替换为了资本主义经济的历史规律的必然性，即，替换为了资本主义的"经济决定论"的必然性，因而个体取得了"单纯原子式的个体的自由"，服从于经济规律的自由，殊不知这只是一种与社会整体割裂的自由，或者说只是一种非社会的自由。

二、社会自由的要求

接下来我们要问的是，从资本主义的必然性中获得解放，意味着怎样

---

① ［法］卢梭：《社会契约论》，何兆武译，商务印书馆 1963 年版，第 21 页。

② ［德］黑格尔：《法哲学原理》，邓安庆译，人民出版社 2016 年版，第 417 页。

的自由？波兰尼要讲的自由是社会自由。社会自由的概念可见于近代政治哲学的讨论中，洛克依托于上帝的自然法讲述个体自由，但在洛克这里并没有作为整体的社会；卢梭强调"人生而自由"的同时指出人们凭借社会契约结成作为整体的共同体，但同时又在社会状态中保全了自由——"人类由于社会契约而丧失的，乃是他的天然的自由以及对于他所企图的和所能得到的一切东西的那种无限的权利；而他所获得的，乃是社会的自由以及对于他所享有的一切东西的所有权。为了衡量得失时不至于发生错误，我们必须很好地区别仅仅一个人的力量为其界限的自然的自由，和被公意所约束着的社会的自由；并区别仅仅是由于强力的结果或者是最先占有权而形成的享有权，和只能是根据正式的权利而奠定的所有权。"① 黑格尔对契约论进行了严厉的批判，但他仍旧高度认可卢梭把握住了整体与部分的关系，即卢梭认为人在社会当中仍旧是具有自由的（在社会之中的自由），在这个意义上整体与个体的自由非但不相抵触，而且前者作为共同体（社会）保障了后者。马克思虽然认为黑格尔在《法哲学原理》中所构想的伦理共同体在资本主义社会中是不可能实现的，但马克思仍旧将自由作为现代的根本原则，同时，马克思强调，只有在共同体当中人才能够是自由的，"人是最名副其实的政治动物，不仅是一种合群的动物，而且是只有在社会中才能独立的动物"②。倘若我们从卢梭这里首先看到了对社会自由的论述，那么就要问，经历了黑格尔和马克思的批判和反思之后，波兰尼所把握到的社会自由概念具有怎样的具体内容，波兰尼为社会自由概念贡献了怎样的新的内容呢？

波兰尼提出了社会自由的三大要求，这三大要求涵盖了从近代政治哲学以来关于社会自由的思索的进展。总的来讲，波兰尼对社会自由的理解是："社会自由的真正概念是基于人与人之间的真实关系。它通过以下两

① ［法］卢梭：《社会契约论》，何兆武译，商务印书馆1963年版，第26页。
② 《马克思恩格斯全集》第30卷，人民出版社1995年版，第25页。

方面的见解向我们提出要求：一方面，没有任何人类行为是完全没有社会后果的；另一方面，社会中没有任何现有的实体、权力、结构和法律，也不可能有任何实体、权力、结构和法律不以某种方式基于人类个体的行为。对社会主义者来说，'自由行动'意味着在行动时意识到我们在人类相互关系中所承担的责任——在这种关系之外没有社会现实——并且认识到我们必须承担这种责任。因此，自由不再像资产阶级的典型意识形态那样，意味着摆脱义务和责任，而是通过义务和责任获得自由。"① 从波兰尼对社会自由的总的理解中，他提出了三大要求。

社会自由的第一大要求是，"掌握社会化的必然后果，也就是权力和价值"②。这里的权力和价值指的是在现代社会中对象化的权力和价值，而这看似简短的第一大要求基本相当于马克思、恩格斯在《共产党宣言》中谈到的工人之掌握国家的政治权力并摧毁资本主义的私有制与生产方式，只是波兰尼并没有明确地强调掌握权力和价值要采取无产阶级的激进革命的方式。对于波兰尼来说，虽然他认为阶级仍旧是有效的概念，并且阶级斗争是不可回避的社会现实，但他根据 20 世纪初的现实状况慎重地认为，单一阶级的利益并不必然能够攀升到社会整体的利益的高度，这一观点换用马克思的话来讲，则意味着即便无产阶级与社会整体的普遍性之间的关系并不是一种必然性的联结，因此在这里，波兰尼只是在原则上要求经由社会结构的变迁而达到对对象化的权力和价值的再度把握，而暂时没有处理如此这般的变迁在具体的实践层面何以可能的问题。对波兰尼来说，更为关键的问题是，当他在现代复杂社会的语境下讲重新掌握权力与价值，这意味着打破双向运动中权力和资本的对抗和暂时性平衡，扬弃资本主义市场社会的脱嵌的社会结构，由资本主义的"经济决定论"所主导的社会状态重新进入由社会中的人所"掌握"的社会状态。至于如此"掌握"是

---

① Karl Polanyi, *Economy and Society: Selected Writings*, UK: Polity Press, 2018, p.22.

② Karl Polanyi, *Economy and Society: Selected Writings*, UK: Polity Press, 2018, p.24.

怎样的、是如何进行的，波兰尼在社会自由的第二大要求和第三大要求中进行了回答。

社会自由的第二大要求是，"使人类有能力制定普遍性的目标，并有能力为实现制定的目标而团结一致地行使权力"①。所谓"普遍的目标"意味着波兰尼要追求为卢梭的公意和黑格尔的现代国家所承载的普遍性，而这种普遍性体现在波兰尼对亚当·斯密兼具同情性和批判性的理解当中，也内在于斯密对市场机制之能够实现共同体的"共同善"的构想当中。需注意的是，斯密的政治经济学的确只是一种理论上失败的尝试，但这并不意味着斯密所把握住的个体自由的原则以及经由自由的个体在市场中的劳动与经营所达到的共同体的善的原则是错误的。斯密对市场这只"看不见的手"的盲目信任使得他陷入了错误，这只"看不见的手"无法实现从个体到社会整体的理想性链接，但从对斯密的兼具批判和同情性理解当中，波兰尼也试图寻找使得个体与社会之间发生关联的制度性的解决方案。于是这里的关键就在于，在社会主义的机制当中，要能够让人们有能力参与普遍目标的制定，也就是说，要能够让个体与普遍性的环节发生真实的关联，这就意味着，要彻底取消异化的、由社会结构所规定的个体生命状态。同时需要注意的是，在波兰尼这里，把握普遍性并以普遍性为高度行使社会权力的主体是"人类"，这当然如前所述意味着对对象化的社会关系的重新把握，从"人类社会的史前时期"进入马克思意义上的"人类社会"；但另一方面在波兰尼的时代背景下这意味着对资本主义的堕落道路即法西斯主义的坚决否定，意味着坚持现代人类社会的自由原则。如波兰尼所言，"使法西斯主义与社会主义相互区别的问题是，在这种关于死亡的知识的烛照下，自由的理念还是否可以被坚持：自由式一句空话、一个诱惑、一个用来毁灭人类及其作品的设计；或者，人类在面临这种知识时，仍可重申他的自由并为在社会中实现自由而奋斗，且同时又不致坠入

---

① Karl Polanyi, *Economy and Society: Selected Writings*, UK: Polity Press, 2018, p.24.

道德虚无主义的陷阱"①。以有限性（limitedness）为规定的、面对着死亡的人类凭借共同体来保全自身，但凭靠着共同体的人类在现代世界中既要能够把握住成就自身的共同体的普遍性，又在共同体当中守住个体的自由，如此才是有具体内容的普遍性，也是波兰尼的复杂社会理想的实现。

社会自由的第三大要求是，"只有当人与人之间的社会关系变得清晰和透明时（就像在实际的家庭中或在一个共产主义共同体中），我们才会达到社会自由的最高阶段。直接追踪我们的生活对所有其他人的生活的影响，并以这种方式追踪对我们自己的生活的影响，以便在这种知识的基础上，能够对我们的存在的社会影响承担责任，这是社会自由的最终意义"②。对象化的市场机制并非只是介入人与人之间的社会关系中的中介，同时也是一层遮蔽。在自由主义的市场社会中，只要符合由作为"小政府"的外部国家所作出的底线式的规定，社会中行动的主体便不必对市场活动中的后果负责。

作为重建社会自由的必要前提，波兰尼强调要破除市场机制的遮蔽性，并将破除市场机制遮蔽性的问题界定为"全局观问题"（problem of overview［Übersichtsproblem］）。全局观意味着能够站在社会整体的高度对社会内部的关系和知识进行把握，也便直接地意味着对市场机制的遮蔽性的去除，但全局观又并不意味着一个单一的个体能够把握社会内部的全部知识和信息（这对于知识、信息与结构等高度复杂化的现代社会来说是不可能的），而是意味着这种对社会知识的把握的可能性对每一位个体而言时刻是敞开的。而对全局观的把握，同时也意味着人们将具备凭借民主的方式来共同参与社会的可能性。

但是，只在机制上有着对市场的遮蔽性的去除、民主制度的建立，也

---

① ［英］卡尔·波兰尼：《大转型：我们时代的政治与经济起源》，冯钢、刘阳译，浙江人民出版社 2007 年版，第 219 页。

② Karl Polanyi, *Economy and Society: Selected Writings*, UK: Polity Press, 2018, p.25.

并不是足够的。对波兰尼来说社会自由的问题分为两个层次,一个是制度性的,一个是道德性的。在后者的层面上,社会自由要求人顾及自己的自由行动的可能后果并为之负责,而这正是韦伯在《以政治为业》当中说明的"责任伦理";在波兰尼这里,自由主义意义上的免于强制的自由(即以赛亚·伯林所说的"消极自由")需要由"积极自由"来补充。在波兰尼这里,社会自由的真正意义在于通过对社会的参与,个人能够在与他者的关系中既守住个体的自由,又成全社会整体,如布里所总结的:"个人自由要想成为现实就必须是实体性的自由(substantial freedom),自由预设个人不仅拥有权利,而且还拥有根据良心来行动的物质上的可能性与手段。"① 波兰尼实际上澄清了自由主义者一直以来关于自由与民主的矛盾的疑问。例如,哈耶克在《通往奴役之路》中是这样表达他的疑问的:"民主本质上是一种手段,一种保障国内安定和个人自由的实用装置。它本身绝不是一贯正确和可靠无疑的。……没有理由相信,只要相信权力是通过民主程序授予的,它就不可能是专横的。"② 在哈耶克看来,只有当民主是服务于个体自由时,民主才是值得追求的,而民主本身又存在着摧毁个体自由、导致极权的危险。值得特别注意的是,哈耶克所观察到的自由与民主的矛盾恰好表现在资本主义社会的双向运动之中,反向运动通过政治民主机制对自我调节的市场的限定,直接地体现出双向运动中个体自由与民主的矛盾。但问题在于,哈耶克反倒论证了民主与社会自由共存的必要性,以及若要实现民主与社会自由的共存则要跳出资本主义市场社会及其中的双向运动的必要性。倘若人们能够达到内在地把握到社会总体的全局观的高度,能够通过透明的社会机制达到让人们把握住社会总体的普遍性、作出普遍性的决定,那么这时的社会自由与民主就不是矛盾的。

---

① [德]托马斯贝格尔、布里:《卡尔·波兰尼对于复杂社会里的自由的探索》,《当代国外马克思主义评论》2019年第2期。

② [英]弗里德里希·奥古斯特·冯·哈耶克:《通往奴役之路》,王明毅、冯兴元、马雪芹等译,中国社会科学出版社1997年版,第92—93页。

第四节　民主与经济机制

与自由主义的个体自由落实为以自我调节的市场为基础的市场社会机制不同，波兰尼重新界定的社会自由落实下来意味着社会主义的机制。实际上当我们在第二节中讨论社会关系的对象化问题时，已经能够发现波兰尼试图用制度性的方式解决复杂社会问题的端倪了。从第三节中我们可以看到，波兰尼笔下的社会自由并不是复杂社会中两大原则的简单叠加，而是在对象化的社会机制的支撑之下的自由，因此，要通过掌握社会机制来保障自由和社会原则的同时实现。在波兰尼所描述的社会主义的现实机制中，我们主要关心的是民主机制与经济机制。

一、作为生活形式的民主

在波兰尼所构想的社会主义现实机制中，民主并不只是被视作工具性的机制，波兰尼将民主称为"生活形式"（a form of life）。[1]

所谓"生活形式"，就字面来讲，可分析出两层含义。首先，生活（life）本身是一个整体，整体意味着"在所有的广度和深度上正视人类集体生活的场景"[2]——生活是整体性的、一体的，而非割裂的、脱嵌的。这与波兰尼在复杂社会问题中谈到的社会的整体性是同一个意思，由自由的社会成员所共同构成的全部社会生活应当成为被关注的焦点，而非在市场机制的遮蔽下"全局观"丧失、个体无法把握整体的普遍性。其次，生活形式（a form of life）本身包含了一种未被言明的亚里士多德思想传统，波兰尼写道，"生活是所有行动和意义的全部，是对一切事物产生作用和

---

[1]　Karl Polanyi, *Economy and Society: Selected Writings*, UK: Polity Press, 2018, p.178.

[2]　Karl Polanyi, *Economy and Society: Selected Writings*, UK: Polity Press, 2018, p.178.

反作用的普遍存在的物质"①，因而人的生命必须以区别于无生命的物质或观念的方式存在，而如果民主成为生活的形式，这意味着人们将以民主的方式活出自己的生活，而非仅仅将民主视作工具，在这个意义上，可以说波兰尼对民主的意义和范围提出了极高的要求。这也正是因为波兰尼试图以此来说明为什么社会主义条件下作为生活形式的民主能够支撑复杂社会的双重原则。那么我们如何具体地理解波兰尼所讲述的社会主义的民主？

第一，从反面界定来讲，资本主义社会中双向运动中时常可见民主的踪迹，但如此这般的民主并非波兰尼所要追求的社会主义的民主。正如我们在第二章已经谈到的，资本主义社会中的民主只坐落在政治领域，同时又并非政治的唯一运作方式，因而个体在这里并不可能凭借民主而把握社会整体并参与社会整体的权力。资本主义的脱嵌的市场社会中政治与社会整体的关系在这里并不需要我们再次赘言，波兰尼与马克思都明确地注意到，在资本主义社会中，不仅民主具有领域的局限性，同时，将民主局限于其中的政治领域在社会整体当中也具有局限性。波兰尼认为，在马克思看来"（社会主义的）民主应当充满整个社会，包括经济领域"②。在马克思这里，政治解放、独立的经济领域的诞生是现代资本主义社会相对于前资本主义社会的历史进展，但马克思和波兰尼都并不认为如此这般的共同体内部的领域的割裂就是历史的终结，在马克思对社会主义的理解当中，资产阶级的政治国家应当被扬弃，而资本主义的私有制和市场经济应当被改造。波兰尼本着同样的原则强调，原本局限在政治领域中的民主应当充盈于社会整体当中，具体而言这意味着，民主应当包容政治和经济，自我调节的市场应当被改造为可被社会整体所把握的经济机制，改造的一个重点就在于民主机制的介入。若用复杂社会双重原则的眼光来看这个问题，这意味着在资本主义的民主机制当中，在充分的政治解放的前

---

① Karl Polanyi, *Economy and Society: Selected Writings*, UK: Polity Press, 2018, p.178.

② Karl Polanyi, *Economy and Society: Selected Writings*, UK: Polity Press, 2018, p.137.

提下，个体自由的原则让人们能够自由地参与到市场和民主政治的领域当中，但由于个体自由只强调消极意义上的"反对强制"，因而人们对民主政治领域的自由参与被资本主义市场经济设定了限度，这看似是个体自由对自身的划界、限定，但实际上则是抽象的、局限性的个体自由之无法通达社会整体的表现，而在实际的社会运动当中便表现为"双向运动"——自由市场不断遭受反向运动的挑战，但自由市场仍旧是自由主义的资本主义所要维护的唯一现实机制。从资本主义的民主当中，波兰尼带领我们再一次看到复杂社会内部个体自由原则的抽象性，在这里并没有社会的整体性，没有社会的原则，而只有作为单一原则的抽象的个体自由原则。

第二，从正面界定来讲，波兰尼要求在社会主义条件下民主能够同时进入政治领域和经济领域，而横跨了政治和经济领域的民主在现实机制上意味着社会的重新嵌入，并且同时也意味着人们可以凭借民主机制真实地参与到社会整体的权力运作当中。波兰尼在《论自由》当中给出了供人们设想新的民主机制的示例：

> 我请在座的各位想象你们被分成两个代表团。政治国家的代表——让我们称他们为公社（commune）——坐在左边，他们是在民主选举的基础上选出来的；生产者的代表——我们将称他们为行会（guild）——坐在右边。再次强调，两党都代表了在座的所有人。公社代表要求大量投资，以确保社区的保健利益和后代的生活利益。因此，在理想的名义下，他们要求牺牲经济（因为一切以人类劳动为代价的东西都限制了人类的需求）。生产者则为他们的劳动能力和满足他们的需求而辩护。最后，他们商定了一个具体的税收数字，这意味着特定数量的剩余劳动和对需求的限制。由于这个原因，社会理想在一定程度上得到了实现，但也仅仅是在这一点上。社会必须放弃超出这一点的东西。这一决定又意味着直接的、内部的选择，因为

在这里，人们的理想面临着它们的代价；在这里，每个人都必须决定他的理想对他的价值是什么。没有国家和市场介入我们意识的两面；在这里，不可能有责任的转移，我们自己之外的任何东西都不能对我们的命运负责。个人只面对自己，因为他的命运掌握在他自己手中。①

该示例只是提供了简单的、局部的模型，这里重要的不是讨论其规则细节，而是把握其背后的逻辑原则，这足以让我们辨别其与资本主义社会中的民主机制的根本性差别。对此，我们需首先仔细甄别：波兰尼上述对民主的描述表达了怎样的问题意识？我们分三个层次来谈：首先，在机制层面上，民主能够同时进入政治领域和经济领域，或者换句话说，在民主机制中，政治领域和经济领域各自的独立性被取消，而这从社会整体的角度来看意味着社会成员的自由的联合，这里的自由诚然包括每一位个体不可被否认的个体自由，但是，这种个体自由不仅仅是反对强制的权利，同时更重要的是，它还包括根据良心来采取对社会整体以及他人负责任的行动的可能性，因而在这个意义上，对资本主义市场社会机制的彻底颠覆、对社会整体的透明性以及全局观的建构，是重新言说自由（特别是社会的自由、负责任的自由）的必要的物质条件。其次，在重构的民主的社会主义社会中，也便不再有"虚构商品"，以及市场价格对"虚构商品"的决定性作用，即便波兰尼认为市场作为社会机制仍旧可以得到保留，但这种保留是一种扬弃拜物教的保留，是一种对市场加以限定、加以改造的保留。再次，如果我们借助于哈贝马斯的说法来看，则会发现波兰尼与哈贝马斯共同分享了一种由生活世界来限定系统的思路。正如霍耐特所看到的，他认为波兰尼的理论有一个假设，即"一个生活世界有一些恒定的要求，来保证它的社会成员的生活状况和社会尊严，波兰尼把这

---

① Karl Polanyi, *Economy and Society: Selected Writings*, UK: Polity Press, 2018, p.35.

称为规范性的坎，它应当在开放市场的另一端，强制性地起着社会反向运动的作用"①。但值得进一步注意的是，与哈贝马斯不同，波兰尼还特别强调对系统的限定只能实现于社会主义的条件下，换句话说，如果系统已经在既符合社会整体的利益、又保障社会成员的自由和利益的条件下被成功地限定住了，那么，此等社会境况便已经构成了对资本主义的实质性批判和否定。为何如此呢？因为资本主义条件下的"双向运动"从来不意味着社会的每一个角落都已经被市场化、商品化所占据了，合理化之为合理化就在于其永远面临着不合理的内容，否则双向运动就无法继续下去，因而系统的不断扩展在资本主义条件下永远面对着社会对自身的保护，即面对着一种"不合乎资本主义的社会经济规律"的反向运动。就此来看，只有彻底取消掉反向运动，为社会内部的合理化的冲动重新划定界限，或用波兰尼的话说，使得工业社会真正承受住自由②，才能够谈生活世界对系统的限定。如此看来，波兰尼对该问题的理解比哈贝马斯更具理想化色彩，但又在社会机制的变革的层面上比哈贝马斯更加激进。

第三，从原则上讲，波兰尼对民主的阐释再度强调了自由与社会双重原则的统一。波兰尼对民主的讨论极易让人联想到卢梭，后者当然也是波兰尼的重要思想资源，甚至波兰尼在《让-雅克·卢梭，或一个自由社会是否可能？》③一文中也表达了对卢梭关于社会自由的阐释的赞赏。那么，波兰尼较之于卢梭的区别在哪里呢？其区别在于，当我们完成了对社会自由的三大要求的考察之后，会发现波兰尼提供了民主自身的变化，也就是从资本主义的抽象的、有局限性的民主向社会主义民主的变化。例

---

① ［德］阿克塞尔·霍耐特：《自由的权利》，王旭译，社会科学文献出版社 2013 年版，第 306 页。

② ［英］卡尔·波兰尼：《大转型：我们时代的政治与经济起源》，冯钢、刘阳译，浙江人民出版社 2007 年版，第 217 页。

③ Karl Polanyi, *Economy and Society: Selected Writings*, UK: Polity Press, 2018, pp.168—169.

如，卢梭在对民主的讨论中关注到了人民的意志对法律和政治的影响，尽管这些内容被卢梭未曾经历的资本主义社会的经济与政治状况直接改写，但在波兰尼对社会转型和社会主义的思考中，由于转型带来社会机制本身发生重大变化，原本资本主义脱嵌的市场社会到了社会主义的重新嵌入的状态，因而对卢梭所没有看到的资本主义社会经济与政治状况的批判，反而可以从卢梭对民主的理解中获得启发。在此基础上，更重要的是，正是由于波兰尼秉持的是已然超越了资本主义社会的眼光，因此波兰尼在卢梭的基础之上增添了对现代复杂社会中民主与经济的关系的思考。需注意，实际上波兰尼在卢梭的基础之上所增添的内容不止如此。黑格尔在《法哲学原理》中反复强调人本身已经生活在了一个共同体当中，因而在这个意义上契约论所秉持的由个体构造社会契约并结成社会的模型本身就是有问题的。在黑格尔之后的波兰尼当然也明白这一点，也显然并未局限在契约论的框架中讨论问题。而在黑格尔与马克思之后，波兰尼所敏锐地把握到的情况是，当下现实生活中已经存在着资本主义的民主以及双向运动，而辩证法的意义就在于向我们揭示这些触碰到自身对立面的事物也将面对扬弃的动力学。因此，在波兰尼对民主的理解中，个体仍旧是自由的，这种自由并不直接否定资本主义所特别强调的个体自由，而是强调只讲个体自由则会陷入对自由的局限性理解。民主在全局观的要求下是能够让个体通达社会的，既让人能够自由地把握作出决策所必需的社会知识[①]，又能够自由地把握到决策的社会后果并作出负责的行动。因而在黑格尔这里"由实体到主体，再到更高的包容了主体的实体"的辩证运动，在社会主义条件下才能够最终实现。也正因此，波兰尼在《论自由》当中对社会主义的讲述总是要谈论近似于马克思在《1844年经济学哲学手稿》中所讨论的对象化、异化以及异化的扬弃的问题。而在下一节当

---

① 这种社会知识，用波兰尼的话说，不能在一个小书房里完成，只能在社会的民主参与中完成，参见 Karl Polanyi, *Economy and Society: Selected Writings*, UK: Polity Press, 2018, p.31。

中，我们将重点分析在何种意义上波兰尼领会并运用了辩证法，或波兰尼思想中究竟包含着怎样的辩证法的思想痕迹，在此处我们暂且继续本节的线索。

二、社会主义的经济机制

与社会主义的民主问题共同出现的是社会主义的经济机制问题。在具体的表述中，波兰尼直接地谈论了"社会主义的市场"，我们需要特别注意，波兰尼所谈论的并非一般意义上的市场，并非资本主义条件下的市场，也并非市场社会主义意义上的市场，而是经过改造的、去除了虚构商品的由民主机制支配的经济机制。若我们不使用"市场"一词，直接地称波兰尼在此语境下所谈论的市场为社会主义条件下调节生产与分配、提供经济信息的经济机制，也并不会遭到反对。

波兰尼根据自身对市场和复杂社会的理解论证了社会主义何以能够在民主的机制中包容市场，使市场和经济重新嵌入社会。霍耐特在《自由的权利》中对相关问题的讨论可以给我们一些启发。

霍耐特首先肯定了波兰尼对资本主义市场社会内部矛盾运动的批判："只要在社会生活世界内部凝固了这么一种劳动、金钱或土地无限制商业化的印象，那么就会导致灾难性的结果，就会有政治力量经常出来说话，要求对这些市场采取一定的限制措施。"[①] 用波兰尼本人的话说，这是资本主义市场社会内部的"双向运动"，而面对着如此这般的双向运动，波兰尼拒绝了自由主义所坚持的对自发调节的市场的维护，他要求"使得市场从属于一个民主社会"，并强调对市场的真正的驯服只可能发生在社会主义当中。紧接着，霍耐特指出："他（波兰尼——作者注）视经济市场为一种能够被关闭、被引导、被政治任意加以塑造的社会结构，因此他认为

---

① ［德］阿克塞尔·霍耐特:《自由的权利》，王旭译，社会科学文献出版社 2013 年版，第 297—298 页。

经济市场能够从属于'一个民主社会'。……在黑格尔和涂尔干那里发展了的,怎么使资本主义市场有所节制的考虑,在波兰尼那里,变成了一种社会主义市场的纲领;如果人们愿意只把这样的市场活动看成是合法的,如果他的假设能够得到普遍赞同,那么他的结论也就不太离谱。"① 从原则上讲,霍耐特的确察觉到了波兰尼关于用民主来统摄市场的核心观点,在社会主义的市场中既要有一个社会结构以使得人们能够让市场服从于社会整体的利益,同时又要有自由的个体(他们参与民主对市场的统摄)。但霍耐特似乎保留了对波兰尼所构想的民主对市场的限定这一方案的质疑,仿佛这种方案高度依赖于社会成员的"普遍赞同",因而在这个问题上霍耐特似乎陷入了对波兰尼的错误理解。要回答霍耐特的疑惑,就要说明这种"普遍赞同"何以可能。根据波兰尼的观点,这种可能性来自社会机制的保障以及个体与社会机制的互动,也就是说,这种可能性本身就内在于社会主义对复杂社会双重原则的机制性安放当中。

波兰尼意义上的社会主义的市场去除了虚构商品。去除虚构商品并不意味着让人、土地和货币彻底离开市场和经济的领域,而是指使得这三者不再仅仅受到自我调节的市场的控制,这一点并不难想象。波兰尼写道:

> 将生产的要素——土地、劳动力和货币——移出市场之外,只有从市场的观点来看才是一项一致的行动,因为市场将它们都视为商品。然而从人类现实的观点来看,这是通过在整个社会范围的各个方向上废除商品化虚构假象而实现的社会恢复。实际上,一个统一的市

---

① [德] 阿克塞尔·霍耐特:《自由的权利》,王旭译,社会科学文献出版社 2013 年版,第 298—299 页。部分翻译参照英文版:*Honneth A., Freedom's right: the social foundations of democratic life*, UK: Polity Press, 2014: 187。

场经济的解体（the disintegration of a uniform market economy）①已经导致了各种新社会的形成。同样，市场社会的终结，在任何意义上都不意味着市场本身的消失。这些市场继续以各种方式存在，以保证消费者的自由、指示需求的变动、影响生产者的收入，并作为会计核算的工具；但完全不再是一个经济自发调节的机制了。②

在这里真正困难的问题是，波兰尼何以认为，去除了虚构商品的市场仍旧是市场，又或者说，在市场中被保留下来的机制、功能或原则是如何让市场成为市场的？要理解波兰尼对市场的如此讨论，可以参考基尔特社会主义的模型，在后者这里，正如其代表柯尔所设想的，商品或服务的价格经由社会内部的合作社、工会等组织的谈判而形成，各相关机构在谈判中回应市场需求。与一般的市场社会主义不同，基尔特社会主义并不强调市场竞争的作用，而是强调由谈判来处理经济问题，这就仿佛是在试图通过功能民主的方式达成公意（general will）。波兰尼并未直接照搬这一模型，他进一步认为，虽然价格的决定权掌握在公社和各类协会的手中，但他允许市场来决定非重要商品、中间产品和非控制性原材料的价格。③并且，在波兰尼看来，边际主义经济学思想甚至可以为社会主义所用，但边际主义对社会主义经济的参与不再是仅仅依凭市场那只"看不见的手"，而是要把它们都放到谈判桌上，谈判桌不只需要民主，同时也需要经济学

---

① 《大转型》的中译本将 a uniform market economy 译作"一个统一的市场经济"，需注意，波兰尼在这里所指的是由自发调节的市场所完全支配的经济模式，在其中，劳动力、土地和货币都直接受到支配且只由自发调节的市场对之进行支配，uniform 一词突出地强调了在市场社会中市场对参与市场的诸多要素（包含虚构商品）同等的、均质的支配作用。参见 Karl Polanyi, *The Great Transformation: The Political and Economic Origins of Our Time*, Boston: Beacon Press, 2001, p.260。

② ［英］卡尔·波兰尼：《大转型：我们时代的政治与经济起源》，冯钢、刘阳译，浙江人民出版社 2007 年版，第 213—214 页。

③ ［英］加雷斯·戴尔：《卡尔·波兰尼：市场的限度》，焦兵译，中国社会科学出版社 2016 年版，第 33 页。

的参与。波兰尼写道："某种程度上可以说，购买和销售以商定的价格进行，因此，如果你愿意的话，可以称它为'市场'。"[①]

若仅从机制性层面上来谈，似乎波兰尼对市场的描述具有特定的时代局限性，并且可能会遭受到诸多的质疑。但这里更为重要的是，我们需要注意到，波兰尼所要着重强调的是对资本主义条件下市场调节自发性的反对，而在社会主义条件下去除了自发性的市场需要来自政治领域的民主机制来加以统摄。也正是在这个根本性观点之下，才有波兰尼对市场机制的上述描绘。波兰尼将新的市场分为两大项内容，一项是由国家内部的诸多机构进行民主谈判来决定商品生产和价格的机制，另一项则是为谈判和经济运行提供必要信息和理论的经济学——由此可见，波兰尼要求在原则和具体机制双重层面对市场加以彻底改造。

在这番改造中，若我们暂且不从经济学与社会学意义上探讨市场的具体机制，那么，我们能够从哲学意义上看到怎样有价值的内容呢？若深入波兰尼的问题意识当中，我们能够发现此番改造意味着两重反对：第一，自由主义意义上的市场的自发性应当被彻底消除，而由此带来的是对拜物教的反对，以及对参与到市场当中的人与人之间的直接的关联的恢复，这同时也是对全局观的构建。"市场价格，这个商品拜物教的预言表现，正如马克思正确地看到的那样，代表了我们社会不自由的真正的格斯勒的帽子。"[②] 这里的思维主线是对拜物教条件下社会关系的对象化的扬弃，使得作为对象的社会关系重新成为属人的；至于具体的机制，则更加需要参考经济学与社会学的贡献。第二，法西斯主义的资本主义社会诞生在 20 世纪表现为资本主义的市场机制本身找到了比"自发性"更高的价值，因而在这仿佛较高的价值的支配下，个体自由反而遭到了反对，而与之针锋相

---

① Michele Cangiani, Karl Polanyi-Levitt, Claus Thomasberger, *Chronik der großen Transformation: vol.3*, Marburg: Metropolis-Verlag, 2005, p.72. 引用内容中文翻译参考［英］加雷斯·戴尔：《卡尔·波兰尼：市场的限度》，焦兵译，中国社会科学出版社 2016 年版，第 33 页。

② Karl Polanyi, *Economy and Society: Selected Writings*, UK: Polity Press, 2018, p.30.

对，波兰尼提出了对法西斯主义所认为的值得取消自由的更高价值的反对。波兰尼在讨论民主与市场机制的构建时，强调了对自由原则和社会原则的同时保留，这也正如他在《大转型》中所继续强调的："市场经济①的逝去可以成为一个时代的开始，这个时代拥有前所未有的自由。法律的和实际的自由能以比过去任何时候都更广泛、更普遍的方式存在；规制和控制不只是使少数人，而是使所有人获得自由。自由不是作为从源头上就腐败了的特权的附属物，而是作为一种远远超出了政治领域狭隘界限伸展至社会自身内部组织的规范性权利而存在。"②正是如此，波兰尼表达了他对 19 世纪自由主义的资本主义以及 20 世纪资本主义的堕落形态的同时批判，以及对社会主义理想的直接展望。

那么，在完成对波兰尼关于复杂社会的原则、现实、未来展望的梳理和讨论之后，是否能够暂时跳脱出波兰尼的具体表述和具体论证，进一步得到什么启发呢？我们能够比较容易地发现，波兰尼大量使用了马克思的哲学概念，但我们可以进一步论证，波兰尼实际上还采用了马克思的哲学方法，或至少在其思想中明显地包含着马克思哲学方法的思想痕迹。在这里我们要重点论述的是辩证法——尽管波兰尼并没有明确地谈论自己的辩证法思想。

第五节　波兰尼思想中隐含了辩证法吗？

一、"复杂社会问题"中的辩证法

在对"复杂社会"的探讨中，波兰尼想要论述的核心问题是自由与社

---

① 需注意，"市场经济"在《大转型》此处的语境中指的是 19 世纪自由主义市场社会内部的经济模式。

② ［英］卡尔·波兰尼：《大转型：我们时代的政治与经济起源》，冯钢、刘阳译，浙江人民出版社 2007 年版，第 217 页。

会何以同时得到实现，也就是说，实现一种在社会中自由地与他者同在的生活状态。当一个个体已经进入了社会，他便具备了社会成员的资格和身份，这一点无论是怎样的社会形态都无法否认，但在不同的社会中所诞生出的社会关系的差异，是复杂社会的原则能否得到实现的关键。波兰尼特别关注对象化为权力和价值的社会关系，如果说马克思已经在《1844年经济学哲学手稿》中揭示出人与自然之间的关系是被人与人的社会关系所中介的，那么波兰尼所要研究的恰恰是这中介了人与自然的关系的社会关系是何以成为对象化的物的，对象化的社会关系是如何作为物来统治社会中的个体的。资本主义社会中的社会关系非但不能成就人与人之间的普遍的关联，反而是以物或对象的形式中介、统治了人，因而个体即便仍然可以宣称拥有自由，但如此这般的自由并不是让人能够关照他者、与社会相通的自由，而是受制于对象化的社会关系的抽象的自由，在这个意义上，抽象自由的个体既被对象化的社会关系所统治，又与作为他者的社会成员所组成的社会整体相分离。因而波兰尼必定同意马克思对商品拜物教的批判，也必然同意卢卡奇所强调的"物化是人的普遍命运"，而他们的任务都是破解合理化的铁笼，使得个体能够重新说明自身是自由的，并且这种自由是重新把握了原本未被把握的对象化的社会关系的自由。用马克思的话说，这意味着辩证法意义上的异化的扬弃，用波兰尼的话说，这意味着从个体自由与对象化的分离进展到社会自由条件下个体对社会关系的重新把握，即个体能够与他人乃至社会整体之间建立普遍性的关联，这里出现了主客体辩证法的痕迹。

复杂社会的问题包含了两大维度：第一大维度是政治哲学与社会哲学的维度，即怎样的社会机制能够同时安放自由与社会的原则；第二大维度是历史哲学的维度，即何以扬弃异化的社会状态，使得人能够自由地把握社会关系，从人与他者、与社会的分离状态，进展到人在社会中与他者同在的生存境况。当波兰尼参考卢梭对个体与社会关系的讨论时，以及当波兰尼在批评康德的绝对命令并不能够真正建立起个体自由与社会的关系

时 ①，他所讨论的问题都集中在第一大维度上，这并不意味着卢梭和康德没有历史哲学，也并不意味着波兰尼丝毫不顾及卢梭和康德关于历史的哲学性讨论，而是意味着对于波兰尼来说，卢梭和康德处在理论的特定环节上，他们正确地看到了自由与社会两大原则，却没有具体地说明这两大原则如何在共同体当中得到历史性的发展与结合 ②。到了黑格尔这里，诞生出了关于自由与社会这两大原则同时在共同体以及历史两大维度中的运

---

① 波兰尼在《论自由》中写道："在（自由概念的）资产阶级形式中，它导致了一个无法解决的矛盾，因为自由意味着要对我的良心负责，而且只对我的良心负责。对自己负责——这是实现自由的材料。当我的人格自己衡量呈现在它面前的责任时，它就通过了测试。没有任何其他主体能够或应该从我这里拿走这个决定。国家和社会决不能被接受为道德主体。当面对封建团体权力、教会、行会和王朝时，公民可能在心中持有这种否定性态度。但对于他自己的社会，即资产阶级社会，他不能这样做，因为他既不能否认自己参与其中，也不能在心中让自己接受因参与其中而产生的责任。并且他也不能放弃对无限的自我责任的要求。[……]对这一矛盾的英勇塑造导致了康德的绝对命令，导致了对作为人格的社会功能的责任的空洞概念的拼命坚持。在资产阶级的堕落中，这种理想与现实之间的英雄式的紧张关系要么消解为对自由理想的怀疑，要么消解为小资产阶级的道德满足的田园诗。"参见 Karl Polanyi, *Economy and Society: Selected Writings*, UK: Polity Press, 2018, pp.20—21。

② 波兰尼指出："'社会契约'和'绝对命令'代表了解决这一矛盾的两种互补的尝试。卢梭将个体在国家中的角色理解为通过一种基于同意的自我约束来达到自由。在卢梭的方案中，这种自我约束仍旧是被一种动机所规定的，但它是一种有目的的理性动机，在这种动机中人的同伴扮演了一种特定的角色，然而只是一种形式性的角色。康德感觉到这种理性主义动机的缺陷，以及接受与他人共同同意的约束作为道德上的自我约束的矛盾性。在他的绝对命令中仿佛动机和同伴都从画面中完全消失了。个体与他自己的社会功能之间的关系、与国家的关系，通过一个非常抽象的义务的概念，同样形式性地成为个体内在自由（inner freedom）的专属问题。恰恰是这种解决方案的严格的形式，将它所否认的矛盾明显地揭示了出来。由于个体责任应当包含社会维度，那么这种责任就失去了人类可理解的意义和任何可能的内容。对我们个人在'他人'生活中的参与，也就是在社会现实中的参与负责，并将其纳入自由的领域的想法，在资产阶级世界中无法实现。但宣布将之放弃，以及任意地限制我们的责任和自由，也同样是不可能的。资产阶级世界的自由和责任的观念指向这个世界的边界之外。"参见 Karl Polanyi, *Economy and Society: Selected Writings*, UK: Polity Press, 2018, pp.21—22。

动。而马克思以唯物史观阐发了社会形态何以从"人的依赖关系"进展到"以物的依赖性为基础的人的独立性",并进一步进展到"建立在个人全面发展和他们共同的、社会的生产能力成为从属于他们的社会财富这一基础上的自由个性"①的社会形态。马克思在《经济学手稿（1857—1858年）》中对三大社会形态的表述,可视作以历史辩证法的方式对复杂社会问题的表述。在社会转型视域下,波兰尼高度认可马克思对于社会和历史的哲学思考,在波兰尼关于社会主义复杂社会之对资本主义市场社会的历史性扬弃的讨论中,出现了关于社会与历史的辩证法的痕迹。

于是我们发现,复杂社会的问题内在地隐含着辩证法的要素——既是主客体的辩证法,又是历史的辩证法,而主客体的辩证法与历史的辩证法是内在相关的。

二、主客体辩证法与历史辩证法

所谓主客体辩证法体现为:主体如何把握看似与他相对立的实体性的社会生活。波兰尼指认了两种非辩证的把握方式,而这两种方式都出现在双向运动当中。

第一种方式是,对于掌握生产资料并且从属于资本主义市场化扩张的阶级而言,他们以"第二自然"的方式来理解主体与客体的关系,而他们的"第二自然"则是在资本主义的社会条件下习得的政治经济学的规律。这里的"第二自然"不再是黑格尔在《法哲学原理》当中所讲述的支撑着共同体当中的人们过好伦理生活的第二自然,而是卢卡奇在《历史与阶级意识》当中所指明的以科学规律的形式出现的外部生活对人的强制性规定。这种遵从第二自然的生活方式之所以是非辩证的,是因为其所守住的资本主义的社会体系内部不可避免地包含着市场化以及社会的自我保护之

_____

① 《马克思恩格斯全集》第30卷,人民出版社1995年版,第107—108页。

间的冲突。

第二种方式是，对于双向运动的另一侧，即反向运动一侧的参与者而言，如果他们并不能够把握到波兰尼意义上的"社会的整体的利益"，不能把握到社会整体的普遍性，那么如此这般的反向运动就会继续以单一阶级利益或特定团体利益为面貌，仅仅从特殊性的视角来处理主客体之间的关系。如此也便出现了反向运动的乱象，反向运动既可能会停留于资本主义社会内部的要求"增进福利、改善生活"的修补性的运动，在这个意义上，反向运动依然可能会陷入资本主义社会的"第二自然"的统治；反向运动也可能会直接导致彻底的毁灭，也就是说，倘若无法应对和解决市场社会与个体成员的关系，那么直接取消复杂社会内部双重原则之一方的道路也便敞开了。

但是，与"双向运动"中的非辩证的观点截然不同，马克思的辩证法直接地具有对资产阶级社会现实的批判性力量。如马克思所言："辩证法，在其神秘形式上，成了德国的时髦东西，因为它似乎使现存事物显得光彩。辩证法，在其合理形态上，引起资产阶级及其空论主义的代言人的恼怒和恐怖，因为辩证法在对现存事物的肯定的理解中同时包含对现存事物的否定的理解，即对现存事物的必然灭亡的理解；辩证法对每一种既成的形式都是从不断的运动中，因而也是从它的暂时性方面去理解；辩证法不崇拜任何东西，按其本质来说，它是批判的和革命的。"[①] 从辩证法的层面来讲，双向运动的钟摆必然要被摧毁，历史的前进必然要突破复杂社会双重原则的矛盾状态。

尽管波兰尼并没有在自己的作品中深入讨论在"大转型"的历史条件下阶级斗争何以可能、何以进行，但波兰尼非常深刻地理解了马克思对阶级斗争的论述，他写道：

---

① 《资本论》第 1 卷，人民出版社 2018 年版，第 22 页。

马克思主义理论主张，社会整体的利益是历史的决定性因素；这些利益与生产资料的最佳利用相一致；因此那个能够保障最佳生产方法（method of production）的阶级注定要领导社会；在生产方法改变的情况下，一个新的阶级就可能适合担任领导，如果生产体系的改变也符合其经济利益：如果经济进步不被人为阻止，这个阶级的利益将会代表社会整体必须前进的方向。①

阶级斗争的重点从来不在于追求特定阶级的特殊的阶级利益，而是在历史的辩证运动中构建社会内部的普遍性与特殊性、实体性与主体性、主体与客体之间的关联。这种关联的构建既不采取固守差异和对立的方式，也不采取否认一方的方式，而是试图使得客体成为能够为主体所把握的客体，使得主体在与客体的关系中辨识出自身与对象的关联。在这个意义上，奈格里认为马克思的辩证法的力量在于其对对抗性（antagonism）的揭示②，的确是一个正确的理解，只有在把握了资本主义社会内部双向运动的对抗性的现实的基础之上，只有明白了双向运动内部主客体的矛盾性之后，才能够进一步谈及从斗争走向解放，开辟历史的下一个环节。但在此基础上，我们不能忘记辩证法从不停留于对对抗性的揭示。当马克思与波兰尼试图用看向未来的眼光来讨论当下的冲突和矛盾的时候，他们想要为对抗性找到一条出路，即为矛盾着的双方找到扬弃矛盾的道路，换句话说，为自由个体与社会整体之间找到一种关联，使得个体能够在社会中自由地行动的同时又关照到由自由的他人所组成的社会整体，而这正是历史的辩证法想要说明的问题。

就此来看，在黑格尔和马克思的环节之后，尽管波兰尼没有明确谈及

---

① Karl Polanyi, *Economy and Society: Selected Writings*, UK: Polity Press, 2018, p.151.

② Antonio Negri, *Marx beyond Marx: Lessons on the Grundrisse*, New York: Autonomedia Press, 1991, p.139.

自己对辩证法的把握和运用，但正是在汲取了历史唯物主义与辩证法的资源之后，波兰尼才能够进一步说明为什么自由与社会这两大原则之间的具体的有内容的关系能够在社会主义条件下实现。对此我们可以得出结论，波兰尼的思想中包含着明显的辩证法的思想痕迹，复杂社会的问题同时也是辩证法的问题。

第五章　市场社会批判的力度与限度

无论是在第一次世界大战战场上阅读《哈姆雷特》的波兰尼，还是在二战时期写作《大转型》的波兰尼，抑或是战后试图思索新的世界秩序何以使得人类得以共存的波兰尼①，其所面对的一直是资本主义社会诞生与变化的现实线索。我们称波兰尼为马克思以及马克思之后的马克思主义的对话者，因而当我们试图对波兰尼的市场社会批判思想加以反思的时候，其重要的参照系便是丰富的马克思主义的思想线索。

概要来讲，如果我们说卡尔·波兰尼的市场社会批判与马克思主义的资本主义社会批判有着紧密的联系，那么这种联系可以被划分为三个向度。第一个向度是，波兰尼借用了大量的马克思主义的思想资源，其主要包括马克思的历史唯物主义方法，对资本主义生产方式、社会结构与意识形态的批判，以及马克思关于斗争与社会转型的理论等。第二个向度是，波兰尼积极地与马克思以及马克思之后的马克思主义者们展开了对话，而这些对话并不是单向的，其中既包含了波兰尼站在新的历史条件下展开的新的讨论、提出的新的理论贡献，也包含了波兰尼未能妥善处理的疏漏或局限之处，可由其对话者加以补充。第三个向度是，波兰尼与马克思主义

---

① 20世纪60年代，在波兰尼生命的晚年时期，他创办了名为《共存》(*Co-Existence*)的杂志，旨在促进世界范围内的思想交流，直接反对冷战，宣扬社会主义思想。参见［英］加雷斯·戴尔：《卡尔·波兰尼传》，张慧玉、杨梅、印家甜译，中信出版社2017年版，第318页。

的对话将延续到对当下全新问题的讨论，他们所提供的社会诊断同样可以用来帮助我们理解资本主义在 20 世纪末期的新变化，他们的思想正在经历着资本主义转型的提问与挑战，但他们的社会诊断依然具有力量，依然能够让我们在思考新问题时得到启发。

我们已经在前文中充分讨论了上述第一个向度，而后两大向度构成了本章的线索。在本章当中，我们将首先从三大方面总结波兰尼的理论贡献，这构成了波兰尼市场社会批判的"力度"；之后将根据波兰尼双向运动的局限性、波兰尼关于行动主体考察方面的局限性，展开反思性的批评，这标示着市场社会批判思想的"限度"；在本章的末尾，我们将讨论波兰尼与马克思的思想在 21 世纪共同面临的新的问题，而这标示着新的现实对思想的新的批判力度的期待。

第一节　波兰尼市场社会批判的理论贡献

当我们谈论波兰尼市场社会批判理论的独特贡献时，既是在谈论波兰尼思想的洞见与闪光点，同时也是在谈论波兰尼在新的历史与时代条件下与马克思的思想对话。之所以强调马克思主义的参照系，不仅是因为在思想脉络上波兰尼继承着马克思的思想内容和思想方法，也是因为波兰尼与马克思共同把握着资本主义社会提出的时代难题，与 20 世纪的马克思主义者们共同探讨着时代难题的新的状况。

一、对市场的深入考察

波兰尼所面对的不仅是马克思本人直接面对的资本主义社会，而且是最终走向了垄断资本主义的资本主义市场社会。在 20 世纪初以米塞斯、哈耶克等人为代表的自由主义经济学再度兴起的条件下，资本主义市场和市场社会成为波兰尼批判的主线。乍看之下，对资本主义市场的批判似乎从属于马克思的资本主义批判，但重要的是波兰尼通过对资本主义市场及市场社会的批判，在汲取了马克思的思想资源的基础上，讨论了 20 世纪背景下的新的核心问题：在社会转型的当口，究竟该如何对待资本主义的市场？资本主义的市场是否能够被改造乃至驯服？

对这个问题，马克思必定会从批判性的角度来给出回答。而波兰尼的工作就在于，他对马克思的批判性的回答进行了深入的条分缕析的解释。在波兰尼的阐释中，我们可以发现三大理论贡献。

第一，波兰尼从马克思的商品拜物教批判进展到市场社会批判。借助于"虚构商品"的概念，波兰尼讲述了资本主义商品拜物教条件下人与人的社会关系的商品化，但波兰尼没有停留于对商品形式的批判，也没有进而走入道德批判意义上对"人本该如何"的考察，而是从中揭示出，劳动力、土地和货币三大虚构商品的诞生意味着一个新的社会结构的诞生，这个新的社会结构是以自我调节的市场为基础的资本主义市场社会。而之所以将"资本主义市场社会"锚定为考察和批判的对象，其针对的是 20 世纪初关于市场的讨论——是否如米塞斯和哈耶克所言，以个体自由为原则的、自由竞争、自我调节的市场以及维系自我调节市场的自由主义国家是资本主义的解题方案？波兰尼对资本主义市场社会之作为批判对象的指认，既是他参与论战的入场券，也是建立起马克思的资本主义批判与 20 世纪自由主义经济学之间的理论对抗的重要尝试。

第二，波兰尼揭示了资本主义市场崩溃的动力学。波兰尼所讲述的"双向运动"描绘了资本主义的市场化、商品化运动所不可避免地遭遇社会自身的抵抗的画面。波兰尼的"双向运动"有两大独特性。首先，波兰尼虽然与斯宾塞、萨姆纳、米塞斯和李普曼等人分享了对双向运动的讨论，但后者只是在强调自我调节的市场的崩溃本可避免，因而要谴责反向运动；而波兰尼与他们完全相反，波兰尼通过指认他们对社会整体的忽略，强调了双向运动不得不遭遇"社会的现实"，因而其所揭示的不仅不是自我调节市场长久运行的可能性，反而是其不可能性、对抗性和矛盾性。其次，波兰尼与马克思分享了对于资本主义社会内部的对抗性矛盾的指认，但是波兰尼较少地以相对乐观的方式谈论资本主义社会内部对抗性矛盾的未来走向，他反而深入地考察了双向运动如何将资本主义社会引导到反动的文明危机。马克思在《路易·波拿巴的雾月十八日》当中描绘了法国的政治斗争逐步暴露出资本主义社会的政治冲突与危机；而波兰尼更进一步地讲述了在资本主义与民主、市场与政治的矛盾中，双向运动可能走向极致的反动，即法西斯主义对资本主义自由市场的终结。

第三，波兰尼尝试讨论了"重新嵌入"的市场，或"重新嵌入"的经济机制。波兰尼彻底地批判了资本主义的市场社会，但他并没有放弃对作为经济调节机制的市场的考察。一方面波兰尼在《早期帝国的贸易与市场》(Trade and Market in the Early Empires) 和《大转型》中考察了前资本主义时期的"嵌入"的市场①，以之来论证在非资本主义生产方式下市场何以被包容在社会之中；另一方面波兰尼提供了以社会主义民主来规定市场的思路，这也启发了哈贝马斯和霍耐特对市场的讨论。波兰尼关于"资本主义国家中的民主之无法限定自我调节的市场"的判断与说明，能够进一步帮助我们考察并批判 20 世纪 70 年代之后新自由主义的崛起。

二、对汤森的批判：政治经济学批判的环节补充

波兰尼在《大转型》中特别关注了斯品汉姆兰时期关于济贫的经济学思想，而汤森的思想得到了重点关注。在波兰尼看来，汤森是位于亚当·斯密之后、李嘉图和马尔萨斯之前的重要中间环节，对汤森政治经济学的批判补充了 18 世纪末、19 世纪初政治经济学批判的环节序列。波兰尼对汤森的讨论与批判是他在政治经济学批判方面的理论贡献，我们分两

① 参见 Karl Polanyi, Conrad Arensberg, Harry Pearson, *Trade and Market in the Early Empires: Economies in History and Theory*, Illinois: The Free Press, 1957, pp.243—270。［英］卡尔·波兰尼：《大转型：我们时代的政治与经济起源》，冯钢、刘阳译，浙江人民出版社 2007 年版，第 37—58 页。

点来谈。

第一，波兰尼通过锚定汤森的环节，讲述了斯密与李嘉图、马尔萨斯之间的关键差别。恩格斯在《国民经济学批判大纲》中写道："我们所要评判的经济学家离我们的时代越近，我们对他们的判决就必定越严厉。因为斯密和马尔萨斯所看到的现成的东西只不过是一些片段，而在近代的经济学家面前却已经有了一个完整的体系……李嘉图的罪过比亚当·斯密大，而麦克库洛赫和穆勒的罪过又比李嘉图大。"① 这里重要的不是罪过"大小"在数量上的比较，而在于斯密与李嘉图、马尔萨斯相比究竟有何关键差别。波兰尼指出，通过引入自然法则，汤森宣称为贫困者提供了劳动的强大"动力"，但无非只是将贫困者推入了自然法则的饥饿威胁当中，这完全使得斯密意义上的社会整体的共同的善消失殆尽，而李嘉图的工资铁律和马尔萨斯的人口论由此显得更加符合"规律"，而这种所谓的规律正是汤森意义上的自然法则的规律，它与共同体的原则、社会整体的原则完全相悖。

第二，借由讲述被汤森置入社会的自然法则，波兰尼发掘了自由主义关于个体自由的理解中的自然主义基础。在汤森为政治经济学引入自然法则之后，随着斯品汉姆兰法令的废除和济贫法的调整，劳动者若不能作为虚构商品来参与市场，便只能作为产业后备军或过剩人口而受制于饥饿，受制于自然的"惩戒"。波兰尼将之揭示为一种瓦解共同体的尝试，而在由此诞生的市场社会中，自由主义的意识形态所讲述的个体自由也便带上了自然主义的痕迹。正如马克思强调了资产阶级意识形态当中自由的抽象性，波兰尼进一步指出，这种抽象的自由之所以是抽象的，正是因为其并非以共同体为凭靠，而是以自然法则的惩戒为威胁，自由的个体只能"自由地"进入市场社会而成为商品，否则他的自由将遭受到自然的直接否定。而即便是在 20 世纪末的新自由主义条件下，对自由的抽象性理解依

---

① 《马克思恩格斯全集》第 3 卷，人民出版社 2002 年版，第 445 页。

然没有改变，抽象的个体自由的背后依然没有共同体的支撑。

三、对现代复杂社会的讨论

马克思已经把握到现代资本主义社会的社会关系不可能用"简单明了"来形容，波兰尼则进一步强调现代社会是一个"复杂社会"，其复杂性不仅仅在于经历了工业革命和市场经济的建立，现代社会内部形成了复杂的社会系统，而且更是在于现代社会包含了自由与社会的双重原则。马克思已然试图讨论自由个体何以生活在现代社会当中，何以在自由人的联合体当中实现自由与社会的双重原则，而波兰尼则进一步试图说明怎样的社会机制能够容纳复杂社会内部的自由与社会原则。

自由与社会的原则并非全新的原则，而波兰尼的复杂社会问题的重要意义在于，他试图在现代社会的复杂性的现实背景下再度讨论自由与社会原则的同时实现。波兰尼的时代独特性使得他保持了对现代社会复杂性的关注。马克思与波兰尼都同意资本主义社会当中既无法实现社会成员的自由，也无法实现社会整体的普遍性要求；并且马克思、恩格斯在《共产党宣言》中特别强调要对资本主义社会进行社会革命，"无产阶级将利用自己的政治统治，一步一步地夺取资产阶级的全部资本，把一切生产工具集中在国家即组织成为统治阶级的无产阶级手里，并且尽可能快地增加生产力的总量"[1]。以 20 世纪初关于社会主义经济核算的辩论、资本主义自身的变迁为背景，波兰尼在现代社会的复杂性的条件下试图进一步探问，若以马克思意义上的社会革命为参照，在 20 世纪初，人们能够期待怎样的社会转型、需要怎样的社会机制，以使得自由的社会成员能够把握住现代复杂社会中对象化为价值和权力的社会关系。尽管波兰尼仍然遵循着马克思关于社会革命与转型的基本思路，但波兰尼试图讨论的"全局观"的建构、社会对经济机制的限定等，构成了波兰尼对现代复杂社会理想社会机制的创新性构想。

---

[1] 《共产党宣言》，人民出版社 2014 年版，第 49 页。

波兰尼关于复杂社会问题的讨论进一步启发着两条理论路线。其一是以哈贝马斯和霍耐特为代表的理论路线。哈贝马斯强调在作为社会对象化的国家权力与资本权力的对抗当中引入交往理性和民主机制；而霍耐特则强调通过对市场加以道德和规范的限定，以使得市场成为社会自由的领域。其二是一条激进革命路线，尽管波兰尼本人对革命问题未作太多讨论，但波兰尼关于社会转型的辩证法本身保留着激进性与革命性的线索，这就使得对于复杂社会问题的激进化解读在理论上成为可能，这条路线以南希·弗雷泽为主要代表。而无论是上述两条理论路线中的哪一种，都是对波兰尼思想的"六经注我"式的解读和使用，在这个意义上，波兰尼对资本主义版本的现代复杂社会的批判、对复杂社会内部双向运动及其危机的阐释、对社会主义版本的复杂社会机制的构想，作为波兰尼独特的理论贡献，也便成了后续解读者们手中的"经典"。

第二节　双向运动的局限性

加雷斯·戴尔认为，"波兰尼提出的诸多概念，其中可能最著名，且被广泛讨论的概念是双向运动；深受波兰尼影响的社会科学家最近数十年所讨论的核心问题是双向运动在多大程度上适用于当今时代"[①]。从最显而易见的层面上看，这自然是因为双向运动并非一个晦涩难懂的概念，同时也是进入波兰尼思想的简易入口之一。"双向运动"这一概念在波兰尼这里专指资本主义市场社会内部的斗争，而在现代社会的社会结构与社会主体逐步复杂化的条件下，由于双向运动（尤其是反向运动）并不必然落实在以特定阶级为面貌的行动主体之上，那么这就带来了关于社会运动的更

---

① ［英］加雷斯·戴尔：《卡尔·波兰尼：市场的限度》，焦兵译，中国社会科学出版社2016年版，第268页。

大的解释空间，南希·弗雷泽试图在此基础上提出作为"第三重运动"的激进社会运动。哈贝马斯试图探讨超越了民族国家界限的"双向运动"，并将双向运动放在历史领域中加以理解，他们对双向运动的发挥拉开了一个非常广阔的解读空间。但是，这是否意味着波兰尼本人在阐述双向运动的时候，没有注意到对双向运动解释力的深度发掘呢？如果弗雷泽与哈贝马斯所提供的只是一种"六经注我"式的理论发挥，那么我们该如何理解双向运动的界限和局限性呢？

一、弗雷泽论有待激进化的双向运动

南希·弗雷泽在"双重运动"的基础上提出了"第三重运动"（the triple movement）——诸如 20 世纪后半叶出现并得到发展的反种族主义、反帝国主义、反战、新左翼、女性主义、多元文化主义等社会运动，都被归之于这"第三重运动"之名下。在弗雷泽看来，这第三重运动所追求的根本目标是解放（emancipation），并且如此这般的解放的针对目标并不只是作为"正向运动"的自由主义的市场化，因而尽管这些社会运动来源于社会当中，但"第三重运动"与"反向运动"也不尽相同。

由于弗雷泽认为"双向运动"的框架只能处理市场社会内部的市场化与反抗的问题，并且市场也并非现代社会中问题的唯一来源，因而新的社会运动与双向运动框架是格格不入的。但之所以弗雷泽对新的社会运动的命名（the triple movement）要暗示其与"双向运动"（the double movement）的关系，这也是因为弗雷泽看到了新的社会运动与新自由主义意识形态合流的危险性，也看到了社会的自我保护并不能够完全囊括新的社会运动，因而在新自由主义的资本主义社会中，第三重运动的"入局"仿佛能够起到在双向运动的两端之间找到平衡点的作用。[①]

---

① 参见弗雷泽的论文 A triple movement? Parsing the politics of crisis after Polanyi，载于 Marian Burchardt, Gal Kirn, *Beyond Neoliberalism*, Switzerland: Palgrave Macmillan, 2017, pp.29—42。

弗雷泽对"双向运动"的发挥至少包含着两大洞见。第一，弗雷泽确认市场化运动的确是市场社会内部的主导性问题，但市场并非唯一的问题来源，这些新的问题或可被指认为霍耐特意义上的"承认"的问题，也或可被指认为奈格里意义上诸众所关心的诸多问题，但无论如何，都需要注意到如果波兰尼的读者对"双向运动"的解释仅仅局限于市场化问题的话，便是忽略了资本主义市场社会中复杂而丰富的对抗性矛盾。弗雷泽特别提示我们不能把"双向运动"仅仅理解为市场与经济的问题，而是要将之理解为社会整体的问题，也不能把"双向运动"理解为仅仅具有描述性意义的社会学概念，而是要明白"运动"之中随时包含着实践行动的可能性。第二，如果资本主义社会仍旧处于存续着的状态之中，那么在构想马克思意义上的革命行动之前，有必要仔细考察社会内部运动和对抗着的力量，以及力量之间的平衡与动态关系。但此番考察也带来了新的难题，究竟是以保守的姿态来考察力量之间的平衡，还是以面向社会转型（波兰尼意义上的"大转型"）的姿态来考察力量的关系重构呢？弗雷泽的问题意识在于对资本主义社会内部的矛盾运动加以辨析与整合，并进行激进化处理。那么，她的此番工作是成功的吗？

如果我们简单地以为引入"第三重运动"才能带来激进化，却看不到波兰尼对资本主义市场社会内部的双向运动的诊断是要求解使得资本主义市场社会无法自我维系的根本矛盾，那么也便无非是对"双向运动"概念进行了粗暴的简单化的理解罢了。正如加雷斯·戴尔所指出的，双向运动的概念可能会被泛化处理，如此一来双向运动就可能会沦为一种"坏的抽象（bad abstraction）"[①]。更进一步的危险在于，也正如弗雷泽自己所承认的，在市场化与社会保护的两极之间周旋的第三重运动所理解的自由，可能会陷入自由主义所提供的个体自由的意识形态当中，但她并没有给出行

----

① ［英］加雷斯·戴尔：《卡尔·波兰尼：市场的限度》，焦兵译，中国社会科学出版社2016年版，第274页。

之有效的解决办法。因此,"第三重运动"仍旧陷入了"反向运动"所面临的困境中,正如我们在第三章当中所谈论的,这里可能会诞生一种"资产阶级的形式的普遍性"或者甚至是"反动的普遍性",米夏埃尔·布里认为,在弗雷泽的理解中,解放运动所追求的自由时常与自由市场意义上的自由是混同的,而这种混同恰好滋养了新自由主义式的对自由的理解。① 于是,作为第三重运动的解放运动的尴尬之处便在这里暴露出来:它非但承担不起"掘墓人"的角色,反而可能起到适得其反的作用——使双向运动与资本主义的体系得到持续和强化。

尽管弗雷泽对"第三重运动"的尝试性讲述并未从根本上改写"双向运动"的基本框架,但她仍旧给予了我们至关重要的提示:如果波兰尼追求的是对"双向运动"的终结,是对资本主义市场社会的终结,对私有制和资本主义市场机制的扬弃,那么就必须寻找或整合行动主体。"反向运动"并不能够承担起自觉主体的角色。如果在波兰尼这里反向运动的主体是社会整体,那么波兰尼就必须论证社会整体何以具有革命性力量,或论证社会整体中的哪个部分能够承担起社会普遍性的要求。

二、哈贝马斯论双向运动的国家维度和历史维度

如果说弗雷泽对"双向运动"的新理解是试图从一个社会的内部来挖掘关于对抗性运动的新线索,那么哈贝马斯则是同时打开了国家与历史的两个宏大的向度,在这两个向度上,哈贝马斯所提的问题是:是否可以探讨一种超越了国家界限的双向运动?是否可以探讨历史中的双向运动?

哈贝马斯首先把握住了"双向运动"中的国家的力量或政治的力量并进行了发挥。在波兰尼原本的讨论中,无论是作为"正向运动"的自由主义市场化运动,还是作为"反向运动"的社会的自我保护运动,都与资本

---

① Michael Brie, *Karl Polanyi in Dialogue: A Socialist Thinker for Our Times*, Montreal: Black Rose Books, 2017, p.35.

主义国家的力量密切相关 ①，因而在这个意义上波兰尼讨论双向运动时基本是将目光聚焦于国家的范围之内的；而当波兰尼讨论资本主义世界体系之内的势力均衡体系与金本位制度及其崩溃时，也并未明确地探讨超出资本主义国家界限的双向运动。依托于国家的概念，哈贝马斯在《后民族结构》中区分了"开放"与"闭合"这一对概念，"闭合"（或"防卫性"）强调国家对权力的保护性作用的发挥，"国家在它自身的疆域当中捍卫法律和秩序，为公民的私人生活世界提供安全保障。一旦出现无法控制的外来'冲击'，他们就强调封闭的政治意志" ②。与之相对，"开放"则更加接近于自由主义的要求，"强调主权国家的权力具有一种压制的性质，它使得民众不得不臣服于喜好管理的行政机关的压迫，陷入了同质性的生活方式的囚笼之中。自由的冲动呼吁开放领土的疆界和社会的疆界，认为这是双重意义上的解放——既是被统治者从国家管理的垄断权力当中获得的解放，也是个体从民族集体对一种行为模式的强制认同当中获得的解放" ③。因而当国家在处理开放与闭合的问题时，其一端关联着处理国家范围内的双向运动，另一端关联着国家之外的事务。而此时如果我们再返回到波兰尼的视角就会发现，双向运动必须在全球化或资本主义世界体系的视角下重新加以审视。

哈贝马斯继续写道："如果那种'双向运动'——19世纪对世界贸易放弃调节和20世纪对世界贸易重新进行调节——可以作为一种样板的话，那

---

① 在《大转型》中，波兰尼强调自我调节的市场的确立与维系本身需要政治的力量，前者对后者提出了明确的要求，并且甚至可以说"自由主义国家本身就是自我调节的市场的结果"。而对于反向运动来说，运动常坐落在政治的领域中，反向运动或社会的自我保护"目标是对人和自然以及生产组织的保护；依仗直接受到市场有害行动影响的群体——主要是、但不仅仅是工人阶级和地主阶级——的各种各样的支持；它运用保护性立法、限制性的社团和其他干涉手段作为自己的运作手段"。参见［英］卡尔·波兰尼：《大转型：我们时代的政治与经济起源》，冯钢、刘阳译，浙江人民出版社2007年版，第3、114页。

② ［德］尤尔根·哈贝马斯：《后民族结构》，曹卫东译，上海人民出版社2018年版，第97页。

③ ［德］尤尔根·哈贝马斯：《后民族结构》，曹卫东译，上海人民出版社2018年版，第97—98页。

么，我们所面对的就将是一次新的'大转型'。"①在这里，哈贝马斯又将双向运动放在了历史的维度中加以考察，19世纪的自由主义国家所推动的自由化与市场化是一重向度，而20世纪（在哈贝马斯此段引文的语境中，"20世纪"指的是20世纪初——作者注）国家重新发挥权力对市场加以限定并建立福利国家则是另一重向度。在这样的讨论方式中，双向运动表现为一种时间性的变迁，在特定条件下市场化运动占据上风，而在另一些条件下则是社会的自我保护占据上风。这看似只是一种钟摆式的变动，但这里所真正暴露出的问题是：历史是否可能终结于双向运动当中，或者说，双向运动是否为资本主义自我保存的方式？可惜的是，哈贝马斯并没有继续沿着我们所发现的上述问题来思考历史中的双向运动，而是在试图探问在全球化条件下面对着多元文化主义和个体化的挑战，国家如何处理开放与闭合的问题。

我们仍旧要承认哈贝马斯借用"双向运动"概念时为我们提供的启发。首先，对双向运动的研究需持有全球化的视野，双向运动看似发生在国家范围内，但自由主义市场化的运动只有经由处理其与国家的关系才能够追求开放和全球化，社会自我保护的运动在国内市场当中、在全球化世界市场当中都需要国家的权力。其次，双向运动并不只是当下时刻的对抗性运动，而是可以被观察为国家在开放和闭合的运动中的时间性的流变，无论这种流变是否具有历史性的、"大转型"的意义。

当然，正如哈贝马斯几乎完全忽略了波兰尼"双向运动"概念的激进性②，波兰尼讲述双向运动是为了说明自由主义社会内部的对抗性矛

---

① ［德］尤尔根·哈贝马斯：《后民族结构》，曹卫东译，上海人民出版社2018年版，第102页。

② 这一点明显地表现在《后民族结构》的这段文字中："《大转型》一书的最后一章题为'复杂社会里的自由'，在这一章，波兰尼描绘了制度化资本主义的未来，这在很大程度上预示了战后经济秩序的发展过程。该书发表的时候，布雷顿森林体系刚好建立。在此框架内，绝大多数工业国都会选择一种社会福利国家的政策，并多少取得了一些成就。"甚至可以说，哈贝马斯主动忽视了波兰尼"双向运动"概念的激进性以及"复杂社会问题"的激进性。（［德］尤尔根·哈贝马斯：《后民族结构》，曹卫东译，上海人民出版社2018年版，第102页。）

盾，而这种对抗性矛盾只有通过朝向社会主义的社会大转型才能够解决。哈贝马斯对双向运动解读法的确提供了视野上的补充，但并没有提示出双向运动概念解释力的缺陷。然而从哈贝马斯的解读中我们需要进一步追问：战后福利国家与新自由主义的浮沉是否意味着资本主义的历史将终结于双向运动当中，如果不是的话，突破双向运动的力量究竟在哪里？

三、马克思视角下双向运动的局限性

弗雷泽与哈贝马斯向波兰尼提示出了类似的问题，综合起来可以被表述为：双向运动何以终结？终结双向运动、开启社会转型的行动主体何在？这个问题似乎与马克思所面对的问题相类似：资本主义社会何以终结于无产阶级的阶级斗争、革命实践中？波兰尼在《大转型》中描述的是19世纪资本主义市场社会中的双向运动，而马克思所处的恰好正是这一资本主义社会内部的运动与斗争时期，这提示我们，可以带着弗雷泽与哈贝马斯所提示出的问题意识，以马克思的视角来考察双向运动。

自然，马克思所谈论的并不是"双向运动"，而是"阶级斗争"。如果说双向运动是一种现实性的运动，那么我们当然可以说马克思是双向运动的见证者，那么我们如何从马克思的角度去解释双向运动呢？

在马克思这里，当他讲述革命性的阶级斗争时，特别强调革命的无产阶级的普遍性。"过去的一切运动都是少数人的，或者为少数人谋利益的运动。无产阶级的运动是绝大多数人的，为绝大多数人谋利益的独立的运动"①，"绝大多数人"与"少数人"的对立是阶级利益的直接对立，但是这种阶级利益的对立在无产阶级的革命运动当中将走向对阶级对立的现实关系及其前提条件的消灭。"代替那存在着阶级和阶级对立的资产阶级旧社会的，将是这样一个联合体，在那里，每个人的自由发展是一切

---

① 《共产党宣言》，人民出版社2014年版，第39页。

人的自由发展的条件。"①而当马克思在写作《路易·波拿巴的雾月十八日》时，他看到了波兰尼在描述"双向运动"时所观察到的另一个版本的阶级斗争，而这里所体现出的并不是普遍性之被把握，而是普遍性的丧失和各阶级的特殊性利益的极致释放，也正因此当波兰尼用"社会整体的利益"来代替特定阶级的阶级利益在双向运动中承担普遍性的原则时，马克思同样指出特定阶级之把握普遍性的原则是何等艰难。要紧的是，如果我们明白了在马克思这里有两个版本的阶级斗争，即《共产党宣言》当中宏观的革命性的阶级斗争以及《路易·波拿巴的雾月十八日》当中微观的阶级斗争，那么我们就能够明白马克思实际上也处理了"反向运动"②的问题。但更加值得注意的是，正如波兰尼特别强调双向运动的终结在于资本主义市场社会的彻底崩溃，位于双向运动终结处的大转型的理想方向在于走向社会主义版本的复杂社会；当马克思谈论阶级斗争时，无论他谈论的是何种版本的阶级斗争，都特别强调阶级斗争与历史运动的关联，强调只有凭借阶级斗争才能够带来历史运动和社会转型。

如果我们把握到了马克思和波兰尼在讨论阶级斗争和双向运动时所特别强调的历史运动与社会转型的问题，再反过头来看弗雷泽与哈贝马斯对双向运动的讨论，就会发现弗雷泽试图谈论整合社会斗争，但并未谈论对资本主义社会的真实突破；哈贝马斯试图谈论历史，但只是在时间流变的条件下进行讨论，而并未深入社会机制的根本变革的维度当中。波兰尼试图求索社会的革命性转型以及历史的运动，他相信在历史的悲喜剧中终将迎来"大转型"，但是，波兰尼却因太过关注微观阶级斗争当中特定阶级难以把握社会整体的普遍性的问题，忽略了斗争主体的问题——也正因

① 《共产党宣言》，人民出版社 2014 年版，第 51 页。

② 之所以我们强调马克思处理的是"反向运动"的问题，原因在于：当马克思谈论阶级斗争时，并未特别强调阶级斗争与市场化的直接关系，在马克思这里"正向的市场化运动"与"反向的反抗运动"之间的互动关系并非重点，即便这个问题在马克思的视域中同样也可以得到解释。

此，"双向运动"中难觅开创历史下一个环节的斗争主体，双向运动虽然表述了对抗，却并未谈及从对抗走向下一个环节的突破性力量。由缺乏行动主体而导致的"双向运动"与"社会转型"之间的断裂性是波兰尼的"双向运动"概念真正的局限性所在，而这局限性反而在马克思的语境下得到了重视。

在这个意义上，波兰尼也面对着和哈贝马斯同样的困境中，在这一困境中，复杂社会问题或可被扭曲为资本主义自我保存的努力，变成资本主义转型的理论资源。也正因此，哈贝马斯对波兰尼的评述虽然并未直达波兰尼关于复杂社会理想的问题意识，却反而指明了波兰尼思想命运的悲剧色彩——哈贝马斯这样写道："《大转型》一书的最后一章题为'复杂社会里的自由'，在这一章，波兰尼描绘了制度化资本主义的未来，这在很大程度上预示了战后经济秩序的发展过程。"① 战后资本主义的发展，与《大转型》最后一章对复杂社会理想的探讨针锋相对。

第三节　"大转型"何以可能：行动主体何在

我们需要向波兰尼提出的问题是：如果在现代复杂社会中可以期盼转向社会主义的"大转型"，那么转型的现实动力在哪里？推动转型的行动主体是什么？如果对于马克思来说，行动主体是无产阶级，那么马克思对无产阶级的理解能够为波兰尼所面临的这一问题提供怎样的帮助？

一、波兰尼语境下的阶级

根据波兰尼的说法，推动社会转型的行动主体仍旧是阶级。他写道，

---

① ［德］尤尔根·哈贝马斯：《后民族结构》，曹卫东译，上海人民出版社 2018 年版，第 102 页。

"局部利益乃是推动社会与政治变迁的自然的载具"①，他还补充性地解释道："正是一个阶级与社会整体的关系决定了它在历史中扮演的角色；它的成功是由它能够为之服务的利益的广泛性和多样性，而不是它自身的利益所决定的。"② 这看似与马克思关于无产阶级的阶级利益具有普遍性的观点基本相同，看似就此出发可以顺理成章地言说无产阶级革命，并借由无产阶级革命来讲述社会转型的行动主体与现实动力。但在波兰尼的论述中，这一条思路似乎并不明显。这当然不是因为波兰尼直接忽视了无产阶级革命的论题（波兰尼关于马克思思想的丰富研究不可能让他忽略这一重要论题），而是因为波兰尼与马克思理解"阶级"概念的进路是不同的。

《共产党宣言》讲述了资产阶级在经济上的统治性权力，并且强调经历了政治解放的现代国家实际上维护的是资产阶级的利益，因而概括来讲，马克思是从经济和政治这两条线索来理解现代的阶级社会的。而波兰尼虽然并不否认这两条线索，但他强调对阶级的理解需要关注另外两个要点：第一，从反面来讲，阶级利益并没有一种经济性的本质，或者说，经济性要素并非阶级利益的唯一规定性要素，"尽管人类社会要受到经济因素的限制，人类个体的动机却只有在例外的情况下才由物质满足的需要所决定"③，因而正如波兰尼反对将斯密意义上的"经济人"仅仅理解为"只具有自利动机的人"，波兰尼同样反对认为阶级利益的本质是经济性的；第二，从正面来讲，要从社会性、社会承认的角度来理解阶级，"一个阶级的利益最直接地是指身份（standing）和等级（rank）、地位和安全，也

① ［英］卡尔·波兰尼：《大转型：我们时代的政治与经济起源》，冯钢、刘阳译，浙江人民出版社 2007 年版，第 130 页。《大转型》中译本中"载具"原为"车轮"，在英文版中则是 vehicle，"车轮"的译法更偏向意译，改为"载具"更为贴切。

② ［英］卡尔·波兰尼：《大转型：我们时代的政治与经济起源》，冯钢、刘阳译，浙江人民出版社 2007 年版，第 133 页。

③ ［英］卡尔·波兰尼：《大转型：我们时代的政治与经济起源》，冯钢、刘阳译，浙江人民出版社 2007 年版，第 131 页。

就是说，它们首先是社会性的而不是经济性的"①。

波兰尼对阶级的理解方式确有其好处。如此一来便能够在讲述阶级概念时展开丰富的活动领域，使得阶级的活动与斗争不只局限在经济与政治的领域，而是能够向社会领域进一步扩展。马克思、恩格斯在《共产党宣言》中指出，无产阶级的革命首先要夺取国家政权，在此基础之上进行社会革命，波兰尼则进一步试图说明社会革命究竟意味着什么，这意味着除了对生产方式、经济模式、所有制关系进行革命之外，还要对人所关心的文化、社会承认、安全等诸多非经济问题进行深入处理。

二、波兰尼对阶级的局限性理解

波兰尼对阶级的理解方式同样蕴含着两大问题，而这两大问题都与我们如何理解主体、主体的行动有关。

第一，波兰尼没有说明作为阶级何以承担"行动主体"的角色。具体来讲，当波兰尼强调特定阶级只有在与社会整体的普遍性建立起关联时才能扮演推动历史变迁的角色的时候，他并没有说明这样的关联是如何可能被建立起来的，没有说明特定阶级何以能够把握社会整体的普遍性的利益。换用马克思的话说，波兰尼并没有说明无产者何以上升为革命的无产阶级；用卢卡奇的话说，波兰尼没有解释无产阶级的阶级意识何以可能。而之所以如此，恰好是因为波兰尼对阶级的理解使得阶级被弱化为了关于人群的一种区分性标志，这只是在知性的高度上理解阶级，而忽略了从阶级概念所蕴含的自我否定趋势的角度来理解阶级。

第二，波兰尼没有说明当特定阶级（即便这个阶级已经上升到了社会普遍性的高度上）采取行动时，如此这般的行动是怎样进行的、何以面对阶级斗争中的暴力与牺牲。哈尔珀琳向波兰尼提出的最严厉的批评之一便

---

① ［英］卡尔·波兰尼：《大转型：我们时代的政治与经济起源》，冯钢、刘阳译，浙江人民出版社 2007 年版，第 131 页。

是：在阶级社会中，不同阶级获取社会保护的能力是不同的。[①] 因而对于处于弱势地位的无产阶级来说，如果说无产阶级与资产阶级的阶级利益是直接相互对立的，且社会保护运动所诉诸的国家权力被更多地掌握在特定阶级的手中，那么无产阶级何以能够采取行动来实现自身的利益、乃至于被把握到的社会整体的利益呢？马克思直接地提供了"暴力革命"作为对资本主义社会内部的社会权力关系、资本的权力的回应，在马克思这里，资本主义社会中的背靠着暴力的权力需要通过新的暴力来推翻，"暴力革命"直接针对了资产阶级思想家，又针对了以圣西门、傅里叶、欧文等为代表的空想社会主义者。于是我们要问：为何波兰尼不谈革命行动呢？这是否意味着他的社会主义思想有陷入空想的危险呢？在马克思的暴力革命论中，我们能够发现暴力革命的行动主体是革命的无产阶级，而客体则是作为整体的、掌握着经济权力与政治暴力的资产阶级社会。于是对于马克思来说，论证暴力革命的前提一定在于说明社会整体层面上的根本性冲突，即说明资产阶级社会对社会成员的根本性的否定，无论是对于资产阶级还是对于无产阶级来说，在资本主义生产方式中，在资本的统治性逻辑和拜物教条件下，即便资产阶级行使着"资本的人格化"[②]的角色，即便资产阶级在保护性运动中获取社会保护的能力强于其他阶级，但在资本主义社会中已经发生了一个根本性的断裂，即如此这般的社会在整体性层面上是否定人的，同样也是以暴力作为支撑的。但正是由于波兰尼并没有清楚地论证无产阶级何以能够把握到社会整体之作为人的根本利益，也便无法说明这种整体性层面上的对抗，而只能局限性地说明在社会保护运动中各阶级是如何借助于国家权力来守护特定阶级的阶级利益的。

---

① ［英］桑德拉·哈尔珀琳：《现代欧洲的战争与社会变迁：大转型再探》，唐皇凤、武小凯译，江苏人民出版社 2009 年版，第 16 页。

② 《资本论》第 1 卷，人民出版社 2018 年版，第 178 页。

　　波兰尼致力于对阶级斗争的微观考察，尽管这有助于他说明在如此这般的阶级斗争中法西斯主义何以登上历史舞台[①]，但他忽略了讲述特殊性的阶级如何成为普遍性的阶级、成为推动历史运动的活跃主体这样一个关键的论题，而这正是马克思能够为波兰尼补充的重要思想内容。

　　总结而言，我们对波兰尼市场社会批判思想的局限性进行了两项讨论。

　　首先我们从双向运动的局限性入手，发现双向运动的局限性不在于缺乏激进性视角，不在于双向运动是否能够用于言说哈贝马斯意义上的开放与闭合，也不在于是否能够在历史流变的视角下考察钟摆运动式的凯恩斯主义与新自由主义的变换。理论家对双向运动的发挥只是意味着他们对双向运动的启发性的运用，而非是对双向运动概念的直接批评；然而我们能够从如此这般的发挥中看到为理论家把握到的双向运动与社会转型的断裂。

　　若要问如此断裂何以可能，便进展到了第二项讨论：我们发现了波兰尼缺乏对行动主体的考察，波兰尼对阶级概念的独特理解进路使得当他讲述阶级与阶级斗争问题时，既缺乏对行动主体何以把握到社会整体的普遍性的讨论，又忽视了对社会转型不得不面对的暴力的革命行动的正面论述。

　　言说"大转型"的波兰尼竟然在对革命问题的讨论上有所缺失，这自然是一个费解的"现象"。但停留于"指认现象"的批评是廉价的。较为负责任的批评方法要求我们深入波兰尼本人的思路当中，从双向运动以及波兰尼对阶级的讨论中，发现其思路的独特性和内在缺陷。

---

　　① 波兰尼在《大转型》第十九章中说明，在资本主义市场社会中，在特定阶级占据特定社会领域并爆发出激烈的社会冲突的时候，"恐惧攫取了人民的心，那些可能提供逃离危险的简单方案的人将被推上领导地位，而不管这种方案的最终代价是什么。法西斯主义解决方案登场的时机已经成熟了"。（[英]卡尔·波兰尼：《大转型：我们时代的政治与经济起源》，冯钢、刘阳译，浙江人民出版社2007年版，第199页。）

第四节　新的问题：现代社会的技术、权力与资本

相较于对革命与社会的根本性转型的讨论，在今天重读马克思与波兰尼，我们所更加切近地面对的问题似乎是资本主义的自我保存与转型。但我们必须注意，若因革命话语的沉寂便粗暴地下定论，认为马克思与波兰尼的思想无非是关于 19 世纪和 20 世纪初的资本主义批判思想、是过时的，这就低估了马克思与波兰尼熠熠生辉的思想价值。在这里我们想要讨论的是，当下资本主义的发展所提出的新的状况，即便没有被马克思与波兰尼亲眼见证，但在两个方面上与马克思和波兰尼的思想高度相关。第一，马克思与波兰尼在最根本的意义上把握住了资本主义最新发展的根基性内容，因而他们的批判仍旧有效；第二，我们仍可参照他们的洞见，来对资本主义社会所提出的新内容加以批判，后者的确是、必然是马克思与波兰尼的议题，是时代对他们提出的新的问题和挑战，更是我们今天理解马克思主义、理解波兰尼的思想所必须更深入地加以研究的议题。我们根据现代社会内部的技术、权力与资本这三个方面来对这些议题加以研讨。

一、技术：开放性与封闭性

马克思在《经济学手稿（1857—1858 年）》中阐释了在资本主义生产方式中机器与劳动的关系。一方面，机器与劳动共同构成了生产过程当中必不可少的要素，只不过机器作为生产工具被控制在资本一侧；另一方面，随着一般智力的发展以及技术的进步，较之于科技的力量、机器的力量，直接劳动在生产过程中所扮演的角色似乎看起来重要性有所下降，但恰恰由于直接劳动是财富生产的决定因素，因而在劳动与机器的对立中，资本主义生产方式呈现出解体的倾向。马克思写道："活劳动同对象化劳动的交换，即社会劳动确立为资本和雇佣劳动这二者对立的形式，是价值

关系和以价值为基础的生产的最后发展。这种发展的前提现在是而且始终是：直接劳动时间的量，作为财富生产决定因素的已耗费的劳动量。但是，随着大工业的发展，现实财富的创造较少地取决于劳动时间和已耗费的劳动量，较多地取决于在劳动时间内所运用的作用物的力量，而这种作用物自身——它们的巨大效率——又和生产它们所花费的直接劳动时间不成比例，而是取决于科学的一般水平和技术进步，或者说取决于这种科学在生产上的应用。"[①]

马克思在"机器论片断"中试图讲述生产过程中智力是如何与工人相分离的，并试图指出这是内在于一切资本主义生产当中的趋势，并且这个过程在机器生产中达到了顶峰。但是，在机器与技术的问题上，马克思保持了高度的乐观态度。在马克思看来，机器体系是技术的物化形式，而资本主义生产方式中机器与劳动的对立显示了前者不能够容纳机器与技术的重大发展，纵然精制的机器是资本主义生产方式的技术前提，但机器越多地包含更丰富的技术、工人越多地成为机器一旁的监督者和调节者，资本主义就愈发无法消化如此这般地产生的巨大的剩余价值，崩溃就愈发早地来临。

对于马克思来说，机器和技术，既可以有资本主义的运用，也可以有共产主义的运用。波兰尼同样表述了类似的思想，他的表述是："工业社会能够承受自由。市场经济的逝去可以成为一个时代的开始，这个时代拥有前所未有的自由。法律的和实际的自由能以比过去任何时候都更广泛、更普遍的方式存在；规制和控制不只是使少数人，而是使所有人获得自由。"[②] 如果说社会主义意味着从原则上实现了对资本主义工业社会的直接超越，那么如此这般的超越能够并且必须容纳工业社会所达成的知识、技

[①] 《马克思恩格斯全集》第 31 卷，人民出版社 1998 年版，第 100 页。

[②] ［英］卡尔·波兰尼：《大转型：我们时代的政治与经济起源》，冯钢、刘阳译，浙江人民出版社 2007 年版，第 3、217 页。

术和工业成果。

马克思揭示了在技术与工人相分离的条件下资本主义因无法消化其所生产的剩余价值而崩溃的问题，于是便有了这一追问：如此这般的崩溃带来的是一次又一次愈发严重的危机以及危机之后的苟延残喘，还是资本主义体系本身的彻底崩溃？如若是后者，那么就必须说明：作为生产工具的技术究竟能否被工人所把握，怎样才能够被工人所把握？对这个问题的解决是建立容纳着现代技术的新的理想社会的前提。

就技术本身所蕴含的开放性来讲，工人对知识、技术和机器的把握是可能的。马克思与波兰尼所共同把握的现实是工业革命，工业革命的特征在于精制机器的诞生，而精制机器无论如何都会面对所有权的问题，在这个意义上工业革命中的技术与机器必然服务于拥有机器（以及物化在机器中的技术）的所有者。而在信息技术革命的条件下，培根的名言"知识就是力量（power，权力）"又一次获得了力量。技术对于劳动者来说不再仅仅是工业社会中易被垄断的、物化在机器中的客体，而是可以成为主体的构成物。在这个意义上，我们能够说劳动者可以通过掌握技术夺回生产工具，并且技术的共产主义运用的可能性得到了敞开。

但问题在于，技术本身从来并不是以平等的姿态面对劳动者。如果说海德格尔强调了现代技术是"完成了的形而上学"[1]，那么他的此番判断在今天仍然具有两方面的意义：第一，现代技术从未改变对存在者加以宰制的姿态和能力；第二，劳动者不需要掌握形而上学，而若只接受形而上学的规定，他们根据现代技术的要求来塑造自身。因此，在信息技术革命之后，现代技术虽然的确带来了劳动者重新掌握生产工具的可能性，但另一方面也同时带来了使得劳动者内部进一步划分出权力关系的可能性——通过掌握技术，信息技术与互联网从业者能够获得更高的收入和社会地位，

---

① ［德］马丁·海德格尔：《演讲与论文集》，孙周兴译，生活·读书·新知三联书店2005年版，第80页。

而从事体力劳动的工人从未改变其生命状态。① 与马克思时代的"机器"相同的是，工人只有进入体系才能够获得工资。但不同的是，在马克思和波兰尼所面对的工业技术时代，在对劳动操作进行无限拆解和简单化的机器面前，每个劳动者在抽象劳动的层面上并没有太大的差异②；而在现代技术条件下，劳动者能否掌握技术、将自身塑造成新的技术性的主体，避免成为由现代技术所产生的过剩人口，对于劳动者内部的竞争与区分而言具有最高的重要性。

技术对主体的塑造同时包含"开放性"与"封闭性"，它既保持了开放性的外观，但又在进步强制的条件下对在知识层面未达到较高水平的劳动者表达了排斥。由此一来，现代技术似乎可以用于对现代社会内部系统的维护。

而借助于对技术的封闭性的讨论，使得我们可以反问波兰尼：如果仍旧要追求现代复杂社会中的"全局观"，那么是否需要把握住相应的技术前提？布洛维指出，在新自由主义的资本主义的现实状况中，知识与技术已经变成了新的"虚构商品"，其生产和传播也越来越商品化。③ 原本为波兰尼在《论自由》与《大转型》当中所揭示出的市场的遮蔽性在现代技术的条件下反而得到了加强，新自由主义的市场通过绑架作为虚构商品的技术和知识再度强化了对全局观的遮蔽。现代技术对全局观的参与不仅体现在个人对社会中知识和信息的直接把握，而且还体现在后续的步骤

---

① 布洛维指出，在技术变革的条件下，反向运动所保护的甚至可能只是被剥削的"权利"，被剥削反倒成了特权。见 Michelle Williams, Vishwas Satgar, *Marxisms in the 21st Century: Crisis, Critique and Struggle*, Johannesburg: Wits University Press, 2013, pp.34—52。

② "机器使劳动的差别越来越小，使工资几乎到处都降到同样低的水平，因而无产阶级内部的利益、生活状况也越来越趋于一致。"参见《共产党宣言》，人民出版社 2014 年版，第 36 页。

③ Michelle Williams, Vishwas Satgar, *Marxisms in the 21st Century: Crisis, Critique and Struggle*, Johannesburg: Wits University Press, 2013, pp.34—52。

上——如果每个人能够实现对自己的生命状态和社会整体的价值的直接把握，那么在这之后，如此这般的"直接的把握"何以能够被汇聚起来？这种汇聚同样也要依托现代信息技术的开放性。哈贝马斯指出，现代信息技术所带来的高度开放性的新媒体平台虽然使得沟通和交往变得通畅，并且新媒体的去中心化特征似乎具备着解放的潜能，然而，碎片化的、不负责任的讨论反而干扰甚至破坏了公共领域的功能和价值。① 一旦我们来到现代语境下，面对着现代的"复杂社会"，那么对理想愿景的考察必须将对现代技术的批判与反思纳入其中。

在现代技术的难题中，包含了由马克思所发现的资本主义条件下技术与劳动力相分离所带来的矛盾，又包含了由技术的开放性与封闭性所带来的全新的挑战——这也正是今日思考"复杂社会问题"的必要内容，现代社会的复杂性不仅要在工业技术社会得到讨论，而且要在 21 世纪的技术社会得到讨论。

二、权力：是谁在"保护"社会？

如果说 19 世纪的自由主义对权力的理解是错误的，那么其错误的根源就在于将权力等同于"强制"，仿佛在双向运动中，反向运动的一侧可以通过诉诸政治权力来达成对市场化的强制性限制，并且这种限制是自由主义所完全反对的。但是，现代社会中的权力从来都不只是简单地意味着对市场的强制，我们只需与波兰尼一同思索一个问题便能够发现端倪：究竟是谁在保护社会？

若我们仅仅以为对社会的保护是自下而上进行的，是对市场化运动的简单反对，便忽略了资本主义利用社会保护运动以维系自身的可能性。沃

---

① 参见哈贝马斯的论文 Überlegungen und Hypothesen zu einem erneuten Strukturwandel der politischen Öffentlichkeit，载于 Martin Seeliger, Sebastian Sevignani, *Ein neuer Strukturwandel der Öffentlichkeit?*, Baden-Baden: Nomos, 2021, pp.470—500。特此感谢段醒宇、宋一帆、林靖宇、颜月皓对该论文的译介。

尔夫冈·施特雷克（Wolfgang Streeck）认为，资本主义需要针对市场扩张的反向运动，以防止其非资本主义基础的破坏[①]，并且资本主义的非资本主义基础反倒是资本主义能够得以延续的前提。这一观点如果换成波兰尼的表述，意味着反向运动不仅不必然是对资本主义的破坏，而且反倒可以被加工成为延续资本主义的必要手段。杰弗里·霍奇森（Geoffrey Hodgson）直接指出，资本主义只有在不完全是资本主义的情况下才能生存，因为它还没有摆脱自己或它所在的社会的"必要杂质"（necessary impurities）。[②] 换句话说，对社会的保护不仅仅是被保护者的需要，同时也是资本主义自我维系、自我再生产的需要，这两种需要在特定情境中甚至可以有所重合。社会的自我保护往往是在政治领域中凭借政治权力得以进行的，而如果对社会加以保护是资本主义自身的需要，那么权力对社会的保护，便未必是出自社会自身的作用，而是出自市场化的"正向运动"的要求了。在这个意义上，市场机制提出了对社会成员加以保护的要求，剥削者提出了对被剥削者加以保护的要求，现代社会系统提出了对生活世界加以保护的要求，而如此这般的保护，以现代社会的权力为凭借。

对这一问题加以讨论的现实意义在于重新思考新自由主义的资本主义的生命力究竟在何处。正如托马斯贝格尔所观察到的，新自由主义不再依赖于关于市场的自然性或自发性的论点，这使得波兰尼对19世纪自由主义所坚持的市场自发性的批判难以被直接搬运到对新自由主义的反思上[③]。值得特别关注的是，新自由主义对待权力和双向运动的方式与19世纪自由主义相比，发生了至关重要的变化。在经历了二战后的"嵌入型资

---

① Wolfgang Streeck, How will capitalism end?, *New Left Review*, 2014(87), p.50.

② Geoffrey M. Hodgson, Makoto Itoh, Nobuharu Yokokawa, eds. *Capitalism in Evolution: Global Contentions—East and West*, Cheltenham: Edward Elgar, 2001, p.70.

③ Radhika Desai, Kari Polanyi Levitt, eds. *Karl Polanyi and Twenty-first-century Capitalism*, Manchester: Manchester University Press, 2020, pp.160—161.

本主义"①之后，即便新自由主义彻底放弃掉了凯恩斯主义的经济学，但资本主义已然将社会权力理解为资本主义再生产的工具。从事于社会保护事业的不再主要是工人、无产者或受到市场化运动的侵蚀的人，而是为了使得市场化运动顺理成章地、安全地、有秩序地进行下去的资产阶级。尽管波兰尼从汤森的政治经济学中所揭示出来的作为自我调节的市场的基础的自然惩戒从来没有完全从资本主义世界体系中消失，而是被转移到了全球化条件下的边缘国家当中；但在全球化条件下，尤其是在 20 世纪新自由主义兴起的背景下，处于资本主义世界体系中心地区的国家开始注意到权力对社会的保护作用。

在这个意义上，资本与权力的相互绑定获得了新的意义，资本成了权力的使用者，而不仅仅是权力的强制性作用的对象。这种不再仅仅披着强制性的外衣的现代权力，反倒是福柯意义上的"使人活"②的生命政治权力。在新自由主义条件下，政府的干预提供了一种"社会保护"，这已然并非 19 世纪自由主义意义上的"小政府"了。如福柯所说："政府干预越是在经济活动的自身层面上保持谨慎，相反，在包括了技术的、科学的、法律的、人口的背景整体方面，即我概括地称之为社会背景方面，政府干预的程度越重，那么这些社会背景越来越成为政府干预的对象。"③福柯所揭示出的现代权力的新特征说明了权力对社会的保护能够以更加微观的方式进行，并且权力对社会的观察具有了更加丰富而广阔的视野。在 20 世纪的新自由主义条件下，保护社会的反倒是关于生命的权力自身了。斯品汉姆兰法令时期的英国，济贫法对赤贫者的保护为英国资产阶级在英法战

---

① ［英］加雷斯·戴尔：《卡尔·波兰尼：市场的限度》，焦兵译，中国社会科学出版社 2016 年版，第 19 页。

② ［法］米歇尔·福柯：《必须保卫社会》，钱翰译，上海人民出版社 2010 年版。

③ ［法］米歇尔·福柯：《生命政治的诞生》，莫伟民、赵伟译，上海人民出版社 2011 年版，第 125 页。

争的背景下换来了对骚乱和革命的避免①，但这种保护与自由主义的市场不能共存；但在全球化背景下，在特定国家当中对社会的保护与自由市场的运作却有可能并行不悖。

即便大卫·哈维（David Harvey）特别指出了新自由主义条件下会出现凭借私有化、去工业化或福利权利的流失等手段进行的"剥夺性积累"，似乎意味着即便是在资本主义世界体系的中心国家也会出现资本向社会内部的剥夺，但是"剥夺性积累所做的是以极低的价格（在某些时候甚至完全免费）释放一系列资产（其中包括劳动力）。过度积累的资本能够抓住这些资产，并迅速利用这些资产进行赢利活动"②。这说明，在剥夺性积累的条件下，即便在资本面前，权力所带来的社会保护是有限度的，但资本仍然提供了使得劳动进入市场、受到剥削的条件。这在以汤森为代表的19世纪的自由主义经济学家们看来，未尝不是一种特殊的"保护"，与权力相伴随的资本同样可以扮演特殊的"保护者"的角色。

这带来的进一步的结果是，随着资本和权力关系的进一步结合，针对资本主义的斗争是否还要诉诸权力？哈特和奈格里关于诸众的解放斗争提供了一幅避免诉诸权力的斗争方式的典型画面，在他们看来，诸众的平面化的运动已经能够表达其诉求，并且具有达成共识的实践性力量。然而在他们对社会运动的观察和研究中，他们也必须承认，任何运动都无法避免与资本和权力的直接对话，而诸众的诉求和反抗也可能在权力对社会的"保护"当中消失无踪。如果说对社会的保护和保护社会的权力被重新划定在资本的掌控范围之中，那么对资本主义社会的自我维系的打破，便决不可能凭借被资本主义所占领了的保护社会的权力来进行了。保护社会的权力成了化解社会运动的用具，这为波兰尼言说社会的"大转型"提出了

---

① ［英］卡尔·波兰尼：《大转型：我们时代的政治与经济起源》，冯钢、刘阳译，浙江人民出版社 2007 年版，第 81 页。

② ［英］大卫·哈维：《新帝国主义》，初立忠、沈晓雷译，社会科学文献出版社 2009 年版，第 120—121 页。

极其重大的挑战。

三、资本：金融化与全球化

波兰尼的女儿卡丽·波兰尼-莱维特（Kari Polanyi Levitt）认为，卡尔·波兰尼的思想之所以回到公共讨论当中，其重要原因之一就在于 2008 年金融危机与 20 世纪 30 年代大萧条的对比 [1]，在其中，国际金融发挥了至关重要的作用，而同时资本主义的金融化与全球化是使得我们区分当下时代、波兰尼的时代、马克思的时代的重要方面。当然，我们的确也能够从马克思与波兰尼的著作中读到关于资本的金融化与全球化的讨论。

在《资本论》第三卷关于生息资本的讨论中，马克思明确写道："货币除了作为货币具有的使用价值以外，又取得一种追加的使用价值，即作为资本来执行职能的使用价值。在这里，它的使用价值正在于它转化为资本而生产的利润。就它作为可能的资本，作为生产利润的手段的这种属性来说，它变成了商品，不过是一种特别的商品。或者换一种说法，资本作为资本，变成了商品。" [2] 由此观之，与《资本论》第一卷中所讨论的 G—W—G′ 的公式不同，这种作为资本而产生利润的货币在市场中所进行的运动则变成了 G—G—W—G′—G′，而这便是资本的金融化的基本公式。于是，鲁道夫·希法亭（Rudolf Hilferding）强调，这一新的公式落实在具体的资本主义生产中意味着，金融资本虽然是由工业家所运用的资本，但它同时又是由银行所支配的。[3] 列宁在《帝国主义是资本主义的最高阶段》中进一步说明，希法亭所观察到的现象的前提是生产的集中以及从集中中成长起来的垄断，银行和工业日益融合在一起；由此列宁强调在商品生产

---

[1] Radhika Desai, Kari Polanyi Levitt, eds. *Karl Polanyi and Twenty-first-century Capitalism*, Manchester: Manchester University Press, 2020, p.27.

[2] 《资本论》第 3 卷，人民出版社 2018 年版，第 378 页。

[3] ［德］鲁道夫·希法亭：《金融资本》，福民、张雷声、杨尧军等译，商务印书馆 1994 年版。

和私有制的一般环境里，资本主义垄断组织的"经营"必然变为金融寡头的统治。金融化是坐落在资本主义世界体系之中的，金融化伴随着全球化。列宁写道："资本主义的一般特性，就是资本的占有同资本在生产中的运用相分离，货币资本同工业资本或者说生产资本相分离，全靠货币资本的收入为生的食利者同企业家及一切直接参与运用资本的人相分离。帝国主义，或者说金融资本的统治，是资本主义的最高阶段，这时候，这种分离达到了极大的程度。金融资本对其他一切形式的资本的优势，意味着食利者和金融寡头占统治地位，意味着少数拥有金融'实力'的国家处于和其余一切国家不同的特殊地位。"[1]

　　波兰尼看到了金融资本所维系的和平效应，尽管这与列宁所看到的帝国主义条件下金融资本参与的对世界进行直接的或间接的瓜分似乎有所不同，但这恰好是一体两面的同一件事情。波兰尼在《大转型》第一章试图说明国际金融对 19 世纪的长期和平的作用。在波兰尼看来，国际金融并不是为了世界和平而创设的，但以获利为动机的国际金融却实际上参与着对和平的维护；尽管国际金融看似保持着组织机构和人员的国际性，但国际金融并不完全独立于国家，因此国际金融在波兰尼这里获得了非常特殊的地位，他称其为"国际生活中政治和经济组织之间的天赐纽带"[2]。正如列宁试图说明帝国主义之无法自我维系的特征，波兰尼也阐述了这条"天赐的纽带"何以断裂。20 世纪金融资本所依托的金本位机制并不简单地是一个经济机制，而是内在地包含了对国家之间的抽象平等地位的确认，因此，当 30 年代经济危机发生时，各国宣布脱离金本位制度的行为便具有了政治哲学的意义：国家将自身理解为绝对，因此支配着由国际金融所连结的全球化的核心原则只是一种霍布斯意义上的自然状态。

---

　　① 《列宁选集》第 2 卷，人民出版社 2012 年版，第 624 页。

　　② ［英］卡尔·波兰尼：《大转型：我们时代的政治与经济起源》，冯钢、刘阳译，浙江人民出版社 2007 年版，第 15 页。

我们要问，在何种意义上、在何种论题上，我们仍旧可以借用马克思与波兰尼的理论来理解今天的金融化和全球化的问题？今天又有怎样的新的问题是马克思与波兰尼必须重新解释与面对的？我们主要讨论三种观点。

第一种观点提示我们可以从 21 世纪的资本主义经济危机回到马克思对资本运行的内在矛盾的批判。卡丽·波兰尼-莱维特提醒我们注意国际金融在 2008 年与 20 世纪 30 年代的两场危机中不同的作用："自 1980 年以来，生产力的提高与工资的停滞相结合，导致了不平等的加剧。在资本主义的中心地带，有效需求，即使通过借贷得到加强，也不足以维持实体经济的盈利性投资。对资本来说，金融资产的投资比实体经济的投资更有吸引力，而实体资本的形成也在下降。与 20 世纪 30 年代的世界经济危机相比，新自由主义的资本主义与 19 世纪末被称为'长期萧条'（1873—96）的生产过剩和利润率下降的危机有更多共同之处。"[1] 卡丽强调，新自由主义的资本主义自其诞生之初就并没有解决马克思早先揭示的生产过剩和利润率下降的问题，新自由主义条件下的金融资本只是在全球市场中延长 G—G—W—G′—G′ 链条的两端。

第二种观点发挥了波兰尼的"嵌入"概念。波兰尼已经说明了国际金融与国家之间的复杂关系，前者看似具有独立性，并且资本的全球流动在今天获得了更大的解放，但国际金融仍旧必须面对国家的权力。奥斯卡·乌加特切·加拉尔萨（Oscar Ugarteche Galarza）认为，将"大到不能倒"（Too Big to Fail）的金融重新嵌入国家与社会体系是解决金融问题的办法。[2] 但这时我们必须要问的是：用马克思的话来说，资本对外部国家的依赖关系是否可以转变为国家对资本的规定关系？卡丽·波兰尼-

---

① Radhika Desai, Kari Polanyi Levitt, eds. *Karl Polanyi and Twenty-first-century Capitalism*, Manchester: Manchester University Press, 2020, pp.47—48.

② Radhika Desai, Kari Polanyi Levitt, eds. *Karl Polanyi and Twenty-first-century Capitalism*, Manchester: Manchester University Press, 2020, pp.102—121.

莱维特观察到，"当'全球'（global）一词用来取代'国际'（international）时，消失在人们视野中的是国家（nation）。当全球化（globalization）取代了国际相互依存（international interdependence），消失的是国际主义（internationalism），或国家间的合作"①。新自由主义条件下，国家权力的式微似乎意味着将国际金融重新嵌入国家与社会体系的思路是难以实现的。但在考虑这种"重新嵌入"的构想的时候，我们应当注意波兰尼本人的"嵌入"概念并不只是一个对社会内部诸多机制的描述性概念；这不是一个关于"量"的概念，而是关于"质"的概念。从"脱嵌"到"重新嵌入"包含了社会制度的彻底性改变。对国际金融"大而不倒"的特质的承认以及试图在此前提下强调国家权力对国际金融的约束，只是一种试图从新自由主义向凯恩斯主义返回的思路。而对"重新嵌入"的正确谈论，应当以"大转型"为基本视域，这将引导我们来到即将讨论的第三种观点。

第三种观点试图讨论金融化与全球化条件下的反抗运动。大卫·哈维认为，20世纪70年代后，各国对金融资本的剥夺性积累的反抗，开始取代由扩大再生产所导致的斗争，成为反资本主义和反帝国主义运动的核心。②哈维诚然指认了新自由主义条件下资本主义的增殖与剥削方式的变化，然而他并没有深入说明反抗行动将以怎样的方式展开。埃伦·M.伍德特别强调反抗运动应当重申阶级的立场③；哈尔珀琳则指出在反全球化话语的影响下资本主义国家可能会带来对阶级意识的阻挠，并将反抗运动限制在单一国家范围内类似于双向运动的钟摆之中④。这提示我们，正如

---

① Radhika Desai, Kari Polanyi Levitt, eds. *Karl Polanyi and Twenty-first-century Capitalism*, Manchester: Manchester University Press, 2020, p.43.

② ［英］大卫·哈维：《新帝国主义》，初立忠、沈晓雷译，社会科学文献出版社2009年版。

③ Ellen Meiksins Wood, *The Retreat from Class: A New 'True' Socialism*, London: Verso, 1998.

④ ［英］桑德拉·哈尔珀琳：《现代欧洲的战争与社会变迁：大转型再探》，唐皇凤、武小凯译，江苏人民出版社2009年版，第346—356页。

在马克思看来无产阶级的阶级斗争应当阐明自身的理论原则，针对全球化条件下的金融资本的反抗运动至少需要在三个层次上进行自我说明：既要说明自身的阶级立场，又要仔细辨别并说明其所反对的对象，更应当说明其反抗行动所依据的理论与现实基础。

通过对现代社会的技术、权力与资本的讨论，我们想要说明，纵然马克思和波兰尼与我们当下的时代有所间隔，但当下所呈现出的现实问题并没有脱离他们所共同把握着的总的问题域。马克思的资本主义批判与波兰尼的资本主义市场社会批判思想仍旧是理解当代问题的钥匙。但要注意的是，对马克思与波兰尼的尊重，也并不在于直接地用他们的洞见来解释现实，而是通过把握现实所提出的新的内容，来激发他们所留给我们的鲜活的思想资源，再度迸发出思想的新的活力。问渠那得清如许，为有源头活水来。

结语　波兰尼视域内外的"波兰尼问题"

　　波兰尼最终为我们提供了深刻而丰富的资本主义市场社会批判思想。首先，通过锚定 20 世纪初的社会转型背景，伴随新古典自由主义思想的再度兴起，波兰尼开启了对瓦解了的 19 世纪文明的批判。19 世纪文明是资本主义市场社会的文明，是以自我调节的市场为基础的文明，通过汲取马克思所提供的思想资源，在马克思对资本主义社会关系、政治经济学、内在对抗性矛盾的批判的基础上，波兰尼讲述了脱嵌的资本主义市场社会中的双向运动，批判了以自然法则为基础的自由主义经济学，揭示了资本主义版本复杂社会内部自由与社会两大原则的矛盾性——波兰尼给予了资本主义市场与市场社会以极富力道的批判。其次，波兰尼强调自我调节市场的乌托邦性质在原则上意味着对复杂社会双重原则的抽象性理解，在现实社会机制中意味着自由主义的资本主义可能走向反动的堕落道路，波兰尼不只把眼光放在资本主义的经济危机上，他试图进一步言说在资本主义与民主的矛盾当中所诞生的全局性的文明危机——对资本主义市场社会的批判不仅在于揭示其矛盾，同时在于揭示其堕落与衰亡。再次，波兰尼试图向我们说明社会主义何以是对复杂社会问题的回答，何以在社会主义条件下实现自由与社会原则的同时共在，这又返回到了 20 世纪初波兰尼参与社会主义经济核算辩论时的主题，他试图说明"人类的力量和新的希望"一直都在，人终究可以自由地生活在能够为人所把握住的社会之中。

　　从波兰尼所提交的答卷当中，我们能够辨析出波兰尼的视域。波兰尼的视域是一个"向前反思"的视域：其视域的基本立足点在于 20 世纪初的文明危机；由此出发，并为此提供支撑的是 19 世纪自由主义文明的诞生与解体过程；二战之后，直到波兰尼生命的尽头（1964 年），他将主要目光锁定在对前资本主义时期的古代市场，试图为"重新嵌入"的社会提供经济史的论证。

波兰尼的资本主义市场社会批判既可以被理解为对理论与现实的问题的回答，同时也可以被视作一个提问的过程。波兰尼的资本主义市场社会批判既包含了坚实的批判性基础，又保留了开放性的思考空间。波兰尼试图追问资本主义市场社会的内在机制、内在矛盾以及堕落道路，并最终留下了终其一生也没有见证答复的问题，复杂社会的社会主义理想如何才能实现？我们将之总结为"波兰尼问题"。

对"波兰尼问题"的提炼与反思是必要的。"波兰尼问题"代表了一个时代的思想家对其所处的时代特征的焦虑思考，并且在今天仍然有着强烈的意义。当全球资本主义在 20 世纪 70 年代陷入危机时，新自由主义重新崛起。古典自由主义认为国家的作用在于维系和保障"自然的"市场秩序，但新自由主义则强调国家应当积极地建构并支持市场竞争所需要的条件。虽有如此差异，但新自由主义仍然秉持了关于市场的乌托邦信念，强调要将市场充盈到社会和世界的各个角落。如此一来，波兰尼对市场社会的批判又一次参与到了时代的诊断中，"波兰尼问题"超出了波兰尼本人所亲眼见证的时光，又一次来到了我们面前。那么我们在今天应当怎样继续阅读波兰尼、怎样看待"波兰尼问题"、怎样理解波兰尼时代与我们时代的区别与关联呢？

在波兰尼于 1964 年去世后，不到十年的时间内，被以《大转型》为主要代表的诸多波兰尼著述所批判的自由主义重新获得了话语权与实践。这与他去世时所认为的 19 世纪自由主义的悲剧不会重演的观点完全相左，这构成了一种莫大的悲哀。这一时期内资本主义自身的转型似乎不仅为自己解除了滞涨的危机，还迎来了一个特殊的发展时期，这一点虽然可以由后人在学理上加以解释，却并没有被波兰尼本人所预料到、见到。

新自由主义在20世纪70年代的兴起，由此看来既是处在波兰尼的视域之外的，但又是处在波兰尼问题之中的，我们或可称之为"波兰尼视域外的波兰尼问题"，这一问题现今被交到了作为后来人的我们手上。我们该如何看待、如何回答"波兰尼视域外的波兰尼问题"呢？我们不能苛求波兰尼本人能够对20世纪末和21世纪的问题提供回答。然而理论从来都不是孤独的，正如个体从来都是在社会关系中构成社会整体，对问题的回答应当将波兰尼问题放到更加宏大的问题域当中，考察在新自由主义批判的理论线索网络当中，波兰尼在今天能够为我们提供怎样的洞见，参与了怎样的争鸣——而这也恰好是20世纪的波兰尼对作为"先辈"的马克思的思想的阅读法。

"波兰尼问题"包含了对自由主义市场社会的历史性考察，因而尽管波兰尼并未预见新自由主义的兴起，我们也仍旧要考察新自由主义何以诞生。一种流行的解释是将战后资本主义的变化理解为钟摆运动，这似乎意味着只要我们把波兰尼对战后社会转型的乐观态度视作一种"误判"，就可以继续以"双向运动"的框架来理解资本主义条件下自由市场与社会保护之间此起彼伏的摆动。钟摆运动的理解方式有助于我们关注到资本主义的转型中包含一种连续性，而这种连续性是我们所不可否认的：尽管战后资本主义呈现出转型特征，但由于资本主义社会中生产资料仍旧掌握在资产阶级手中，其主要目的仍旧是资本的积累，因而20世纪70年代新自由主义转向的前提条件便已经被蕴含在如此这般的连续性当中了。但我们必须就此提出一个紧要的观点：以"钟摆运动"来解释新自由主义的诞生，并不意味着我们能继续以"钟摆运动"来解释新自由主义的危机，以及新自由主义的衰亡与堕落。

那么，当我们考察新自由主义的危机与衰亡时，"波兰尼问题"能够提供什么洞见？新自由主义试图将自身的市场逻辑充满全球化各个角落的尝试正面临着重大困难，这使得我们再一次想起波兰尼关于19世纪的百年和平崩溃的讨论。在今天，资本主义世界体系的不平衡发展更加促进了权力与资本的关联，而这使得对全球化的国际监管更加困难。亦如我们已经谈到的，反向运动可能会将目光局限于保护局部的利益，由此反而会导致国家之间的冲突和国际组织的式微。哈特和奈格里直接指认了以美国为代表的帝国主义的死灰复燃，尽管在他们看来，美国的帝国主义死灰复燃是失败的。20世纪末新自由主义所试图塑造的市场秩序遭遇到了重大的危机。波兰尼提示我们，资本主义走向反动的危险已经被埋藏在资本主义市场社会无法自我维系的内在矛盾中了。对新自由主义的批判必然要注意到新自由主义的终结。

新自由主义的终结意味着什么？如果说新自由主义包含了霸权国家试图将自身的市场逻辑推向世界的努力，市场的扩张中商品化的不断加深，资本不断积累的冲动的释放，那么诚如本书第五章所述，波兰尼的思想诚然需要对现代世界中的技术、权力与资本的进一步深入考察。但波兰尼所把握住的最核心的要点是，对象对人的支配终究要被扬弃，现代社会的复杂性无法否认现代世界仍旧是人的世界，结成共同体的、处在社会关系当中的人能够重新把握自己的世界，并真正自由地生活于其中。尽管这条扬弃的道路暂不完全明晰，但归根结底，我们对新自由主义展开批判，并且在新自由主义的终结中所期盼的，是新的社会自由的诞生。倘若波兰尼生活在今天，倘若由他亲自处理今日被交到我们手上的"波兰尼问题"，他将以雄辩的方式向我们说明：人一定能够自由地生活在现代复杂社会当中。

参考文献

一、中文著作

[1]《马克思恩格斯全集》第3卷，人民出版社2002年版。

[2]《马克思恩格斯全集》第26卷（第1册），人民出版社1972年版。

[3]《马克思恩格斯全集》第30卷，人民出版社1995年版。

[4]《马克思恩格斯全集》第31卷，人民出版社1998年版。

[5]《马克思恩格斯文集》第1卷，人民出版社2009年版。

[6]《马克思恩格斯文集》第2卷，人民出版社2009年版。

[7]《马克思恩格斯文集》第9卷，人民出版社2009年版。

[8]《马克思恩格斯选集》第2卷，人民出版社2012年版。

[9]《马克思恩格斯选集》第4卷，人民出版社2012年版。

[10]《共产党宣言》，人民出版社2014年版。

[11]《路易·波拿巴的雾月十八日》，人民出版社2001年版。

[12]《资本论》第1卷，人民出版社2018年版。

[13]《资本论》第2卷，人民出版社2018年版。

[14]《资本论》第3卷，人民出版社2018年版。

[15]《列宁选集》第2卷，人民出版社2012年版。

[16][英]卡尔·波兰尼：《大转型：我们时代的政治与经济起源》，冯钢、刘阳译，浙江人民出版社2007年版。

[17][匈]卡尔·波兰尼：《新西方论》，潘一禾、刘岩译，海天出版

社 2017 年版。

［18］［意］吉奥乔·阿甘本：《神圣人：至高权力与赤裸生命》，吴冠军译，中央编译出版社 2016 年版。

［19］［意］乔万尼·阿里吉：《亚当·斯密在北京：21 世纪的谱系》，路爱国、黄平、许安结译，社会科学文献出版社 2009 年版。

［20］［美］安东尼·M. 奥勒姆、约翰·G. 戴尔：《政治社会学》，王军译，中国人民大学出版社 2018 年版。

［21］［英］加雷斯·戴尔：《卡尔·波兰尼：市场的限度》，焦兵译，中国社会科学出版社 2016 年版。

［22］［英］加雷斯·戴尔：《卡尔·波兰尼传》，张慧玉、杨梅、印家甜译，中信出版社 2017 年版。

［23］［法］米歇尔·福柯：《必须保卫社会》，钱翰译，上海人民出版社 2010 年版。

［24］［法］米歇尔·福柯：《生命政治的诞生》，莫伟民、赵伟译，上海人民出版社 2011 年版。

［25］［法］米歇尔·福柯：《性经验史》第 1 卷，佘碧平译，上海人民出版社 2016 年版。

［26］［德］尤尔根·哈贝马斯：《合法化危机》，刘北成、曹卫东译，上海人民出版社 2009 年版。

［27］［德］尤尔根·哈贝马斯：《后民族结构》，曹卫东译，上海人民出版社 2018 年版。

［28］［英］桑德拉·哈尔珀琳：《现代欧洲的战争与社会变迁：大转型再探》，唐皇凤、武小凯译，江苏人民出版社 2009 年版。

［29］［美］迈克尔·哈特、［意］安东尼奥·奈格里：《大同世界》，王行坤译，中国人民大学出版社 2015 年版。

［30］［英］大卫·哈维：《新帝国主义》，初立忠、沈晓雷译，社会科学文献出版社 2009 年版。

［31］［英］大卫·哈维：《资本的限度》，张寅译，中信出版社 2017 年版。

［32］［英］弗里德里希·奥古斯特·冯·哈耶克：《通往奴役之路》，王明毅、冯兴元、马雪芹等译，中国社会科学出版社 1997 年版。

［33］［英］弗里德里希·奥古斯特·冯·哈耶克：《自由宪章》，杨玉生、冯兴元、陈茅等译，中国社会科学出版社 1999 年版。

［34］［德］马丁·海德格尔：《演讲与论文集》，孙周兴译，生活·读书·新知三联书店 2005 年版。

［35］［德］黑格尔：《法哲学原理》，邓安庆译，人民出版社 2016 年版。

［36］［德］黑格尔：《精神现象学》上卷，贺麟、王玖兴译，商务印书馆 1962 年版。

［37］［德］黑格尔：《精神现象学》下卷，贺麟、王玖兴译，商务印书馆 1979 年版。

［38］［德］黑格尔：《逻辑学》上卷，杨一之译，商务印书馆 1966 年版。

［39］［德］黑格尔：《逻辑学》下卷，杨一之译，商务印书馆 1976 年版。

［40］［英］霍布斯：《利维坦》，黎思复、黎廷弼译，商务印书馆 1985 年版。

［41］［英］霍布斯：《论公民》，应星、冯克利译，贵州人民出版社 2002 年版。

［42］［德］阿克塞尔·霍耐特：《承认：一部欧洲观念史》，刘心舟译，上海人民出版社 2021 年版。

［43］［德］阿克塞尔·霍耐特：《自由的权利》，王旭译，社会科学文献出版社 2013 年版。

［44］［德］恩斯特·卡西勒著、［美］彼得·孟伊编：《卢梭问题》，

王春华译，译林出版社 2009 年版。

［45］［美］诺曼·莱文：《马克思与黑格尔的对话》，周阳、常佩瑶、吴剑锋等译，中国人民大学出版社 2015 年版。

［46］李猛：《自然社会：自然法与现代道德世界的形成》，生活·读书·新知三联书店 2015 年版。

［47］［匈］卢卡奇：《历史与阶级意识：关于马克思主义辩证法的研究》，杜章智、任立、燕宏远译，商务印书馆 1999 年版。

［48］［德］卢森堡：《资本积累论》，彭尘舜、吴纪先译，生活·读书·新知三联书店 1959 年版。

［49］［法］卢梭：《论人与人之间不平等的起因和基础》，李平沤译，商务印书馆 2007 年版。

［50］［法］卢梭：《社会契约论》，何兆武译，商务印书馆 1963 年版。

［51］［英］洛克：《政府论》下篇，叶启芳、瞿菊农译，商务印书馆 1964 年版。

［52］［奥］路德维希·冯·米瑟斯：《社会主义：经济与社会学的分析》，王建民、冯克利、崔树义译，中国社会科学出版社 2008 年版。

［53］［美］弗雷德里克·诺伊豪瑟：《黑格尔社会理论的基础：积极自由》，张寅译，北京师范大学出版社 2020 年版。

［54］［英］欧文：《欧文选集》第 1 卷，柯象峰、何光来、秦果显译，商务印书馆 1979 年版。

［55］［加］莫伊舍·普殊同：《时间、劳动与社会统治：马克思的批判理论再阐释》，康凌译，北京大学出版社 2019 年版。

［56］［英］彼罗·斯拉法主编：《李嘉图著作和通信集（第一卷）：政治经济学及赋税原理》，郭大力、王亚南译，商务印书馆 2017 年版。

［57］［英］亚当·斯密：《国富论》上、下卷，郭大力、王亚南译，译林出版社 2014 年版。

［58］［英］亚当·斯密：《道德情操论》，蒋自强、钦北愚、朱钟棣等

译，商务印书馆 1997 年版。

[59][德]斐迪南·滕尼斯:《共同体与社会》，张巍卓译，商务印书馆 2019 年版。

[60]王绍光:《波兰尼〈大转型〉与中国的大转型》，生活·读书·新知三联书店 2012 年版。

[61][加]埃伦·米克辛斯·伍德:《资本主义的起源:一个更长远的视角》，夏璐译，中国人民大学出版社 2015 年版。

[62][德]鲁道夫·希法亭:《金融资本》，福民、张雷声、杨尧军等译，商务印书馆 1994 年版。

[63]许宝强、渠敬东选编:《反市场的资本主义》，中央编译出版社 2000 年版。

[64][古希腊]亚里士多德:《政治学》，吴寿彭译，商务印书馆 2009 年版。

[65]朱国宏:《经济社会学》，复旦大学出版社 1999 年版。

[66]朱国宏:《社会学视野里的经济现象》，四川人民出版社 1998 年版。

二、中文研究性论文

[1]包刚升:《反思波兰尼〈大转型〉的九个命题》，《浙江社会科学》2014 年第 6 期。

[2]陈刚:《波兰尼对自由主义市场乌托邦的批判》，《江海学刊》2009 年第 3 期。

[3]林义:《波兰尼的制度经济学思想及其启示》，《财经科学》2001 年第 3 期。

[4]孟捷:《中国特色社会主义政治经济学的国家理论:源流、对象和体系》，《清华大学学报》(哲学社会科学版) 2020 年第 3 期。

[5]孟捷、李怡乐:《改革以来劳动力商品化和雇佣关系的发展——波兰尼和马克思的视角》，《开放时代》2013 年第 5 期。

［6］莫伟民：《阿甘本的"生命政治"及其与福柯思想的歧异》，《复旦学报》（社会科学版）2017 年第 4 期。

［7］孙国东：《社会的去经济化——20 世纪"社会的再发现"及其政治哲学意蕴》，《学习与探索》2021 年第 1 期。

［8］［德］托马斯贝格尔、布里：《卡尔·波兰尼对于复杂社会里的自由的探索》，《当代国外马克思主义评论》2019 年第 2 期。

［9］王金林：《论马克思对黑格尔劳动概念之重构》，《哲学研究》2017 年第 4 期。

［10］王绍光：《大转型：1980 年代以来中国的双向运动》，《中国社会科学》2008 年第 1 期。

［11］汪行福：《复杂现代性与社会包容》，《教学与研究》2014 年第 8 期。

［12］张潇爽：《重述波兰尼的当代意义——马克思的国家理论何以重要》，《国外理论动态》2019 年第 12 期。

三、外文文献

［1］Karl Polanyi, *Dahomey and the Slave Trade: An Analysis of an Archaic Economy*, Seattle: University of Washington Press, 1966.

［2］Karl Polanyi, *Economy and Society: Selected Writings*, UK: Polity Press, 2018.

［3］Karl Polanyi, *For a New West: Essays, 1919—1958*, UK: Polity Press, 2014.

［4］Karl Polanyi, *The Great Transformation: The Political and Economic Origins of Our Time*, Boston: Beacon Press, 2001.

［5］Karl Polanyi, *The Livelihood of Man*, New York: Academic Press, 1977.

［6］Karl Polanyi, Conrad Arensberg, Harry Pearson, *Trade and Market in the Early Empires: Economies in History and Theory*, Illinois: The Free Press, 1957.

［7］Brigitte Aulenbacher, Markus Marterbauer, Antreas Novy, Kari Polanyi

Levitt, Armin Thurnher, *Karl Polanyi: The Life and Works of an Epochal Thinker*, Wien: Falter Verlag, 2020.

［8］Gregory Baum, *Karl Polanyi on Ethics and Economics*, Montreal: McGill Queens UP, 1996.

［9］Fred Block, Karl Polanyi and the writing of "The Great Transformation", *Theory and Society*, 2003, 32(3).

［10］Fred Block, Margaret R. Somers, *The Power of Market Fundamentalism: Karl Polanyi's Critique*, USA: Harvard University Press, 2014.

［11］Michael Brie, *Karl Polanyi in Dialogue: A Socialist Thinker for Our Times*, Montreal: Black Rose Books, 2017.

［12］Michael Brie, Claus Thomasberger, *Karl Polanyi's Vision of a Socialist Transformation*, Montreal: Black Rose Books, 2018.

［13］Hans Henrik Bruun, Sam Whimster, *Max Weber: Collected Methodological Writings*, London and New York: Routledge, 2012.

［14］Marian Burchardt, Gal Kirn, *Beyond Neoliberalism*, Switzerland: Palgrave Macmillan, 2017.

［15］Alex Callinicos, *Bonfire of Illusions: The Twin Crises of the Liberal World*, UK: Polity, 2010.

［16］Michele Cangiani, Karl Polanyi-Levitt, Claus Thomasberger, *Chronik der großen Transformation: vol.3*, Marburg: Metropolis-Verlag, 2005.

［17］Michele Cangiani, Karl Polanyi's Institutional Theory: Market Society and its "Disembedded" Economy, *Journal of Economic Issues*, 2011, 45(1).

［18］Lee Congdon, Karl Polanyi in Hungary, 1900—19, *Journal of Contemporary History*, 1976(11).

［19］Gareth Dale, Double movements and pendular forces: Polanyian perspectives on the neoliberal age, *Current sociology*, 2012, 60(1).

［20］Gareth Dale, *Karl Polanyi: A Life on the Left*, New York: Columbia

University Press, 2016.

［21］Gareth Dale, *Karl Polanyi: The Limits of the Market*, Cambridge: Polity Press, 2010.

［22］Radhika Desai, Kari Polanyi Levitt, eds. *Karl Polanyi and Twenty-first-century Capitalism*, Manchester: Manchester University Press, 2020.

［23］Peter Evans, *Embedded Autonomy: States and Industrial Transformation*, New Jersey: Princeton University Press, 1995.

［24］H. H. Gerth, C. Wright Mills, *From Max Weber: Essays in Sociology*, New York: Oxford University Press, 1946.

［25］Mark Granovetter, Economic Action and Social Structure: The Problem of Embeddedness, *American Journal of Sociology*, 1985, 91(3).

［26］Sandra Halperin, *War and Social Change in Modern Europe: The Great Transformation Revisited*, Cambridge: Cambridge University Press, 2004.

［27］Michael Hardt, Antonio Negri, *Empire*, Cambridge: Harvard University Press, 2000.

［28］G.W.F. Hegel, *Elements of the philosophy of right*, Cambridge: Cambridge University Press, 1991.

［29］Geoffrey M. Hodgson, Makoto Itoh, Nobuharu Yokokawa, *Capitalism in Evolution: Global Contentions—East and West*, Cheltenham: Edward Elgar, 2001.

［30］Axel Honneth, *Freedom's Right: The Social Foundations of Democratic Life*, UK: Polity Press, 2014.

［31］Robert Kuttner, Karl Polanyi Explains It All, *The American Prospect*, 2014(3).

［32］Hannes Lacher, The Politics of the Market: Re-reading Karl Polanyi, *Global Society*, 1999, 13(3).

［33］Peter Lassman, Ronald Speirs, *Weber: Political Writings*, Cambridge: Cambridge University Press, 1994.

［34］Kenneth McRobbie, Kari Polanyi Levitt, *Karl Polanyi in Vienna: The Contemporary Significance of The Great Transformation*, Montreal: Black Rose Books, 2000.

［35］Antonio Negri, *Marx beyond Marx: Lessons on the Grundrisse*, New York: Autonomedia Press, 1991.

［36］Jamie Peck, *Constructions of Neoliberal Reason*, Oxford: Oxford University Press, 2010.

［37］J. Timmons Roberts, Amy Bellone Hite, Nitsan Chorev, *The Globalization and Development Reader: Perspectives on Development and Global Change*, USA: Wiley Blackwell, 2015.

［38］John Ruggie, International Regimes, Transactions, and Change: Embedded Liberalism in the Postwar Economic Order, *International Organization*, 1982, 36(2).

［39］Martin Seeliger, Sebastian Sevignani, *Ein neuer Strukturwandel der Öffentlichkeit?*, Baden-Baden: Nomos, 2021.

［40］Benjamin Selwyn, Satoshi Miyamura, Class Struggle or Embedded Markets? Marx, Polanyi and the Meanings and Possibilities of Social Transformation, *New Political Economy*, 2014, 19(5).

［41］Wolfgang Streeck, How will capitalism end?, *New Left Review*, 2014(87).

［42］Iván Szelényi, Péter Mihályi, Karl Polanyi: A Theorist of Mixed Economies, *Theory and Society*, 2021, 50(3).

［43］Claus Thomasberger, The Belief in Economic Determinism, Neoliberalism, and the Significance of Polanyi's Contribution in the Twenty-first Century, *International Journal of Political Economy*, 2012, 41(4).

［44］Joseph Townsend, *A Dissertation on the Poor Laws: By a Well-Wisher to Mankind. 1786*, London: Printed for Ridgways, 170, Piccadilly, 1817.

［45］Michelle Williams, Vishwas Satgar, *Marxisms in the 21st Century: Crisis, Critique and Struggle*, Johannesburg: Wits University Press, 2013.

［46］Ellen Meiksins Wood, *The Origin of Capitalism: A Long View*, UK: Verso, 2002.

［47］Ellen Meiksins Wood, *The Retreat from Class: A New 'True' Socialism*, London: Verso, 1998.

后　记

自 2013 年 9 月来复旦求学，至今已十余年了。这本书的主要内容是我的博士论文，完成于 2022 年，而今加以修订，既让我想起了求学和写作时的珍贵时光，又让我感到在学术研究上仍有长路需踏实前行。回望这十余年，我要向为我提供了难以计数的帮助和支持的各位致谢。

谢谢我的父母。上海距离家乡河北约一千公里，我总是急于试图证明自己能够自立自强，却时常忘记父母的惦念并不因我取得任何成就而有一丝减弱，我应当为我在这方面的无知和自私向父母诚恳地道歉，也要向父母真诚地道一声谢谢。谢谢爸妈为我提供了充足的物质支持，谢谢爸妈在精神上源源不断的鼓励，让我能够坚定地相信，无论如何，一千公里外，都有最坚强的依靠。我爱你们！

谢谢我的导师王金林老师。王老师常说："师者如钟，不扣不鸣。"这句话在最基本的层面上意在鼓励学生勇敢地、积极地向老师提问或寻求帮助，同时也意味着，老师随时准备着接受学生的求助。2016 年，在我对未来道路充满迷茫时，选修了老师讲授的《大同世界》课程，因我从未接触过相关的内容，于是也就问出了许多奇怪的问题。老师耐心的回答帮我建立了对学术的信心，老师让我明白，不管取得多小的进步，只要在努力向前走，就该充满信心地继续走下去。多年以来，老师不仅在学术上指导着我，而且耐心地倾听着我的生活的方方面面。谢谢王老师！

2013 年考入复旦大学以后，张双利老师担任了我的本科导师。尽管我并未跟随张老师继续读研、读博，但多年以来张老师总是照顾着我。2016年我参加了张老师的《法哲学原理》读书小组，多年来逐渐形成了读完书大家一起送老师回家的习惯。夜间的国年路是张老师的又一个办公地点，我们也便在路灯下享受着张老师的注视与关心。谢谢张老师！

多年以来，我亦承蒙哲学学院多位老师的指导和照顾。吴晓明老师教导我对波兰尼和马克思的研究可以从多个角度展开，并且向我指点了研究晚年马克思和唯物史观的思路方法。邹诗鹏老师发人深省地提醒着我既要明白当下学术研究的价值，也要对未来学术研究有所规划和展望。郑召利老师在博士论文的篇章安排和写作技巧方面为我提供了必要的指导。汪行福老师多次在会议上为我的波兰尼研究提供指教，并且给予了我翻译关于波兰尼的文献的宝贵机会。吴猛老师在课程和会议上以身作则，让我明白了该以怎样的态度治学、做人。祁涛老师和张寅老师既是我的老师，也是我的兄长、好友。祁老师近年来审阅了我很多篇"有很大成长空间"的论文，但又孜孜不倦地给予我指导，祁老师同时担任着我的博士辅导员，指点着我做人做事。寅老师也是我的师兄，他以《大转型》为主要文本的课程使我受益良多，无论是作为他的学生，还是作为他的朋友，我祝愿寅老师能够好好生活。诸位老师的恩情难以为报，只好真诚地道一声：谢谢！

谢谢我的妻子黄岚。她用包容和温柔帮助我成长为更好的人，我们也共同找到了一种包含着爱与责任的生活方式。我们积极地经营着我们的生活，也爱着我们所积极经营的生活，谢谢你为我带来了这样的幸福。当然，也要感谢在博士论文写作期间进入我们生活的小猫咪月饼，我爱你们！

谢谢我的朋友们。郭延超、闫高洁、关山彤、黄朝柯、毛成玥多年来在学术和生活上为我提供了无私的帮助。室友林靖宇在学术上为我树立了榜样。吴一鸣不厌其烦地为我解决了很多问题。马克思主义哲学专业的张志鹏、姜婷、宋一帆、王俊勇、王瀚浥时常给予我帮助和鼓励。向诸位道声谢谢！

后 记

本书得以完成并出版，感谢复旦大学哲学学院提供的优秀的学术研究环境，在这里我度过了九年有意义的求学时光；感谢复旦大学马克思主义研究院的支持，谢谢李冉院长、高仁院长对本书出版事宜的关心，谢谢这里团结进取的同伴们；感谢上海人民出版社在出版过程中的鼎力支持！

张润坤

2024 年 12 月 4 日

图书在版编目(CIP)数据

卡尔·波兰尼的市场社会批判理论研究 / 张润坤著.
上海 : 上海人民出版社，2025. -- ISBN 978-7-208
-19462-5

Ⅰ. F095.154.3

中国国家版本馆 CIP 数据核字第 20255TN276 号

责任编辑　郑一芳
装帧设计　陈依依

卡尔·波兰尼的市场社会批判理论研究

张润坤　著

出　　版　上海人民出版社
　　　　　（201101　上海市闵行区号景路 159 弄 C 座）
发　　行　上海人民出版社发行中心
印　　刷　上海商务联西印刷有限公司
开　　本　720×1000　1/16
印　　张　15
插　　页　3
字　　数　201,000
版　　次　2025 年 5 月第 1 版
印　　次　2025 年 5 月第 1 次印刷
ISBN 978 - 7 - 208 - 19462 - 5/B·1828
定　　价　68.00 元